Wolfgang Frick

Online ist schlagbar
Das richtige Konzept und Ihr Laden läuft

Wolfgang Frick

Online ist schlagbar

Das richtige Konzept
und Ihr Laden läuft

Frankfurter Allgemeine Buch

Bibliografische Information der Deutschen Nationalbibliothek
Die Deutsche Nationalbibliothek verzeichnet diese Publikation in der Deutschen Nationalbibliografie; detaillierte bibliografische Daten sind im Internet über http://dnb.d-nb.de abrufbar.

Frankfurter Allgemeine Buch

Frankfurter Allgemeine Buch
Frankenallee 71–81
60327 Frankfurt am Main

Umschlaggestaltung und Illustration: Christina Hucke
Satz: Nina Hegemann, FAZIT Communication GmbH
Druck: CPI books GmbH, Leck
Printed in Germany

2., erweiterte Auflage
Frankfurt am Main 2019
ISBN 978-3-96251-074-9

Inhalt

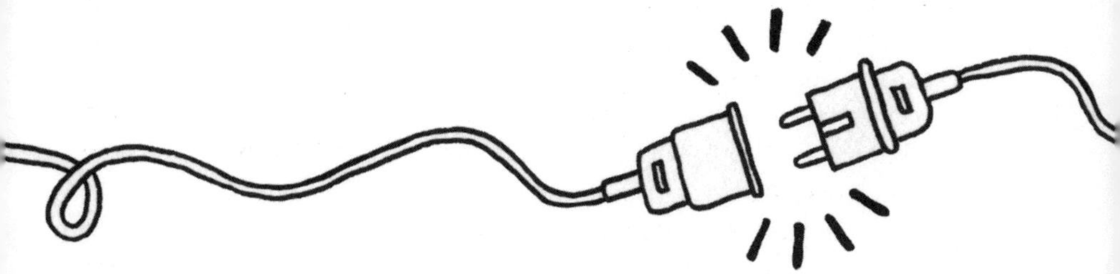

TEIL I
KLASSISCHER HANDEL IN DER DEFENSIVE?
oder: Warum kein Anlass für Mutlosigkeit besteht

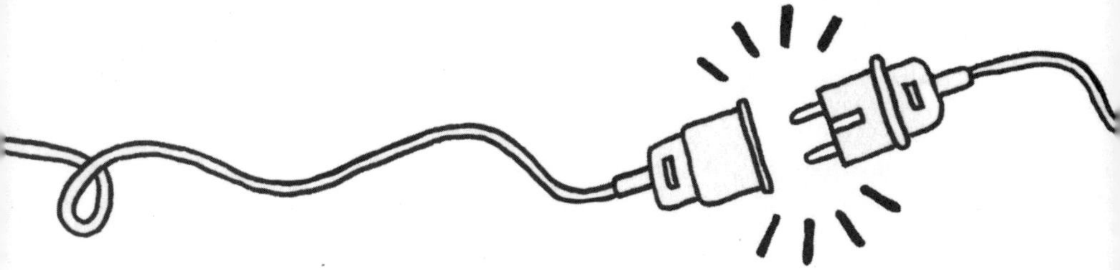

Dieses Buch widerspricht gängigen Untergangsszenarien, auch wenn sie sich in einer verunsicherten Welt gut verkaufen. „Der stationäre Handel steht vor dem Aus", behauptete beispielsweise der Spiegel im Dezember 2017.[1] Das Cover des Magazins zierte ein Amazon-Karton, darin das Jesuskind, das Maria und Josef offenbar pünktlich zum Fest bis in den Stall geliefert wurde. Ob das Heilige Paar ein Prime-Abo hatte?

Ein übermächtiger Online-Handel, vor dem der Einzelhandel nur noch kapitulieren kann, dieses Lied wird heutzutage landauf, landab gesungen. Dabei war Handelsentwicklung schon immer Gesellschaftsentwicklung. Die Umstellung von Bedienung auf Selbstbedienung ab Anfang der Sechzigerjahre war die erste „disruptive" Veränderung, wie man das heute nennt. Der Siegeszug der Discounter setzte wenig später den klassischen Supermärkten und danach auch den Drogerien zu. Bald darauf entstanden die ersten Riesenmärkte auf der grünen Wiese, und auch jenseits des Lebensmittelhandels machten Shoppingmalls und Designer-Outlets dem innerstädtischen Einzel- und Fachhandel das Leben schwerer. Findigen Händlern gelang es dennoch immer wieder, ihre Kunden zu begeistern. Attraktive Öffnungszeiten, die Inszenierung von Warenwelten und überzeugender Service lockten weiterhin Käufer und ließen Händler prosperieren. Und manches, was der Online-Handel heute stolz für sich reklamiert, praktizierten Kaufleute schon, als die E-Commerce-Anhänger noch nicht einmal in den Windeln lagen – die Hauszustellung beispielsweise.

Der stationäre Handel setzte Maßstäbe und erfand sich immer wieder neu. Warum sollte ihm das heute nicht mehr gelingen? Die Welt wandelt sich. Wandeln wir uns mit! Auch in einer von Bits und Bytes bestimmten Zeit wird die Sehnsucht nach persönlichen Begegnungen und echten Erlebnissen nicht aussterben. Und beides kann kein 17-Zoll-Monitor bieten.

Es ist nicht alles Gold, was glänzt – auch im Internet

Manchmal wird der Eindruck erweckt, wer Waren im Internet feilbietet, ist förmlich zum Erfolg verdammt. Und wer das nicht tut und auf ein „analoges" Warenangebot setzt, ist ebenso sicher dem Untergang geweiht. Das eine ist so falsch wie das andere. Zur Einstimmung zwei Beispiele aus der Online-Welt und ebenfalls zwei aus der Offline-Welt, die geeignet sind, gängige Schwarz-Weiß-Szenarien infrage zu stellen.

Online erfolglos: zwei Beispiele

Die folgenden Beispiele erheben – wie auch die anschließenden Offline-Beispiele – keinerlei Anspruch auf statistische Repräsentativität. Sie stehen hier als das, was sie sind: Einzelfälle, aus denen sich gleichwohl erste Einsichten ableiten lassen. Zu den Zahlen komme ich später noch ausführlicher.

Der Jeansladen der Zukunft?

„Selten hat jemand die Vorzüge von Onlineshopping so radikal auf den Einkauf im stationären Geschäft übertragen", jubelte die Fachpresse und sah „ein Modell, das sicher Schule machen wird".[2] Gemeint war Hointer, ein Store für Männerjeans in Seattle, der ganz ohne Verkäufer und Kassen auskam. Einfach am Eingang Hointer-App runterladen, Passform und sonstige Wünsche eingeben und sich vom Smartphone zu passenden Jeansmodellen lotsen lassen. Diese werden im schmucklosen Store nebeneinander an Wäscheleinen präsentiert. Überzeugt das Ausstellungsstück, lässt es sich per QR-Code in der eigenen Größe in eine Kabine ordern. Dort plumpst die Hose per Automat durch einen Schlitz. Gefällt sie, bezahlt der Kunde gleich in der Kabine per Tablet. Gefällt sie nicht, wandert sie über eine zweite Luke zurück. Genial! – Wirklich? Inzwischen ist der digitale Laden ganz ohne Kassen und Personal schon wieder Geschichte. „Dauerhaft geschlossen" meldet Google.

Fazit: Nicht einmal Einkaufsmuffel haben Spaß an einem Analog-Einkauf ohne Seele. Digitalisiert ist eben nicht automatisch gleich kundenorientiert.

Hilfe, mein Online-Shop ist pleite!

Im Sommer 2016 schlug der Bundesverband Onlinehandel e. V. (BVOH) Alarm. Laut einer Branchenumfrage mache rund ein Fünftel der

Online-Shops mehr als 25 Prozent Verlust pro Jahr. Verantwortlich dafür seien unter anderem Hersteller und Marken, die den Verkauf über das Internet oder über Online-Marktplätze untersagten oder auch das Einstellen auf Preisvergleichs-Portalen mit einem Verbot belegten.[3] Die Trusted Shops GmbH, die ein vertrauensbildendes Gütesiegel für Online-Händler vermarktet, gibt auf ihrer Website Tipps, was Privatkunden tun können, wenn ihr Online-Lieferant in die Pleite geschlittert und die georderte Ware womöglich schon bezahlt worden ist.[4] Im Herbst 2018 sammelten sich dort beispielsweise Stimmen verzweifelter Kunden, die vergeblich auf Lieferungen eines Online-Möbelhändlers warteten und zum Teil schon beträchtliche Summen bezahlt hatten.

Fazit: Erfolglosigkeit ist kein Privileg stationärer Händler.

Offline erfolgreich: zwei Beispiele

Wohlgemerkt: Es geht mir nicht um Schadenfreude, sondern um eine nüchterne Einschätzung. Denn, so wie Online nicht der sichere Weg zu Profit ist, ist Offline nicht der sichere Weg in den Untergang. Auch hier zwei Beispiele.

Diesen Buchladen dürfte es eigentlich gar nicht mehr geben
Eine Bekannte schwärmt von ihrer Stadtteilbuchhandlung – einem kleinen, vollgestopften Laden von nicht einmal 40 Quadratmetern. Hier gibt es keine Sitzecke. Keine Kaffeebar. Keine erlebnisorientierte Dekoration. Keine Events wie Kochkurse, Zaubershows oder auch nur Autorenlesungen. Keine Non-Books, keine Taschen, T-Shirts, Kaffeebecher und kein einziges Stofftier weit und breit. Nur zwei engagierte, belesene, freundliche Buchhändler, die neue Kunden ab der ersten Buchbestellung konsequent mit Namen ansprechen und jedes Mal herzlich willkommen heißen. Zwei Buchenthusiasten, mit denen man und frau über Literatur fachsimpeln kann und die ihre Kunden besser kennen als jeder Amazon-Algorithmus: „Der neue Roman von Seethaler würde Ihrer Frau bestimmt gefallen!" Im Netz unter http://www.meichsnerund.de Und ja, diese schlichte Seite ist wirklich die ganze Website …

Fazit: Das beste Kundenerlebnis ist die (authentische!) menschliche Begegnung.

Interior Guiding statt Home24
Möbelhäuser fühlten sich lange Zeit sicher vor der Online-Konkurrenz. Wer kauft schon ein Sofa im Internet? Inzwischen haben nicht nur die Branchenriesen eigene Online-Shops, es buhlt auch eine Reihe reiner Online-Händler um Kunden jeden Geschmacks und jeder Brieftaschengröße. Die Auswahl ist riesig, und mancher fühlt sich davon restlos überfordert oder hat weder Lust noch Zeit, Stunden durch Möbelhäuser zu streifen oder sich durch das Netz zu klicken. Genau in diese Lücke stößt ein kleiner Innenausstatter in Hamburg. Decorazioni bietet „interior guiding" mit persönlicher Beratung vor Ort, „Homestyling", Lichtplanung, Farbkonzepten, „Raritäten-Scouting" und vielem mehr, von dem IKEA-Kunden kaum zu träumen wagen. Natürlich ist es kein Zufall, dass dieses Angebot im noblen Eppendorf angesiedelt ist. Hier wohnt die Zielgruppe, die sich so einen Service leisten kann und will. Hut ab vor einer durchdachten Businessstrategie und vor der Erkenntnis, die auch schon Garhammer groß gemacht hat: Echte Verkäufer aus Fleisch und Blut sind vor allem dann gefragt, wenn sie es verstehen, ihre Kunden klug an die Hand zu nehmen und durch den Warendschungel zu lotsen, als „Guides" eben. Vgl. https://www.decorazioni.de/leistungen.html

Fazit: Die Rolle der Verkäufer wandelt sich. Und kluge Positionierung ist das A und O.

Mir ist bewusst, dass Erfolgsbeispiele ihre Tücken haben. Hinterher zu loben, was funktioniert hat, ist weitaus einfacher, als eindeutige Prognosen abzugeben, was in Zukunft funktionieren wird. Deshalb sind Best Practice-Beispiele so beliebt wie heikel. Auch ich habe keine Glaskugel, die simple und todsichere Zukunftsrezepte liefert. Dennoch wage ich mich im zweiten Teil dieses Buches aus der Deckung und skizziere verschiedene Wege, mit denen der stationäre Handel sich meiner Einschätzung und langjährigen Erfahrung nach gegen das Internet behaupten kann. Ich komme aus dem Lebensmitteleinzelhandel, einem der am härtesten umkämpften Märkte überhaupt. Auch ohne die Online-Konkurrenz, die bislang eher schwächelt und in diesem Bereich (noch!) rote Zahlen schreibt, muss man sich hier nach der Decke strecken. Davon abgesehen ist dieses Buch nicht auf den Lebensmittelhandel beschränkt, sondern leuchtet auch in andere Ecken der Handelswelt, wie Sie eben schon gesehen haben.

„Online ist schlagbar" bedeutet weder, dass der Online-Handel *einfach* zu schlagen wäre, noch, dass *jeder* Händler sich behaupten wird, wenn er nur zwei, drei Kleinigkeiten beherzigt. Auch vor den Zeiten des Internets sind Händler schon gescheitert. Gegen eine unglückliche Standortwahl, Fehlentscheidungen im Sortiment, mangelndes Gespür für Kundenwünsche oder unfreundliche Verkäuferinnen und Verkäufer kann man mit neuer Dekoration und vollmundigen Serviceversprechen allein wenig ausrichten, ebenso wenig mit einem überhastet eingerichteten Online-Shop. Dennoch ist dies ein Mutmach-Buch, das die Diskussion versachlichen und eine vielfach zu beobachtende Resignation im stationären Handel bekämpfen will. Mit Jammern und Klagen macht man keinen Umsatz: Umsatz kommt von umsetzen. Der Online-Handel ist eine neue, zugegebenermaßen mächtige Vertriebsform mit vielen Stärken, aber auch mit Schwächen. Wenn der stationäre Handel diese Schwächen erkennt und als Chance begreift, wenn er sich auf seine ureigenen Stärken besinnt und auch bereit ist, neue Wege zu gehen und sich beispielsweise sinnvoll mit digitalen Angeboten zu verzahnen, dann mache ich mir um seine Zukunft keine Sorgen.

Online contra Offline – eine Bestandsaufnahme und 7 Thesen

Nehmen wir das Beispiel Zalando. Für (weibliche) Teenager von heute ist eine Welt ohne die Online-Modeplattform vermutlich kaum vorstellbar. „Schrei vor Glück", lautet der Slogan, der offenbar den Nerv traf. Kaum eine Vierzehnjährige, die nicht mit Freundinnen „Zalando-Partys" feierte: Klamotten ordern, gemeinsam ausprobieren und das meiste wieder zurückschicken. Gekauft wurde und wird dennoch genug: Der Aufstieg des Berliner Unternehmens gleicht einem Kometen. Betrug der Umsatz 2010 noch 150 Millionen Euro, waren es 2017 schon 4,5 Milliarden. In der Schweiz stieg Zalando in nur sechs Jahren 2017 zur Nummer 1 im Textilhandel auf. In Deutschland belegte das Unternehmen im gleichen Jahr Platz 3 der erfolgreichsten Online-Shops, mit knapp 1,3 Milliarden Euro Umsatz. Die Gesellschaft für Konsumforschung (GfK) flankiert diese Zahlen mit der Meldung, im gleichen Zeitraum seien in der Schweiz 6000 stationäre Verkaufsstellen verschwunden, während 10 000 Online-Shops mit ch-Domain angemeldet wurden. Der Handelsverband Deutschland HDE seinerseits schätzte, ebenfalls 2017, in Deutschland könnten in den kommenden fünf Jahren rund 50 000 Läden verschwinden. Auch in Österreich ist Ladensterben ein wiederkehrendes Pressethema und Zalando ein Top-Player auf dem Textilmarkt.[5]

Die Tücken der Statistik

Seit Jahren vergeht so kaum ein Tag, an dem im Netz, im TV oder ganz altmodisch im Wirtschaftsteil der Zeitungen keine Rekordmeldung über den Online-Handel und kein pessimistischer Kommentar zum stationären Handel publiziert wird. Dies erzeugt eine Atmosphäre, in der der „analoge" Laden unaufhaltsam zum Untergang verdammt scheint. Mag sein, dass dabei auch der etwas naive Glaube eine Rolle spielt, das Neue und technisch Anspruchsvollere werde sich zwangsläufig durchsetzen. Dennoch ist das nur die halbe Wahrheit. Zur Wahrheit gehört auch, dass in Deutschland auch 2018 nach einer Prognose des HDE de facto „nur" rund 10 Prozent des Einzelhandelsumsatzes online erzielt werden – etwa 52 Milliarden bei einem Gesamtumsatz von 525 Milliarden.[6] Die Hälfte des Online-Umsatzes entfällt dabei nach wie vor auf „Fashion" und „Consumer Electronics" mit jeweils rund 25 Prozent. Mit Abstand folgen „Freizeit und Hobby" (14,5 %), „Wohnen und Einrichten" (9 %) sowie „Fast Moving Consumer Goods" (FMCG), zu denen auch Lebensmittel zählen. Insbesondere bei klassischen Lebensmitteln ist der Online-Anteil am Gesamtumsatz mit 0,9 Prozent im Jahre 2017 noch gering. Und allem Pressewirbel um AmazonFresh, Allyouneedfresh oder den Lieferangeboten von Edeka und REWE zum Trotz, verdient in diesem Bereich bislang noch niemand Geld. Bei den FMCG werden vor allem Spirituosen (zu knapp 6 %), Kosmetik (zu 10 %) und Heimtierbedarf (zu 16 %) online geordert. Der stationäre Handel ist also alles andere als tot, auch wenn insbesondere die Mode- und Elektronikbranchen starke Online-Konkurrenz haben und sich keine Branche vorschnell in Sicherheit wiegen sollte. Dabei bieten mehr und mehr Fachhändler den Online-Shops auch über das Internet Paroli. So sei der stationäre Handel online stärker gewachsen als „die Onlinehändler mit Online-DNA", resümiert der HDE. Allerdings wird ein beträchtlicher Anteil dieses Fachhändler-Online-Zuwachses über Amazon Marketplace bestritten, stärkt also auch den Online-Riesen.[7]

Das Fazit: Der Online-Handel hat eine lange Phase stürmischen Wachstums hinter sich, Zalando ist nur ein Beispiel unter vielen. Insbesondere in den Anfangsjahren zu Beginn des Jahrtausends sorgten Wachstumsquoten im Internet-Handel von über 30 Prozent, 2004 und 2005 sogar über 45 Prozent, für Aufsehen. Dabei darf allerdings nicht übersehen werden, dass solche Raten sich in absoluten Zahlen anders darstellen, bezogen sie sich doch auf 3 oder 4 Milliarden Euro Vorjahresumsatz. Seit 2010 flacht sich die Online-Zuwachskurve kontinuierlich ab, auf 10 bis 12 Prozent jährliche Umsatzsteigerung in den letzten Jahren und eine Prognose von 9,7 Prozent für das Jahr 2018.[8] Natürlich sind das für Online-Händler immer noch erfreuliche Zahlen, um die der stationäre Handel sie zu Recht beneiden dürfte. Es zeigt aber auch, dass der Boom Grenzen hat. Dazu passt, dass Zalando 2018 seine Umsatz- und Gewinnerwartungen mehrfach nach unten korrigieren musste.[9] Sorgen muss man sich um das Unternehmen dennoch nicht machen, auch wenn in Deutschland ein Traditionsunternehmen der hippen Konkurrenz um Längen voraus ist: Auf Platz 2 der größten Online-Händler Deutschlands steht OTTO, mit knapp 3 Milliarden Jahresumsatz 2017, mehr als doppelt so groß wie Zalando und ein Beispiel dafür, wie ein klassischer Versandhändler die digitale Transformation mit Bravour bewältigt. Wer an erster Stelle steht, ahnen Sie vermutlich: Amazon mit über 8,8 Milliarden Jahresumsatz.[10] Dem Online-Riesen ist daher ein eigener Abschnitt gewidmet („Wovor Amazon Angst hat", S. 27).

Natürlich sind diese Zahlen nur Schlaglichter. Es gibt eine kaum noch übersehbare Fülle von Daten und Zukunftsprognosen zur Handelsentwicklung, auf die ich im Verlauf des Buches immer wieder eingehen werde. Ich bin versucht zu sagen: Studien haben wir inzwischen mehr als genug. Woran es im stationären Handel fehlt, ist beherztes Handeln im doppelten Wortsinne. An allgemeinen Prognosen kann man sich schier schwindelig lesen. Dabei begegnet man Digital-Extremisten, die nach China schauen und darauf verweisen, dass in manchen Stadtteilen Pekings frische Lebensmittel heute schon per App geordert und in einer halben Stunde geliefert werden[11] – ein Modell, das vermutlich 95 Prozent aller Chinesen ausblendet und ohne Tagelöhner kaum funktioniert. Und man begegnet Handelsromantikern, die meinen, es werde den Handel retten, wenn man Schaufenster schwarz verklebt und „Buy-local"-Kampagnen startet. Bevor ich stationäre Erfolgskonzepte auslote daher einige grundsätzliche Überlegungen zur weiteren Entwicklung des Handels.

1. Online-Kater: Auf Begeisterung folgt Ernüchterung

In vielerlei Hinsicht sind wir Fricks eine typische Familie: Die Kinder Digital Natives, die Eltern eher zurückhaltend beim Einkauf im Netz. Dass das Familieneinkommen im stationären Handel erzielt wird, hält einen Teenager natürlich nicht von ausgiebigen Einkaufstouren im Internet ab – im Gegenteil. Doch hat die jugendliche Online-Begeisterung in letzter Zeit Dämpfer erhalten. Mein Sohn bestellt online Elektronikzubehör, das prompt geliefert und offenbar aus China bezogen wurde. Leider gibt das Teil nach wenigen Tagen den Geist auf. Was beim Händler vor Ort im direkten Gespräch schnell zu regeln wäre, erfordert nun die umständliche Rücksendung, zahllose E-Mails und bleibt am Ende doch vergeblich. Zumindest in diesem Shop wird man Frick junior nicht mehr sehen. Schlimmer noch ergeht es meiner Tochter: Aus der online bestellten Handtasche zieht sie mit einem lauten „Iiiiieh!!" als Füllmaterial eine gebrauchte Männerunterhose. Glauben Sie mir, so etwas kann man sich nicht ausdenken.

Die schöne neue Online-Welt hat eben auch Schattenseiten. Amazon & Co. kann man beim Kauf weder in die Augen schauen noch vor Ort ins Gewissen reden. Vertrauen beruht hier ausschließlich auf reibungslosen Prozessen. Gerät Sand ins Getriebe, braucht der Kunde mitunter starke Nerven, wie etwa mein Bekannter, der begeistert bei einem großen Online-Möbelhändler einen Sonnenschirm orderte. „Die hatten genau die Größe und Farbe, die ich wollte! Und nach drei Tagen war das Ding da." Derart ermuntert, versuchte er es beim selben Online-Händler mit neuen Nachtkästen fürs Schlafzimmer, die vor Ort bei ihm zusammengebaut werden sollten. Hier betrug die Lieferzeit allerdings die handelsüblichen zwei Monate, nach denen sich herausstellte, dass schadhafte Teile an die Montagefirma geliefert worden waren. Also Neubestellung durch die Plattform, was dazu führte, dass der Kunde nun plötzlich vier statt zwei Schränkchen bezahlen sollte. Zugleich wurde er mit Mahnungen für die ersten Möbelstücke überzogen, die er nie erhalten hatte. Nachdem unzählige Mails hin- und hergegangen waren, brachte erst eine schriftliche Beschwerde bei der Geschäftsführung Klarheit. Fazit des Sonnenschirmkäufers: „Das war das letzte Mal, dass ich Möbel im Internet bestellt habe!"

Einzelfälle? Dass der Online-Handel gerade beim Thema Retouren nicht perfekt ist, bestätigt auch eine Mystery-Shopping-Studie der Universität Regensburg (ibi research) 2018. Bemängelt wurden vor allem im Elektronikhandel fehlende Rücksendeetiketten, umständliche E-Mail-Anmeldungen der Retoure sowie ungerechtfertigte Mahnungen. In anderen Branchen wie Wohnen, Heimwerken oder Garten musste der Kunde überdurchschnittlich oft für die Kosten der Rücksendung aufkommen, auch da kommt wenig Kundenfreude auf.[12]

2. Online-Ärger: Wenn der Postmann ständig klingelt

Was schätzen Kunden beim Einkauf im Internet? Auch das ist inzwischen natürlich weitgehend erforscht. Die Leipziger Handelsexperten Erik Maier und Manfred Kirchgeorg beispielsweise befragten über 800 Kunden nach ihren Gründen für Online- bzw. Offline-Kauf. Online-Kunden schätzen vor allem die Lieferung nach Hause (58%), gefolgt von Preisvorteilen (56%) und vom großen Angebot (47%). Die Rundumverfügbarkeit (24/7) landete bei dieser Befragung erst auf einem erstaunlichen vierten Platz (39%). Beim stationären Handel steht die Möglichkeit zum sofortigen Testen der Ware für die überwiegende Mehrzahl im Vordergrund (84%), gefolgt von der direkten Verfügbarkeit (73%) und der Beratung (61%).[13]

Das alles ist auf den ersten Blick naheliegend, auf den zweiten in Teilen dennoch interessant. Denn die vermeintlich problemlose Lieferung nach Hause als Hauptvorteil des Netzhandels klappt vielfach nur, wenn ein freundlicher und leidensfähiger Nachbar ständig Pakete annimmt, und die Retoure ist mitunter auch nicht ganz so einfach wie versprochen, siehe erster Punkt. Mit steigenden Online-Umsätzen droht den Zulieferern zudem spätestens in der Vorweihnachtszeit ein „Paketinfarkt", wie die Wirtschaftswoche warnte. In Deutschland stieg die Zahl der jährlichen Paketsendungen zwischen 2006 und 2016 von gut 2 auf über 3 Milliarden; für 2021 erwartet der Bundesverband Paket und Expresslogistik über 4 Milliarden. In manchen Innenstädten werden die überall und oft in zweiter Reihe parkenden Paketdienste inzwischen zum nervenden Verkehrshindernis, von möglichen Feinstaubbelastungen mal abgesehen. Fraglich ist, ob auf Dauer noch jedes Paket kostenlos bis an die Haustür gebracht werden kann, auch über Preisaufschläge im Weihnachtsgeschäft wird diskutiert.[14] Der Ärger der Kunden wächst, wie man im Internet auf einer Plattform der Verbraucherzentrale unter https://www.post-aerger.de nachlesen kann. Ich denke, die Schwächen des Online-Handels werden über kurz oder lang Offline-Stärken wieder stärker ins Bewusstsein rücken.

Fazit: Der stationäre Handel kann einerseits versuchen, der Online-Konkurrenz mit Lieferdiensten nachzueifern und dabei die logistischen Vorteile einer Zustellung vor Ort und Kooperationen mit anderen Händlern nutzen. Oder er besinnt sich auf seine ureigenen Stärken wie sinnliches Erfahren und Testen der Ware, direkte Verfügbarkeit und kompetente Beratung. Dass letztere nur für 61 Prozent der Kunden Anlass ist, einen stationären Händler aufzusuchen, kann man auch als Bankrotterklärung für die Beratungsqualität am Point of Sale lesen. Zumindest ist hier noch deutlich Luft nach oben!

3. Online-Angst: Fata Morgana „Beratungsklau"

Apropos Beratung: Seit Jahren geistert das böse Wort vom „Beratungsklau" durch die Ladenzeilen. Danach lassen Kunden sich am Point of Sale beraten, um anschließend im Internet nach dem günstigsten Preis für das favorisierte Produkt zu fahnden und dort zu bestellen. Die ganz Dreisten zücken gleich im Laden das Smartphone und ordern anderswo. Solche Kunden gibt es, keine Frage. Aber ist das wirklich ein maßgeblicher Grund für die Schwierigkeiten mancher Einzelhändler? Erhebungen zu verschiedenen Branchen ergeben, dass auch umgekehrt ein Schuh daraus wird: Kunden informieren sich online, um dann im stationären Handel zu kaufen (im Branchenjargon: „ROPO", Research online, purchase offline). Eine Studie der Beratungsgesellschaft PwC kam zu dem Ergebnis, dass rund zwei Drittel (64 %) der Konsumenten vor dem Kauf beim Händler im Internet recherchieren (manchmal auch als „Webrooming" bezeichnet). Etwa gleich viele (62 %) gehen den umgekehrten Weg, informieren sich vor Ort und kaufen online („Showrooming").[15] Das sieht nach einem Unentschieden aus. Mir gefällt die Vorstellung, dass jemand Amazon als Info-Datenbank benutzt, um anschließend die Ware stationär in Augenschein zu nehmen und zu kaufen! Denn der eigentliche springende Punkt ist: Schafft der stationäre Handel es, Kunden, die den Weg zu ihm gefunden haben, auch vom Kauf vor Ort zu überzeugen? Folgende Fragen lohnen sich:

- Ist unsere Beratung so gut, dass wir die Kunden animieren, nach dem Verkaufsgespräch auch tatsächlich bei uns zu kaufen?
- Ist unser Verkaufspersonal so kompetent, dass es auch online vorinformierte Kunden gut beraten kann?
- Verstehen es unsere Verkäuferinnen und Verkäufer, eine freundliche Atmosphäre und eine vertrauensvolle Beziehung herzustellen, sodass Kunden gerne wiederkommen?
- Sind wir online genügend präsent, um bei der Internet-Vorabrecherche der Kunden als stationärer Anbieter ins Auge zu fallen?

Online und Offline verzahnen sich inzwischen immer mehr, sodass Experten inzwischen von einer „Noline"-Verschmelzung beider Kanäle und „Omnichanneling"-Strategien sprechen. Darauf muss der stationäre

Handel eine überzeugende Antwort geben. Mehr hierzu im zweiten Teil im Abschnitt „O2O“ (S. 120).

4. Online-Überdruss: Nur Nerds sind reine Netzkäufer

Im Vorweihnachtsgeschäft 2018 sorgte Amazon in Berlin mit einem eher winzigen Pop-up-Shop für Furore. Im #HomeOfChristmas konnten für nur fünf Tage Waren in Augenschein genommen, aber nicht direkt gekauft, sondern online bestellt werden. Das Presseecho war größer als das Lädchen, in dem vorher ein Bubble-Tea-Shop untergebracht war. Das Konzept sei „eher undurchdacht als vielfältig“ und lohne eine weitere Anreise kaum, urteilte das Magazin Chip.[16] Auch wenn das Ganze vor allem ein gelungener Marketinggag war: Amazon hat schon länger erkannt, dass das direkte Produkterlebnis online nicht komplett nachzuahmen ist. Und selbst, wenn irgendwann die Virtual-Reality-Brillen zum Shopping-Standard werden, wird es die Frustschokolade auf diese Weise genauso wenig geben wie den Kitzel sämtlicher Sinne auf einmal, den jeder gut geführte Supermarkt und jedes innovative Warenhaus bieten. Angesichts der Unnachahmlichkeit des Anfassbaren stoßen auch andere Online-Riesen auf den stationären Markt vor, etwa Zalando mit seinen Outlet-Stores in Großstädten oder Möbelhändler wie Home24 (vgl. hierzu auch den Abschnitt „Wovor Amazon Angst hat“, S. 27). Das Online-„Erlebnis“ hat Grenzen, und daher werden Kunden auch zukünftig online wie offline kaufen. Ob sie ihr Geld eher im Netz oder eher im stationären Handel ausgeben, wird auch davon abhängen, wie gut es Händler vor Ort verstehen, ihre Kunden zu begeistern. Aktuell zählen laut HDE 52 Prozent der Konsumenten zu den „traditionellen Handelskäufern“, die am liebsten in „echten“ Geschäften einkaufen, 31 Prozent sind „selektive Online-Shopper“, die bestimmte Produkte (etwa Bücher) online ordern, und nur eine Minderheit von 11 Prozent bezeichnet sich als „begeisterten Online-Shopper“, der am liebsten im Netz einkauft. Allerdings verlagert sich das Einkaufsverhalten, je jünger die Käufer sind: Bei den ganz jungen „Smart Natives“ zwischen 20 und 25 bezeichnen sich schon zwei Drittel als „selektive Shopper“ und ein rundes Viertel geht am liebsten ins Internet.[17]

Gleichzeitig ist eine erstaunliche Gegenbewegung feststellbar. 2016 veröffentlichte der Kanadier David Sax ein Buch unter dem Titel „Die Rache des Analogen“ (The Revenge of Analogue). Sax beschreibt darin, dass der Siegeszug des Digitalen keineswegs so zwangsläufig ist, wie gern angenommen wird, und „Warum wir uns nach realen Dingen sehnen“, so der Untertitel. Zu diesen realen Dingen zählen die Vinylschallplatte, das Papier oder auch der Einzelhandel. Sax beschreibt, wie in seinem Viertel beispielsweise nach und nach wieder Plattenläden öffnen, die nichts mit den staubigen Höhlen seiner Jugend gemeinsam haben und ein vorwiegend junges Publikum anziehen, das das „sinnliche Vergnügen" echter Schallplatten schätzt.[18] Ein Nischenphänomen? Mag sein. Aber war das Finden der richtigen geschäftlichen Nische nicht schon immer entscheidend für geschäftlichen Erfolg? Auch in anderen Bereichen feiert das Analoge eine Renaissance, etwa im Bereich der Reisebüros. Noch immer werden 60 Prozent der Reisen von Mensch zu Mensch gebucht, obwohl – oder gerade weil – das Internet eine unüberschaubare Fülle von Angeboten bereithält. Seit 2012 sei die Zahl der stationären Reisebüros stabil, inzwischen steige sie sogar wieder, meldete die Frankfurter Allgemeine Zeitung.[19] Mancher Kunde kapituliert schlicht vor der Angebotsflut im Netz, manch anderer mag frustriert sein von den Fallstricken der Vergleichsportale, deren unschlagbar günstige Flugangebote sich mit jedem Klick verteuern, oder von den Tücken der Plattformen, deren Hotelbewertungen sich munter widersprechen. Gut durchdachte und kundenzentrierte Angebote im „analogen" Handel werden daher auch zukünftig Anhänger haben, vorausgesetzt Händler stellen bekannte Ärgernisse ab – siehe nächster Punkt.

5. Online-Kidults: Was im Laden nervt, vertreibt Kunden

Der bekannte Journalist Nils Minkmar mokierte sich Anfang 2018 über seinen Optiker, den er nur noch aus Mitleid aufsuche. Der Laden sei „immer leer". Dennoch müsse er jedes Mal darum kämpfen, seine Brille für minutenschnell durchführbare Reparaturen nicht dazulassen, sondern gleich wieder mitnehmen zu können. Minkmar vermutet einen stillen Widerstand gegen die neue Zeit, auch in anderen Läden, in denen das Verkaufspersonal entweder abtaucht, wenn ein Kunde das Geschäft betritt, oder durch Ahnungslosigkeit glänzt.[20] Fest steht: Seit die Kunden die Wahl haben und ins Netz abwandern können, sind sie anspruchsvoller und ungeduldiger geworden. Im Internet führt der Käufer (zumindest in seinem subjektiven Empfinden) die Regie. Er muss nicht warten, er bestimmt, wie schnell er sich durchklickt und wo er verweilt. Der Suchmechanismus ersetzt das manchmal mühselige Auffinden eines Verkäufers, und Kassenschlangen gibt es auch keine. Dass die Netzsuche manchmal länger dauert als der Gang zum Laden, spielt dabei keine

Rolle. Der Kunde ist mächtig, er sitzt am Steuer. Wenig überraschend, dass er immer weniger Lust hat, sich einem Takt anzupassen, den der stationäre Händler ihm vorgibt. Wer das nicht versteht und auf seinem eigenen Trott beharrt, wird das schmerzhaft zu spüren bekommen, es sei denn, er kann mit einem unwiderstehlichen Alleinstellungsmerkmal aufwarten. Nicht ohne Grund hat sich Amazon der Mission verschrieben, das „kundenorientierteste Unternehmen der Welt" zu sein.[21] Jeff Bezos' Reich wird auch deswegen immer größer, weil es so genial einfach und schnell geht, dort einzukaufen.

Der Kunde sei „zum verwöhnten ‚Kidult' geworden, Convenience, Einfachheit und gute Gefühle dominieren sein Einkaufserlebnis", beschreibt das angesehene Gottlieb Duttweiler Institut dieses Phänomen.[22] Wer im Netz scheinbar alles, und zwar sofort, bekommen kann, arrangiert sich immer weniger mit kleinen Ärgernissen im stationären Handel. Kluge Händler wissen das und geben ihren Kunden deutlich zu verstehen, dass ihnen ihr Wohl am Herzen liegt. Dabei geht es nicht darum, den Online-Handel nachzuahmen (was ohnehin nur begrenzt funktioniert). Entscheidend ist vielmehr die Haltung, auf die der Kunde im Laden trifft. Minkmar vergleicht seinen Optiker mit einem Einkaufserlebnis in Indien. Auf dem Weg zum Flughafen erstand er eine Hose. Der Verkäufer bot an, den Saum anzupassen. Minkmar lehnte dankend ab, er habe dafür nicht die Zeit. Das Folgende wäre in Europa kaum vorstellbar: „Der Mann blickte hocherfreut auf seine Armbanduhr, dann zu seinem Kollegen und fragte: ‚Wie viele Sekunden haben wir?'" Als Minkmar bezahlt hatte, war seine Hose fertig. Die Begeisterung, mit der dieser Händler seinen Kunden diente, war für ihn unvergesslich. Und hierzulande? Als Kunde wäre man schon hocherfreut, würde der Verkäufer sagen: „Haben Sie noch etwas zu erledigen? In einer Stunde hat unser Schneider Ihre Änderung fertig." Stattdessen bekommt man einen Abholtermin in der nächsten Woche. Warum wird das gute Stück nicht wenigstens kostenlos nach Hause geliefert? Sympathien für den Einzelhandel weckt man anders. Das mag sich kleinlich anhören. Doch der große Erfolg ist eine Summe vieler erfreulicher Kleinigkeiten, gerade im Handel.

6. Online-Kollateralschaden: Öde Innenstädte als Folge eigener Passivität

Wenn der Einzelhandel schwächelt, leiden die Innenstädte und Dorfzentren. Leere Ladenlokale, verödete Fußgängerzonen gehören mancherorts zum Straßenbild. Oft beginnt der Niedergang mit der Schließung des Flaggschiffs, etwa des örtlichen Kaufhauses. Es gibt Ortschaften, in denen wir nur solange noch zum Friseur können, solange man online noch keine Haare schneiden kann. Ist dieser Abwärtstrend unausweichlich? Er ist zumindest beunruhigend, denn eine solche „Zwei-Orte-Gesellschaft“ trägt dazu bei, dass manche Regionen sich abgehängt fühlen, mit allen politischen Folgen, die das hat. Handelsentwicklung ist eben auch Gesellschaftsentwicklung. Dabei setzt nicht nur der Online-Handel dem örtlichen Fachhandel zu. Über manches Shoppingcenter auf der grünen Wiese würden Kommunalpolitiker heute vermutlich zweimal nachdenken. Sie sind auch gefragt, wenn es darum geht, dem stationären Handel das Leben nicht unnötig schwer zu machen. „In manchen Stadtverwaltungen sitzen Betonköpfe, die selbst nicht für den Niedergang von Innenstädten haften müssen“, sagt Gerrit Heinemann, Handelsexperte der Hochschule Niederrhein.[23] Zusammen mit der Wirtschaftsförderung Mönchengladbach verantwortete Heinemann das Projekt mg.retail2020, das die Auswirkungen des Online-Handels auf den innerstädtischen Einzelhandel am Beispiel Mönchengladbach und Umgebung erforschte, um daraus Handlungsempfehlungen für Entscheidungsträger in Wirtschaft und Politik abzuleiten.[24] Interessant ist, was die repräsentative Umfrage für Kundenwünsche ergab. Danach sind es an erster Stelle attraktive Öffnungszeiten und gute Erreichbarkeit mit dem ÖPNV, die Kunden in die Innenstadt locken; für Käufer von auswärts zählen auch attraktive Sortimente und genügend Parkplätze. Dicht darauf folgen eine angenehme Atmosphäre in der Stadt, Beratung im Geschäft und ein gastronomisches Angebot.[25]

Vor diesem Hintergrund kann man sich fragen, ob manche Regelungen zur Ladenöffnung noch zeitgemäß sind und ob es wirklich klug ist, die Parkgebühren in den Innenstädten weiter zu erhöhen, ohne im Umland ein gutes ÖPNV-Angebot zu bieten. Zu weiteren Maßnahmen, die eine Stadt (oder auch ein Dorf) attraktiver machen, gehören neben den üblichen Verschönerungsaktionen auch ein durchdachtes „City-Management“, mit dem bestimmte Branchen für den richtigen „Mix“ gehalten bzw. angesiedelt werden. Dabei wissen wir alle: Es ist riskant, einfach nach „dem Staat“ zu rufen und sich selbst zurückzulehnen. Stationäre Händler sind aufgerufen, sich stärker als bisher als Interessengemeinschaft zu verstehen und gemeinsam den Standort für Kunden attraktiver zu machen. Mit einer gemeinsamen Weihnachtsbeleuchtung ist es dabei ebenso wenig getan wie mit dem Mitleidsmarketing der Buy-local-Kampagnen.

Auch wenn wir nicht in einer Servicewüste leben und etliche Händler mittlerweile blühende Konsumoasen kreieren, gibt es im stationären Handel natürlich auch die andere Seite. *„Nein, wir haben nur das, was da steht!“, „Ihre Größe ist aus“, „Das müsste ich bestellen, dauert aber!“, „Dafür bin ich nicht zuständig“, „Elektroartikel sind dahinten“, „Was sagten Sie, wann haben Sie das bestellt? Ich finde hier nichts, da muss ich erst meine Kollegin fragen“, „Umtausch nur mit Kassenbon, so sind die Regeln“* – solche Sätze sollten eigentlich längst der Vergangenheit angehören. Ich bin immer wieder verblüfft, wie lieblos selbst kaufkräftige Kunden zum Teil abgefertigt werden, wie ich nach dem Kaufrausch meiner Familie erleben musste: Wir hatten zwar kräftig ins Portemonnaie gelangt. Doch die Einkaufshöhe machte auf das Verkaufspersonal wenig Eindruck. Es gab weder unaufgefordert noch auf Nachfrage einen Rabatt – und sei es auch nur ein Gutschein für das hauseigene Café. Schlimmer noch: Bei der Reklamation des mitgebrachten Gürtels, der im selben Laden erstanden worden war, ging gleich die Kassenbon-Jalousie runter: ohne Kassenzettel keine Rückgabe – da gab es kein Pardon. Und schließlich die Krönung, nachdem wir für einen fast vierstelligen Betrag eingekauft hatten, dann noch einen Zehner für eine kleine Änderung drauflegen zu müssen. „Der Kunde ist König“ fühlt sich anders an. Und dies, obwohl man einen zuvorkommenden Service immer erwarten können sollte – unabhängig vom ausgegebenen Betrag. Da muss sich der stationäre Handel nicht wundern, wenn Kunden der weltweit bekanntesten Marke „Sale“ folgen und nur noch im Ausverkauf nach Schnäppchen jagen.

Ein weiteres Ärgernis: Man kauft sowohl in der Filiale A wie B desselben Unternehmens und es ist nicht in der Lage, die Umsätze zu kumulieren, obwohl von Filiale A auf Filiale B verwiesen wurde, um dort Hemden und Anzüge in nicht verfügbaren Größen zu reservieren. Und was das Maß dann endgültig füllt: Man lässt einen Anzug auf den eigenen Namen zurücklegen und bleibt dennoch anonym: „Wann kommen Sie den Anzug holen, Herr Äh …???“ Unpersönlicher geht es kaum. Vielleicht hätte ich mich für das Überlassen der Ware noch bedanken sollen.

Für manchen Händler lohnt daher tatsächlich die Frage: Geht es uns schlecht, weil der Online-Handel so mächtig ist? Oder ist der Online-Handel deshalb eine echte Konkurrenz, weil wir so schlecht sind? Weil wir nicht mehr das bieten, was einen attraktiven Einzelhandel ausmacht? Als da wären: Persönliche, freundliche Kundenansprache, kompetente

Beratung, positive Kundenüberraschungen, kulante Reklamationsbehandlung, einfache Zahlungsmethoden, genügend Parkplätze und Wohlfühlambiente und, und, und. Wenn Sie jetzt meinen, das sei nichts Neues: Mag sein. Wissen allein nützt aber nichts, man muss es auch tun. Ich bin überzeugt: Wenn Händler solide wirtschaften und gleichzeitig – frei nach Zino Davidoff – demonstrieren, dass sie ihre Kunden lieben, werden sie sich auch zukünftig erfolgreich gegen die Online-Konkurrenz behaupten!

Mit Big Data zur Big Confusion – digitale Schnellschüsse und Irrwege

Zur vermeintlichen Unbesiegbarkeit des Online-Handels trägt daneben der Mythos „Big Data" bei. Auch wenn die großen Internetkonzerne wie Amazon oder Alibaba von Kritikern inzwischen als „Datenkonzerne mit angeschlossenem Warenlager" bezeichnet werden,[26] ist es ein Irrtum zu glauben, wer mehr Daten hat, wird automatisch Sieger im Wettbewerb um Kunden. Wenn man die Nadel im Heuhaufen sucht, nützt es einem wenig, wenn immer mehr Heu da ist: Die Nadel wird dadurch nicht größer. Daten an sich sind ein Rohstoff, der mehr oder weniger taugt. Wertvoll werden sie erst durch kluge Analyse. Und „Wer viel misst, misst Mist", wie der Informatiker Mihai Nadin, der in Stanford und Berkeley lehrte, dem Magazin Brand eins sagte.[27] Das stimmt zwar nicht immer, aber oft genug.

Nicht jeder Yamaha-Fan liebt Musik

Natürlich kennen wir alle das erstaunliche Phänomen, dass wir plötzlich mit Online-Werbung für Berliner Hotels überschwemmt werden, nur weil wir überlegt haben, ein Wochenende dort zu verbringen. Unsere entsprechende Spur im Internet scheint uns zum gläsernen Kunden zu machen. Auf der anderen Seite sind wir doch ein bisschen komplizierter als der Algorithmus im Hintergrund ausrechnet. Und so bekommen wir auch Werbung für Inkontinenzwindeln, nur weil wir kurz für eine ältere Nachbarin nachgeschaut haben, was ein Treppenlift kostet. Oder wir sollen partout Musikinstrumente kaufen, weil wir als Motorradfans „Yamaha" in die Suchmaske eingegeben haben. Die scheinbare Allmacht von Big Data hat also Grenzen. Hinzu kommt: Nicht alles, was im Internet gesammelt wird, hat tatsächlich Hand und Fuß. Welche Aussagekraft haben Online-Umfragen und Datenabfragen im Zusammenhang mit Gewinnspielen, Bestellungen und anderen Dienstleistungen tatsächlich? Im Netz gibt man dies und das an, was im Alltag dann doch keine Rolle spielt. Oder man schafft sich einen Fantasiezwilling, weil man wirklich Privates wie etwa Alter oder Hobbys doch nicht preisgeben möchte.

Der Mythos „Big Data“ basiert unter anderem auf eindrucksvollen Anekdoten, die Allmachtsfantasien naiver Marketingmanager nähren. Dazu zählen die „Google Flu Trends“ (GFT). Im angesehenen Magazin Nature erschien 2008 ein Artikel, in dem behauptet wurde, mittels einer Häufung von Google-Anfragen wie „Grippesymptome“ oder „Apotheke in der Nähe“ ließen sich Grippewellen präziser vorhersagen als durch die bisher übliche Befragung von Ärzten. Fünf Jahre später hatte sich das als Ente erwiesen und wurde im selben Magazin korrigiert. Die Vorhersagequalität von „GFT“ sei in Wahrheit „lausig“ gewesen.[28] Sehr gern zitiert wird auch die Fähigkeit von Kreditkartenfirmen, aufgrund des veränderten Konsumverhaltens Ehescheidungen präziser vorherzusehen als die Noch-Eheleute und sich so gegen mögliche Zahlungsausfälle zu wappnen.[29] Und auch die Geschichte vom US-Supermarkt, der einem Teenager Werbung für Babyartikel zuschickte und eher von dessen Schwangerschaft wusste als die angesichts der Werbung empörten Eltern des Mädchens, lässt sich prima abends in der Kneipe erzählen.[30] Was dabei selten zur Sprache kommt: Solche Prognosen basieren auf der Verknüpfung verschiedener Daten und korrekten Schlussfolgerungen daraus, und das ist ein ziemlich komplexes Geschäft. Es gibt keinen Rechner, der die Einkaufshistorie oder das Surfverhalten im Netz auswertet und fertige Deutungen ausspuckt, mit denen die Werber dann nur noch die richtigen Prospekte in Druck geben oder die passenden Pop-ups und Banner einspielen müssen. Nur der Mensch kann vom Kauf schwangerschaftstypischer Spurenelemente und parfümfreier Körperlotionen auf eine Schwangerschaft schließen, wenn Geschlecht und Alter passen. Das ist eine ziemlich kleine Nadel in einem großen Datenhaufen.

Man braucht also schlaue Datenanalysten, und die sind rar. Das hat selbst ernannte Experten nicht an vollmundigen Versprechungen gehindert. Beispielsweise rief der Ex-Chefredakteur des Magazins Wired das „Ende der Theorie“ aus: Analysen seien von nun an überflüssig, mit umfänglichen Datensätzen ließen sich zukünftig rein faktenbasierte Entscheidungen treffen. Wer solchen Thesen und ähnlich lautenden Versprechungen mancher IT-Dienstleister auf den Leim geht, hat einen idealen Weg gefunden, sein Unternehmen zu ruinieren. Sie können noch so viele Daten haben, vom Denken wird Sie das nicht befreien. Im Gegenteil: Je mehr Daten, desto mehr Denkarbeit fällt an und desto eher kann man sich irren. „Rund 50 Prozent der Big-Data-Projekte scheitern oder bleiben zumindest weit hinter den in sie gesetzten Erwartungen zurück", schreibt Thomas Ramge unter Berufung auf den US-Berater Bernard Marr.[31] Welchen Aufwand wirkungsvolles „Customer Profiling" und eine daraus abgeleitete individualisierte Kundenansprache tatsächlich bedeuten, verdeutlicht beispielhaft eine Publikation der Schweizerischen Gesellschaft für Marketing (GfM) anhand der Anpassung einer Automobilwebsite auf verschiedene Kundengruppen. Die so erzeugten „Targeted Audience Konditionen" generierten zwar mehr Interaktion auf der Website und mehr „Abschlüsse" (definiert als finalisierte Konfiguration eines Wagens, also nicht als Kaufabschluss), setzten aber die Auswertung von knapp 900 000 Teilnehmern innerhalb eines mehrmonatigen Projektes voraus.[32]

Wissen ist nicht immer Macht

Vor diesem Hintergrund sei die Frage erlaubt: Ab wann zahlt sich der Analyseaufwand unterm Strich aus? Und was nützt es einem großen Online-Händler wie dem OTTO Versand, wenn er weiß, dass in Schwerin für Push-up-BHs mit 67,18 Euro exakt 8,71 Euro mehr ausgegeben werden als im Bundesdurchschnitt? Oder dass in Chemnitz gekaufte Couchtische durchschnittlich einen Euro billiger sind als im Bundesdurchschnitt? Dass Lübecker eher wenig für Herrenjeans ausgeben, Wiesbadener sehr viel für Pantoffeln und Augsburger bei Elektrogrills besonders auf den Preis achten?[33] Sicher, der Versender kann seinen Kunden personalisierte Werbung zumailen. Er kann den Kauf eines hochwertigen Bestecks zum Anlass nehmen, der Kundin Tischwäsche anzubieten, oder beim Bettenkauf die Aufmerksamkeit auf Bettwäsche lenken. Nur: Was hindert einen stationären Händler, dasselbe zu tun? Up- und Cross-Selling ist schließlich keine Erfindung des Online-Zeitalters, und analog kann man Menschen immer noch besser in die Augen schauen als digital. Überdies wird ein erfahrener Lebensmittelhändler nur schmunzeln, wenn es als bahnbrechende Big-Data-Erkenntnis gefeiert wird, dass die Supermarkt-Kette Tesco mehr Grillfleisch ordert, wenn der Wetterbericht für nächste Woche schönes Sommerwetter ankündigt.[34] Dafür braucht ein erfahrener Marktleiter keinen Computeralgorithmus.

Letztlich gilt auch für Big Data das, was ich schon in meinem Buch „Patient Marke: Kunstfehler im Marke-ting“ gesagt habe: Marktforschung hat ihr Gutes, doch die inflationäre Entwicklung des Datensammelns birgt unweigerlich Fallstricke. Bei jeder Analyse besteht die Gefahr, dass man primär eigene Annahmen bestätigt wissen will, planlos Anker auswirft, um die eigene Ratlosigkeit zu verschleiern oder trüben Quellen vertraut.[35] Die Kernfrage bei Big Data lautet daher: Bringt mein Zusatzwissen auch tatsächlich sinnstiftenden Nutzen?

Wovor Amazon Angst hat – die Achillesferse des Riesen

Amazon ist der Goliath unter den Online-Anbietern, der unangefochtene Spitzenreiter, dessen Umsätze unaufhörlich steigen und steigen, von 6,92 Milliarden US-Dollar weltweit 2004 auf 232,89 Milliarden US-Dollar im Jahr 2018.[36] Das ist mehr als eine Verdreiunddreißigfachung in nur 15 Jahren. Ginge es in diesem Tempo weiter, betrüge der Amazon-Weltumsatz in weiteren 15 Jahren, 2033, rund 7,7 Billionen US-Dollar. Zur Verdeutlichung: Das entspricht in etwa dem heutigen Bruttoinlandsprodukt von Deutschland, Großbritannien und Frankreich zusammen.[37] Kein Wunder, dass der Online-Händler als unbesiegbarer Moloch gefürchtet wird und stationäre Händler es mit der Angst bekommen. Doch ist Amazon tatsächlich unbesiegbar und wird sich langsam, aber sicher den gesamten Handel unterwerfen? Auch Goliath wurde schließlich zu Fall gebracht, und selbst der Drachentöter Siegfried besaß eine verwundbare Stelle. Schauen wir uns an, ob das bei Amazon nicht ähnlich ist – einige Überlegungen und Thesen.

Amazon ist (auch) ein Ramschladen

Nehmen wir an, Sie wollen sich ein Tablet der Marke XY zulegen, in der Version Z, mit den Zusatzfunktionen ABC und dem Prozessor DEF. Dann funktioniert Amazon wunderbar. Wenige Clicks, Preisvergleich, gekauft. Nun, Sie müssen mindestens bis morgen warten, sind hoffentlich zu Hause, wenn der Paketbote klingelt, und sollten hoffen, dass das Gerät ordentlich verpackt und transportiert wurde. Aber meistens klappt das ja, und wenn Sie dabei etliche Euro sparen, why not? Wenn wir allerdings annehmen, dass Sie keine Ahnung von Tablets haben und auch keinen Teenager in Griffweite, der Sie rasch aufklärt, stellt sich die Sache ein wenig anders dar. Wer den Begriff „Tablet" in die Suchmaske bei Amazon eingibt, erhält im Bruchteil einer Sekunde 2000 Treffer. Da fällt die Entscheidung schon schwerer. In einem legendären Experiment boten die Sozialpsychologen Sheena Iyengar und Mark Lepper Supermarktkunden eine Marmeladenauswahl zum Probieren an – in einem Fall sechs verschiedene Sorten, im anderen 24 Sorten. Doch mehr Auswahl ist nicht automatisch besser, so das überraschende Ergebnis. Zwar probierten 60 Prozent der Kunden am großen Tisch eine Marmelade, aber nur zwei Prozent kauften auch ein Glas. Bei der kleinen Auswahl waren es mit 12 Prozent sechs Mal so viele, obwohl hier nur 40 Prozent der Kunden haltgemacht hatten. Das Experiment ging als „Marmeladen-Paradoxon" oder „Paradox of Choice" in die Marketinggeschichte ein. Je größer die Auswahl, desto eher zögert ein Kunde, offenbar in der Sorge, etwas falsch zu machen.[38]

So gesehen, stehen die Chancen für Amazon bei unentschlossenen Kunden eher schlecht. Natürlich können Kunden Testberichte wälzen, User-Bewertungen lesen und online recherchieren. Doch die Wahrscheinlichkeit ist hoch, dass die Verwirrung dadurch ebenso wächst wie der zeitliche Aufwand. Beim Händler Ihres Vertrauens können Sie das Gerät nicht nur in die Hand nehmen, Sie bekommen eine vernünftige Beratung dazu (wenn der Händler Ihr Vertrauen verdient) und Sie sind möglicherweise in 15 Minuten wieder draußen. Mit Gerät.

Ich bin ziemlich überzeugt, dass sich diese Schwachstelle von Amazon ins Bewusstsein vieler Kunden schleichen wird. Amazons Stärke – die Verfügbarkeit von Abermillionen Artikeln – mutiert unweigerlich zur Schwäche, wenn der Kunde nicht genau weiß, was er will. Dann wird der Shop zu dem, was er in Wirklichkeit auch ist, zu einem gigantischen, unübersichtlichen Warenlager. Das gilt nicht nur im Bereich Elektronik. Wer beispielsweise „Sofa" eingibt, erhält mehr als 10 000 Treffer. Bei „Schlafsofa" sind es immer noch knapp 800. Und selbst, wer Amazons originellen Keyword-Vorschlag „Schlafsofa Federkern" folgt, landet bei über 100 Angeboten zu Preisen von 200 bis über 1000 Euro und ist vermutlich hinreichend verunsichert, um ein Möbelhaus aufzusuchen. Amazon ist also nicht unschlagbar. Der Gigant hat etliche Achillesfersen, und eine davon lautet Mangel an Übersicht, Beratung, echter Interaktion mit dem Kunden. Kein Algorithmus, der den unsystematischen Klicks eines unentschlossenen Users auf den Leim geht, kann das empathische und zielführende Gespräch mit einem kompetenten Verkäufer ersetzen. Ob Amazon Angst vor dieser Erkenntnis hat? Vermutlich nicht. Dass der Online-Gigant ins stationäre Geschäft einsteigt (vgl. den übernächsten Abschnitt „Amazon goes offline, der Laden lebt“, S. 30), lässt allerdings vermuten, dass man sich der eigenen Defizite durchaus bewusst ist.

Amazon scheitert am Einkaufserlebnis

Ob es Konsumkritikern gefällt oder nicht: Einkaufen ist mehr als der Tausch von Geld gegen Produkte, mehr als die möglichst bequeme Beschaffung einer Ware zum möglichst günstigen Preis. Die Genussvariante des Kaufens heißt „Shopping“. Shopping ist nicht nur das Thema einer Dokusoap mit inzwischen über 1000 Folgen („Shopping Queen“), es ist sogar der Deutschen zweitliebstes Hobby, nach „Gartenarbeit“ und vor „Rätsel lösen“ (2017).[39] „In der Regel sind mit dem Shopping über den bloßen Einkaufsakt hinausgehende Erlebnisreize verbunden, die von den Konsumenten geschätzt werden“, weiß das Internetlexikon wikipedia (Artikel „Einkauf [Konsum]“). Welche „Erlebnisreize“ bietet Amazon? Kann man bei Amazon „shoppen“? Schon die Frage mutet merkwürdig an. Zum Shoppen gehört flanieren, entdecken, sich anregen lassen, finden, was man nicht gesucht hat, Kaffee trinken, sich treiben lassen, Ware erbeuten. „Shoppen“ ist analog, dreidimensional, multisensorisch. „Bei Amazon bestellen“ ist zweidimensional und wenig sinnlich. Die Vorteile Bequemlichkeit und Preistransparenz werden erkauft mit einem Kaufakt, der prosaischer kaum sein könnte. Dass die Erlebnisdimension beim Kaufen häufig eine wichtige Rolle spielt, hat Apple schon lange verstanden. Warum sonst würde eines der Flaggschiffe der digitalen Ökonomie die Welt mit Shops überziehen, die in ihrem reduzierten Styling an die exklusiven Boutiquen bekannter Modedesigner wie Jil Sander oder anderer Luxusmarken erinnern? Wenn Kunden dennoch in vielen Bereich auf das Internet ausweichen, hat das sicher auch damit zu tun, dass der stationäre Handel den Erlebnischarakter des Einkaufens zum Teil sträflich vernachlässigt und damit Konsumenten in die Arme der Online-Händler treibt.

Zugegeben, manche Einkäufe sind lästig, manche Produkte kaum „Shopping-tauglich“. In einem echten Kaufhaus nach dem passenden Wasserfilter für den Kaffeevollautomaten zu fahnden erzeugt wenig Kauffreude. Bei Druckerpatronen, Blumendünger oder Silberputztüchern gilt für die meisten Menschen vermutlich Ähnliches. Wie aber ist es bei Wein, Schmuck, Parfüm oder einem neuen Wintermantel? Noch kann man online weder den Mantel anprobieren noch Schmuck probeweise anlegen, weder ein neues Parfüm erschnuppern oder Wein kosten. Online-Händler, die nicht wie Amazon alles für alle bieten, sondern eine bestimmte Nische bedienen, haben das Dilemma erkannt. So ist es zu erklären, dass ein Weinhändler im Netz die gängigen Kategorien über Bord wirft und stattdessen Erlebniswelten wie „Freunde treffen", „Mädelstag", „Gemütlich lesen" oder „Lange nichts gehört" kreiert, auch wenn Weinkenner darüber den Kopf schütteln werden.[40] Oder dass ein Nischenanbieter wie die Klötzli Messerschmiede auch im Internet die Heimeligkeit eines guten alten Handwerks heraufbeschwört, mit historischen Fotos, Infos rund ums Messer und stationären Serviceangeboten wie Messer schleifen und Schärfseminare.[41] Amazon kann das nicht, dafür ist das Internetwarenhaus viel zu groß. Was bewahrt es davor, das Schicksal stationärer Warenhäuser zu teilen und viele Kunden mit seiner lieblosen Warenpräsentation und dem Mangel an kompetenter Beratung anzuöden? Sollte Amazon davor noch keine Angst haben, dann vielleicht deswegen, weil es jenseits des Handels in zahlreiche weitere Geschäftsbereiche investiert, etwa Dienstleistungen für andere Händler, Amazon Web Services, Logistik, Publishing, Video Streaming.

Amazon goes offline, der Laden lebt

„Amazon will Läden in Deutschland eröffnen", meldete das manager magazin im Dezember 2017. „Das ist keine Frage des Ob, sondern des Wann", lässt sich Deutschland-Chef Ralf Kleber zitieren. Weiter heißt es, „Der klassische Handel in Deutschland macht noch immer 90 bis 95 Prozent des Gesamtumsatzes aus und ist sehr beliebt. Amazon wird sich dem deshalb nicht verschließen." Verrückte Welt: Während der stationäre Handel vor der Online-Konkurrenz zittert und ein Untergangsszenario das nächste jagt, expandiert der Online-Händler in die analoge Welt. Hat Amazon etwa Angst, auf Dauer nicht genug vom Warenkuchen abzubekommen? Interessant ist immerhin, dass die schwindelerregenden Umsätze von Amazon nur zu einem Teil auf eigene Warenverkäufe zurückzuführen sind. Ein Analyst der Digitalplattform t3n errechnete im Februar 2017, dass die Umsätze der über Amazon verkaufenden Händler den durch Amazon selbst generierten Handelsumsatz im Vorjahr um rund ein Drittel überstieg. Der sogenannte Marketplace-Bereich wachse konstant weiter. [42]

Bei der Shop-Gründung geht es längst nicht mehr um Buchhandlungen, in denen Amazon seine erste Produktsparte seit einiger Zeit auch zum Anfassen anbietet. Im Sommer 2017 übernahm Amazon die US-Bio-Kette Whole Foods mit über 450 Lebensmittelfilialen. Zusätzlich experimentiert der Online-Händler mit einem neuen Supermarktkonzept – Amazon Go. Das Hauptargument dieser Märkte (genauer gesagt, das *einzige* Argument): Kassenschlangen gehören der Vergangenheit an. Eine ausgeklügelte Technologie sorgt dafür, dass alle Waren, die ein Kunde in seiner Tasche verstaut, automatisch berechnet und über eine App bezahlt werden. George Orwell dürfte im Grabe rotieren ob dieser ausgeklügelten Überwachungstechnik, doch offenbar lassen sich viele Konsumenten lieber komplett durchleuchten als an einer Supermarktkasse zu warten.

Amazon ist nicht der einzige Online-Händler, der den stationären Handel für sich entdeckt. Ähnliche Entwicklungen sind auch am anderen Ende der Welt zu beobachten. So hat der chinesische Internetriese Alibaba im November 2017 für 2,5 Milliarden Euro ein Drittel der größten Warenhauskette Chinas („Sun Art") übernommen. Während der Einzelhandel sich also darum sorgt, ob ihm das Aussterben droht, werden Online-Händler peu à peu zu Einzelhändlern. Das gilt auch für kleinere Anbieter, sei es Home24, MyMuesli, Shoepassion oder Zalando. Sie alle haben Stores eröffnet. Die eigentlich interessante Frage lautet daher nicht, ob es in 20 Jahren noch stationären Handel geben wird. Daran besteht kaum Zweifel, solange Konsumenten gerne konsumieren und dabei Produkte auch erleben und sofort besitzen wollen. Die interessante Frage lautet, ob die Digitalwirtschaft den stationären Handel neu erfindet, ihn perfektioniert. Oder ob sie im Wesentlichen einen Showroom dazu kauft (wie derzeit die Online-Möbelhändler oder Amazon mit dem oben beschriebenen Pop-up-Store zur Weihnachtszeit).

Amazon bekommt Imageprobleme

In seinem jährlichen Geschäftsbericht zählt Amazon eine Reihe von „Risk Factors" auf. Neben hohem Konkurrenzdruck und den Schwierigkeiten einer rasanten Expansion werden 2017 dort auch zwei sehr reale Gefahren genannt: Datenlecks und Logistikprobleme.[43] Was, wenn Millionen Kreditkartennummern und Kontodaten in die Hände von Hackern fielen? Ein solcher IT-Supergau dürfte manche Kunden dauerhaft abschrecken. Und was, wenn die stetig wachsenden Umsätze dazu führten, dass Amazon sein Serviceversprechen prompter Zustellung nicht einhalten kann? Mancher Kunde zögert heute schon, eilige Weihnachtsbestellungen bei Amazon aufzugeben, da Streikandrohungen in den Logistikzentren im Dezember so sicher sind wie der Lebkuchen im Supermarktregal. Für eine Organisation, die sich „True Customer Obsession“ auf die Fahnen geschrieben hat,[44] kommt das einer Bankrotterklärung gleich.

Auch dass Amazon auf seine Gewinne dank Firmensitz in Luxemburg erheblich weniger Steuern zahlt als viele seiner Kunden, diese also die Infrastruktur für Herrn Bezos mitfinanzieren, könnte sich langsam herumsprechen. Während ich dieses Kapitel schreibe, erreicht mich eine Online-Petition der Cyber-Aktivisten von Avaaz.org, in der ich aufgefordert werde, mich einer Protestaktion anzuschließen, die genau das ändern möchte. Schon länger debattiert man in Europa über eine Digitalsteuer und rückt damit das Thema ins Bewusstsein vieler Kunden. Daneben ist auch das Lohnniveau bei Amazon mit schöner Regelmäßigkeit Thema in der Presse, spätestens dann, wenn in den Logistikzentren wieder einmal gestreikt wird. Gewerkschaften kämpfen seit Jahren dafür, dass Amazon-Mitarbeiter nach den Tarifen des Einzel- und Versandhandels bezahlt werden, bisher ohne Erfolg. Auch das provoziert immer wieder Negativschlagzeilen, nicht nur in Deutschland, sondern auch in anderen europäischen Ländern.

Wenn der Gegner rennt, darf man selbst nicht trödeln

Bleiben wir realistisch: Dass all das Amazon zu Fall bringt, ist kaum anzunehmen. Dazu ist das Unternehmen zu findig, zu dynamisch und wirtschaftlich zu gut aufgestellt. Da könnten schon eher kartellrechtliche Bedenken sowohl in den USA als auch in Europa dem Unternehmen Schwierigkeiten machen, wenn sich die Politik zum Handeln aufrafft. Besonders die Verknüpfung von Eigenhandel und Marktplatz sorgt dabei für Kritik. So sieht sich Amazon beispielsweise dem Verdacht ausgesetzt, besonders lukrative Artikel der Marketplace-Händler selbst ins Sortiment zu nehmen und auf diese Weise mit den Daten, die über den Marktplatz gewonnen werden, den beteiligten Händlern langfristig das Wasser abzugraben.[45] Wer über Amazon seine Waren verkauft, begibt sich daher in eine gefährliche Abhängigkeit.

Währenddessen arbeitet das Unternehmen rastlos an weiteren Services und Angeboten. 2018 listete ein Whitepaper des Digitalmagazins e-tailment die Amazon-Dienstleistungen auf. Das Amazon-ABC im

Schnelldurchlauf: Amazon Business (für gewerbliche Kunden), Amazon Dash Button (Produktbestellung auf Knopfdruck), Amazon Echo (sprachgesteuerter persönlicher Assistent), Amazon Family (Aktionen für junge Familien), Amazon Fire Tablet, TV, Stick (Plattformen für digitale Inhalte), Amazon Fresh (Lebensmittel), Amazon Go (Lebensmittelmärkte ohne Kassen), Amazon Handmade (Marktplatz für Kunsthandwerk), Amazon Launchpad (Start-up-Programm), Amazon Locker (Abholfächer), Amazon Pantry (Lieferung haltbarer Lebensmittel, nur für Prime-Kunden), Amazon Pay, Amazon Prime (Kundenbindungsprogramm), Amazon Prime Air (Fluglinie), Amazon Prime Now (ultraschnelle Lieferung), Amazon Prime Wardrobe (Kleiderschrank-Angebot, 3 bis 15 Teile kostenlos liefern lassen, je weniger zurückgeht, desto mehr Rabatt), Amazon Publishing, Amazon Spar-Abo, Amazon Stem Club (US-Angebot, ein Abo für pädagogisch wertvolles Spielzeug), Amazon Trade-in (Gebrauchtwarenmarkt, nur in den USA), Amazon Treasure Truck (USA: Truck mit Supersonderangeboten, der an bestimmten Straßenecken hält), Amazon Vine Club (Club der Produkttester), Amazon Web Services (Cloud-Angebote).[46]

Die Amazon-Strategie ist offensichtlich: Alles, was Kunden nützen könnte und was sie ans Unternehmen bindet, wird ausprobiert. Wer will, muss das Amazon-Reich immer seltener verlassen und wird durch das Amazon-Prime-Programm überdies mit Sonderkonditionen gefesselt. Der stationäre Handel hat es also nicht nur mit einem wirtschaftlich mächtigen Gegner zu tun, sondern auch mit einem rastlos weiter expandierenden, überaus findigen und ungebrochen dynamischen. Die „Day-One"-Strategie von Jeff Bezos – „Nur wenn wir jeden Tag mit der Mentalität starten, als würde unsere Arbeit gerade erst beginnen, behalten wir das Feuer für neue Ideen"[47] – verhindert konzerntypische Behäbigkeit. Bei Amazon gibt es keine Lorbeeren, auf denen man sich ausruhen könnte. Für den stationären Handel heißt das: Nur wer ähnlich findig, kundenbesessen und experimentierfreudig agiert und gleichzeitig die analogen Stärken ausspielt, wird dauerhaft Erfolg haben! Beispiele dafür finden Sie in Teil II.

Fazit: Die richtige Strategie – und der Laden läuft!

Es gibt kein One-size-fits-all-Rezept. Aber es zeichnen sich strategische Grundelemente ab, mit denen der stationäre Handel sich gegen die

Online-Konkurrenz behaupten wird. Daher eine kurze Zwischenbilanz, bevor wir in Teil II tiefer in die Materie einsteigen.

1. Prozesse radikal am Kunden orientieren, nicht am „Üblichen“ oder „Gewohnten“. Veränderte Kundenansprüche erfordern eine neue Grundhaltung. Es gilt, kundenzentriert zu denken und zu handeln, statt nur kundenfreundlich. Das betrifft neue und bessere Serviceangebote, z. B. XXXL-Parkplätze oder Zustellservice. Und es bedeutet auch mehr Kulanz, etwa bei Reklamationen. Ein „Weiter so“ führt in die Sackgasse.
2. Schneller und experimentierfreudiger werden. Neue Services testen, Kunden positiv überraschen. Ausbauen, was sich bewährt, verwerfen, was nicht ankommt. Nur wer in Bewegung bleibt, kann mit der Zeit gehen.
3. Authentische menschliche Begegnungen bieten. Der größte Trumpf des stationären Handels ist der menschliche Faktor. Konkret heißt das: Er lebt von Menschen, die mit Begeisterung verkaufen und Kunden ein Lächeln ins Gesicht zaubern. Dieses Personal zu finden ist die wichtigste und zugleich schwierigste Handelsherausforderung überhaupt.
4. Kundenberatung, die diesen Namen auch verdient. Zum menschlichen Mehrwert muss der fachliche kommen. Gute Verkäuferinnen und Verkäufer sind souveräne Lotsen im Meer der Produkte, die im Internet hochpoppen und Kunden vielfach überfordern. Besser informierte Kunden erfordern zugleich besser informierte Verkäufer.
5. Shopping-Erlebnisse bieten statt Klick-Orgien. Menschen wollen unterhalten, verblüfft, begeistert werden, zumindest aber gesehen und wertgeschätzt. Das erfordert nicht immer die teure Inszenierung und das spektakuläre Ambiente. Das können auch kleine Geschenke, Tastings, Workshops, Möglichkeiten der Begegnung und des Lernens sein. Auch hier gilt: Es gibt keine Lorbeeren mehr, auf denen man sich dauerhaft ausruhen könnte – Menschen lieben den Reiz des Neuen.
6. Seine unternehmerischen Hausaufgaben machen. Der richtige Standort, das passende Sortiment, gutes Marketing – was schon vor den Zeiten des Online-Handels wichtig war, ist heute doppelt wichtig. Wer als Buchhändler die Lesebegeisterung seiner Laufkundschaft teilt und engagiert berät oder als Modehaus anspruchsvollen

und kaufkräftigen Kunden den passenden Rundumservice bietet (siehe Garhammer), hat verstanden, worauf es ankommt.

7. Sich nicht kaputtsparen. Ganz oder gar nicht: Wer nur auf Aushilfen setzt und sein Sortiment ausdünnt, setzt seine Existenz aufs Spiel. Wer sich behaupten will, muss investieren. Und zwar nicht nur in Bits und Bytes im Sinne von Speicherkapazität und Digitalisierung, sondern auch in Augen und Aufmerksamkeit, sprich geschultes Personal. Hier sehe ich die größte Herausforderung, für die hybriden Kundenbedürfnisse die „passenden" Mitarbeiter zu finden.
8. Nahtlosen Einkauf ermöglichen („Noline"-Service) – wenn es die Kunden erwarten. Online ordern, vor Ort abholen. Vor Ort anprobieren, nach Hause liefern lassen. Im Netz bestellen, im Laden zurückgeben und vieles mehr – in einer solchen Verzahnung sehen Experten ein Erfolgsmodell der Zukunft. Zu prüfen bleibt im Einzelfall, ob Ihre spezielle Zielgruppe das auch so sieht oder eher durch andere Faktoren gebunden wird.
9. Spannend bleiben statt Mitleidsmarketing betreiben. Buy-local-Kampagnen sind gut gemeint. Marketingfachleute wissen jedoch: Auf Dauer funktioniert ein Attraktivitätssog besser als moralischer Druck. Und: Etwas tun, als Sponsor, Ausbilder, Arbeitgeber, Spendensammler, ist wirksamer, als nur Plakate aufzuhängen. Setzen Sie auf gute Nachbarschaft! Welche Erfahrungen die SPAR Schweiz mit dieser Strategie gemacht hat, lesen Sie im nächsten Teil des Buches.
10. Verbündete suchen. Nach dem Prinzip „Gemeinsam sind wir stärker" sollten stationäre Händler Kooperationsmöglichkeiten ausloten, etwa bei Lieferservices, Kundenaktionen, Verschönerung der Innenstadt, Interessenvertretung bei politischen Entscheidungsträgern. Je mehr er gemeinsam bietet, desto attraktiver wird der stationäre Handel.

Im nächsten Teil werden diese Anregungen vertieft, mit Handelsbeispielen belegt und ausgeweitet. Lassen Sie sich anregen und picken Sie das für Sie Passende heraus!

TEIL II
ERFOLGSSTRATEGIEN FÜR STATIONÄRE HÄNDLER oder: Wie Sie auch morgen noch kräftig verkaufen werden

Handelspessimisten frage ich gern, ob sie schon mal auf einem Wochenmarkt gewesen sind. Die Antwort lautet meistens „Ja!" Wochenmärkte sind fast immer gut besucht, und das, obwohl sie eigentlich aus der Zeit gefallen sind. Im Mittelalter, in der frühen Neuzeit und bis ins frühe 20. Jahrhundert mag es sinnvoll gewesen sein, dass Händler aus der Umgebung einen zentralen Platz aufsuchten, um dort zu festen Terminen ihre Waren feilzubieten. Aber heute? Jeder Supermarkt ist preiswerter und bequemer. Der Kunde muss nichts schleppen, da er Einkaufswagen nutzen und seinen eigenen auf einem Stellplatz vor der Tür abstellen kann. Bei Regen und Wind hat der Kunde ein Dach über dem Kopf, der Supermarkt ist im Winter geheizt, im Sommer klimatisiert. Zudem haben Wochenmärkte ein begrenztes Angebot und finden höchstens zweimal wöchentlich statt. Wer dort einkauft, muss daher ohnehin weitere Geschäfte aufsuchen. Nüchtern betrachtet gibt es wenig Gründe, auf einen Wochenmarkt zu gehen: Es ist teurer, unbequemer und zeitraubender.

Trotzdem tun es Millionen Kunden Woche für Woche. Denn Wochenmärkte bündeln wie in einem Brennglas die Vorteile des stationären Handels: direkte Verfügbarkeit, Sinnlichkeit, menschliche Begegnungen. Man kennt sich, man grüßt sich, man trifft sich. Als Kunde entdeckt man, statt nur zu ordern. Als Verkäufer muss man seinen Job lieben, um Eisfüße im Winter, Regen, Kälte und Hitze im Sommer zu ertragen. Kunden werden zu Stammkunden, weil das Sortiment stimmt und weil sie sich persönlich angesprochen fühlen. Einkaufen folgt eben nicht nur rationalen Gesetzen und nüchternen Kosten-Nutzen-Rechnungen. Wer das als stationärer Händler versteht und beherzigt, hat bereits die erste und wichtigste Hürde genommen. Wochenmärkte führen uns vor Augen, dass Kunden auch heute noch „analoge" Erlebnisse suchen. Diese erfolgreich zu gestalten ist die zentrale Herausforderung an den modernen stationären Handel.

Man muss Menschen mögen (M4)

Die wenigsten von uns taugen zum Eremiten – Menschen sind soziale Wesen. Ein wesentlicher (wenn auch nicht der einzige) Grund dafür, das Haus zu verlassen, um eine Ware zu erstehen, statt das im Internet mit wenigen Klicks zu erledigen, ist die persönliche Begegnung. Verläuft diese Begegnung positiv, ist das eine Bestätigung, die weitere stationäre Einkäufe nach sich ziehen kann. Verläuft sie negativ, werden viele Kunden nach Alternativen suchen. Das kann ein anderer Laden sein oder auch das Internet. Im Umkehrschluss bedeutet das: Wer möchte, dass Menschen sich zu ihm auf den Weg machen, sollte dafür sorgen, dass sie sich willkommen fühlen. Und die Grundvoraussetzung dafür ist, Menschen zu mögen. Dieses Zitat von meinem Geschäftsleitungskollegen Dominic Möckli aus Uhwiesen in der Schweiz bringt es auf den Punkt. Oder wie man in China sagt: „Wer nicht lächeln kann, sollte kein Geschäft eröffnen." Wenn der Computerbildschirm das Einzige ist, was in Ihrem Laden strahlt, bekommen Sie eher früher als später ein Problem.

Muss man solche Selbstverständlichkeiten eigentlich noch aufschreiben? Gegenfrage: Wenn das so selbstverständlich ist, warum wird es dann so selten gelebt? Beispiel: ein inhabergeführtes Sanitätshaus. Der Kunde möchte ein ergonomisches Sitzkissen für seinen Bürostuhl. Vorrätig ist nur ein schwarzes. „Gibt es das auch in blau?" – „Ja, aber(!) das müsste ich bestellen." Der Kunde will wissen, wie lange das dauern wird. „Eine Woche." Fest entschlossen, den lokalen Einzelhandel zu stärken, bittet der Kunde um Bestellung. Angeboten wird sie ihm nicht. Eine Woche später bei der Abholung (eine Benachrichtigung gibt es nicht; „Da müssen Sie nachfragen."): Während die einzige Verkäuferin mit einem anderen Kunden beschäftigt ist und nicht einmal grüßt, diskutieren in einem einsehbaren Büroraum zwei weitere Kräfte interne Probleme. Nach etwa drei Minuten macht der Kunde auf sich aufmerksam: „Entschuldigung, ich möchte nur eine Bestellung abholen!" Widerstrebend erbarmt sich eine Verkäuferin. Von einer Bestellung weiß sie nichts und sie findet das Kissen auch nicht. Nach einigem Hin und Her und dem Durchsuchen etlicher Schubladen taucht die Ware schließlich auf. Zu allem Überfluss möchte der Kunde jetzt auch noch einen Beleg fürs Finanzamt. Wo war doch gleich der Quittungsblock? Nur spaßeshalber schaut der ernüchterte Kunde zu Hause im Internet nach. Bei einem großen Online-Händler, den wir alle kennen, wäre das Kissen fünf Euro billiger und versandkostenfrei in zwei Tagen lieferbar.

In Summe bleibt der Eindruck, das Leben mancher Verkäufer könnte recht schön sein, wenn sie nicht ständig durch lästige Kunden gestört würden. Etwa im Kaufhaus, wo niemand zu sehen ist, den man fragen könnte, wo das Gewünschte zu finden ist. Ich nenne das den „David-Copperfield-Effekt“: Die Mitarbeiter sind wie weggezaubert, wenn man sie braucht, und das trotz T-Shirt-Aufdruck „Wir sind gerne für Sie da.“ Nicht viel anders kann es einem als Kunden in den Flagship-Stores bekannter Marken ergehen, in denen Aushilfskräfte sichtlich gelangweilt miteinander Smalltalk halten, während der Kunde vergeblich nach seiner Größe sucht. Gerade in durchdesignten Markenstores birgt das Problem eine bittere Komik: Dort werden sechsstellige Summen investiert, um dem Kunden in teuerster Lage ein „Einkaufserlebnis“ zu bieten, doch das wahre Erlebnis, mit dem er den Laden wieder verlässt und das bei ihm hängen bleibt, ist das von Arroganz, Unfreundlichkeit, bestenfalls Gleichgültigkeit. Der menschliche Faktor dominiert jede noch so stylische Inneneinrichtung.

Eine Ausnahme ist das Geschilderte nicht: Das Magazin stores + shops listete Anfang 2018 die „Top-18-Shoppingkiller im Einzelhandel“, also jene Faktoren, bei denen der Kundenschmerz einer Befragung zufolge „sehr hoch“ bzw. „hoch“ ist. Auf Platz 1 landete „Verkäufer nicht auffindbar“, gefolgt von langen Kassenschlangen. Platz 3: „Unfreundliche, nicht motivierte Mitarbeiter“. Weiter unter den Top 10: „Schlechte Beratung/Fehlberatung.[1] Das Absurde: Der wichtigste Erfolgsfaktor im stationären Handel verursacht keine Zusatzkosten. Freundlichkeit und Aufmerksamkeit kosten nicht mehr Zeit und Energie als Unfreundlichkeit und Desinteresse. Allenfalls lässt sich fragen, ob genügend Personal vor Ort ist und ob dieses Personal richtig ausgebildet und geschult ist. Dann kommen natürlich Kosten ins Spiel. Doch wer hier spart, spart am falschen Platz. Fairerweise muss man sagen, dass es natürlich auch Gegenbeispiele gibt – Läden, in denen man zuvorkommend, aufmerksam und freundlich bedient wird. Doch das Erstaunen darüber ist zugleich eine indirekte Bankrotterklärung für den eher mauen Durchschnitt. Muss man als Kunde schon begeistert sein, wenn selbstverständliche Erwartungen an den Servicestandard erfüllt werden? Und wie häufig müssen Positiverlebnisse stattfinden, damit genervte Kunden nicht gänzlich die Lust am stationären Handel verlieren und die „guten“ Händler für die „schlechten“ mit in Haftung genommen werden? Vertrieb kommt von vertreiben – und ich habe den Eindruck, oft vertreibt man die Kunden.

Auch beim Thema Servicequalität im stationären Handel mangelt es eher an konsequentem Handeln als an Studien, die oft genug nur bestätigen, was erfahrene Händler ohnehin schon wissen. So ergab eine repräsentative Umfrage unter 1000 Konsumenten durch das Beratungsunternehmen PwC, dass Kunden sich im stationären Handel vor allem wünschen, dass der Verkäufer

- „freundlich, aufmerksam und präsent“ ist (75%),
- „neutraler Berater“ ist und dem Kunden „das am besten geeignete Produkt verkauft“ (60%),
- sich auf den Kunden „einstellen“ kann und „schnell versteht, was der Kunde sucht oder was zu ihm passt“ (51%), außerdem, dass er
- „Empfehlungen zu passenden Produkten oder Alternativen“ gibt (50%).

Bemerkenswert ist, dass die menschliche Komponente („Freundlichkeit“) deutlich vor der fachlichen rangiert. Doch auch in Sachen Beratungsqualität gibt es noch genug zu tun: Bei ihrem letzten Einkauf stießen 2 Prozent der Kunden auf einen komplett ahnungslosen Verkäufer, 10 Prozent auf einen wenig informierten, 13 Prozent fanden erst gar keinen, 38 Prozent sahen sich teilinformiert und nur 30 Prozent bekamen die erhofften Informationen und Empfehlungen.[2] Wenn tatsächlich nur jeder dritte Kunde am Point of Sale alle Infos erhält, die er sucht, sägt da eine Branche ziemlich kräftig am eigenen Ast. Bestätigt werden die Ergebnisse der Studie unter anderem durch das Consumer Barometer, für das die IFH Köln und KPMG vom März 2017 500 Konsumenten befragten. Neben Produktqualität und kulanten Rückgabemöglichkeiten ist die „individuelle Beratung durch Mitarbeiter im Ladengeschäft“ wesentlich dafür, dass Kunden sich von einem Unternehmen „in den Mittelpunkt gestellt sehen“, dicht gefolgt von „schneller Verfügbarkeit“ eines Verkäufers.[3]

Ob Mode, Elektronik oder Lebensmittel, die Tendenz ist überall die gleiche. Speziell dem Lebensmitteleinzelhandel widmete sich eine Feldstudie der Roland Berger Strategy Consultants, die 5000 Konsumenten befragten. Danach sind 34 Prozent der Kunden unzufrieden mit dem stationären Handel (sehen ihre „Bedürfnisse nicht voll erfüllt“). Neben Kritik am Sortiment der Hauptkritikpunkt: fehlende

„Hilfe bei Nichtverfügbarkeit von Ware" (für 51 Prozent ein Ärgernis). Umgekehrt sagt rund jeder zweite Kunde, er habe schon „spontan mehr Geld ausgegeben als geplant", weil er freundlich und kompetent bedient wurde oder weil ihn ein Verkäufer auf weitere Produkte aufmerksam gemacht habe.[4] Wenig überraschend: Gute Verkäufer tragen zum Umsatz bei. Dafür sind sie schließlich da!

Auch wenn der stationäre Handel kostenoptimiert wirtschaften muss, und das aufgrund neuer Wettbewerber heute mehr denn je, verspielt er einen zentralen Wettbewerbsvorteil, wenn er Kunden durch unfreundliches und inkompetentes Verkaufspersonal verärgert. Wir sollten alle wieder mehr in Augenkontakt und Pulsschlag investieren, nicht (nur) in Bits und Bytes. Denn eine Überlebensfrage für viele Händler lautet: Habe ich genügend kundenorientiertes – gleichermaßen freundliches wie kompetentes – Personal? Und was kann ich dazu beitragen, dass meine Mitarbeiter mit Freude verkaufen? Mehr dazu im Abschnitt „Von stinkenden Fischen und lächelnden Mitarbeitern".

Wahre Größe entscheidet sich in Kleinigkeiten

Ein anderes Einkaufserlebnis, dieses Mal im Schuhgeschäft in meiner Nähe. Die Einrichtung verströmt den rauen Charme der Achtzigerjahre, aber der Service stimmt. Als Kunde wird man beim Eintreten freundlich begrüßt: „Guten Tag! Wie kann ich Ihnen helfen?" Auch wer sich „nur umschauen möchte", erntet ein Lächeln: „Gerne, melden Sie sich einfach bei Bedarf!" Die Beratung ist vorbildlich. „Wofür brauchen Sie den Schuh? Eher sportlich oder eher fürs Büro? An welche Farbe hatten Sie gedacht?" Schnell ist klar: Hier kennt man sich aus mit Nubuk, Leder und Co. Nach dem Kauf werden die Schuhe kostenlos imprägniert: „Soll ich Ihnen die Schuhe kurz einsprühen? Dann können Sie sie gleich tragen." Gekonnt wird das Ganze mit Mehrverkauf kombiniert: „Haben Sie so ein Spray zu Hause? Und auch die passende Creme für diese Farbe? Damit bleibt das Leder lange schön." Und schon landen zwei Pflegemittel in der Einkaufstasche. Zu Hause werde ich feststellen, dass wir die Schränke voll haben mit Cremes und Sprays, aber meiner Begeisterung für so viel kundenorientierte Problemlösekompetenz tut das keinen Abbruch. Beim Bezahlen an der Kasse nimmt die Verkäuferin meine Karte entgegen, wirft einen kurzen Blick darauf und verabschiedet mich mit „Viel Freude mit dem neuen Schuh, Herr Dr. Frick!"

Bei diesem mittelständischen Schuhhaus stimmt die „Customer Journey“, vermutlich ohne dass man diesen Begriff dort je gehört hat. Der Kunde fühlt sich willkommen und wertgeschätzt. Ausgehend davon die zehn Gebote der Kundenorientierung beim persönlichen Verkauf:

1. Aufmerksamkeit: Der Kunde wird wahrgenommen und begrüßt, und zwar von jedem Verkäufer. Idealerweise hat er sofort das Gefühl, dass er hochwillkommen ist.
2. Freundlichkeit: Gute Verkäufer schätzen den Kundenkontakt und gehen lächelnd auf Kunden zu.
3. Interesse: Der Kunde wird gefragt, ob und wie man ihm behilflich sein kann. Sind gerade alle Verkäufer im Kundengespräch, geben sie zumindest ein kurzes Signal („Ich bin gleich für Sie da“).
4. Empathie: Gute Verkäufer können Kunden „lesen“. Sie erkennen rasch, wer ein lebhaftes Gespräch schätzt und wer eher kurze, sachliche Informationen erwartet. Sie passen ihr Verhalten flexibel an.
5. Kompetenz: Gute Verkäufer kennen das Sortiment und sind auch über Aktionen und Sonderangebote informiert.
6. Engagement: Gute Verkäufer möchten erkennbar verkaufen und sie geben sich ebenso erkennbar Mühe, Kundenwünsche zu erfüllen (beispielsweise durch Anbieten von Alternativen oder von einer Bestellung, wenn das Gewünschte nicht vorrätig ist).
7. Ehrlichkeit: Beratung wird sehr ernst genommen, dem Kunden wird nichts „aufgeschwatzt“, das nicht zu ihm passt.
8. Perfekter Abschluss: Gute Verkäufer verabschieden den Kunden freundlich und wenn möglich namentlich (etwa bei Kartenzahlung). Die Übergabe des Kassenbons wird zum wertschätzenden Ritual.
9. Positive Überraschung: Kein Muss, aber sehr wirksam, ist eine kleine Zugabe am Schluss. Das kann ein Mini-Service sein wie das Einsprühen der Schuhe – dauert 30 Sekunden, kostet den Händler wenige Euro pro Tag, bleibt als Besonderheit in Erinnerung. Was könnte Ihr Zusatzplus sein?
10. Wiedererkennungseffekt: Gute Verkäufer erinnern sich an frühere Kunden und freuen sich erkennbar, wenn jemand wiederkommt.

Wenn es einem Verkäufer gelingt, einen positiven Draht zum Kunden zu finden, ist das die beste Verkaufsvoraussetzung. Wir kaufen ungern von Menschen, die uns unsympathisch sind. Dabei ist Sympathie ein Tauschgeschäft: Wer uns ignoriert, herablassend behandelt, nicht freundlich ist, dem bringen auch wir keine Sympathie entgegen. Umgekehrt fällt es uns schwer, *nicht* zu kaufen, wenn jemand erfolgreich eine persönliche Beziehung geknüpft hat. Schlitzohrige Verkäufer in Urlaubsregionen nutzen diesen Effekt, wenn sie Urlauber unter Palmen interessiert nach dem Woher und Wohin fragen und nach einigen Minuten netter Plauderei unvermittelt die Souvenirs zücken, die sie verkaufen möchten. Selbst wenn man den Trick durchschaut, fällt es den meisten Menschen in dieser Situation schwer, nein zu sagen. Erfolgreiche Gastronomen wissen ebenfalls, dass es sich auszahlt, ihre Kunden persönlich zu begrüßen, Stammgäste nach ihrem Befinden zu fragen und sich per Handschlag an der Tür zu verabschieden, „bis zum nächsten Mal". Man geht dorthin, nicht weil die Pasta besser ist, sondern weil man sich willkommen fühlt. Idealerweise schafft es der Handel, etwas von dieser Gastfreundschaft zu vermitteln. Die wichtigste Voraussetzung, die ein stationärer Händler und sein Verkaufspersonal für gastfreundlichen Service mitbringen können, ist daher, Menschen zu mögen. Den Umgang mit ihnen zu schätzen, unabhängig von ihren Schrullen und Eigenarten – oder besser noch: gerade *wegen* ihrer Unterschiedlichkeit und der dadurch umso spannenderen Herausforderung, möglichst jeden zu begeistern und mit einer vollen Einkaufstasche zu verabschieden.

Von stinkenden Fischen und lächelnden Mitarbeitern

„Im Job freundlich lächeln: So leiden die Angestellten": Unter dieser Überschrift widmete sich das Züricher Magazin „20 Minuten" den möglichen Auswirkungen „verordneten Dauerlächelns". Unter Berufung auf die Bundesanstalt für Arbeitsschutz und Arbeitsmedizin (Dortmund) wurden gesundheitliche Gefahren von Bluthochdruck bis Burn-out skizziert. Eine Arbeitspsychologin wies auf die Herausforderungen der sogenannten „Emotionsarbeit" hin.[5] Zugegeben: Wer sonst nichts zu lachen hat, dem dürfte das Kundenanlächeln vergehen. Auf der anderen Seite: Wer es als Zumutung empfindet, freundlich zu jenen Menschen zu sein, die für sein Gehalt sorgen, ist im Service möglicherweise falsch. Wenn jemand sich zur Freundlichkeit zwingen muss, kann das im Wesentlichen zwei Ursachen haben. Es kann am Verkäufer liegen – an mangelnder Professionalität oder Ausbildung, schlimmstenfalls am Charakter. Oder es liegt an den Arbeitsumständen, und das heißt vor allem: Es liegt am Chef.

Mitarbeiter behandeln Kunden so, wie sie selbst vom Chef behandelt werden, lautet eine Führungsweisheit, die ich voll unterschreibe. Erhellend ist in diesem Zusammenhang die klassische „Zwei-Faktoren-Theorie" des US-Psychologen Frederick Herzberg. Herzberg unterschied schon in den Fünfzigerjahren zwischen „Hygienefaktoren", die lediglich dafür sorgen, dass Mitarbeiter *nicht un*zufrieden sind, und „Motivatoren", die darüber hinausgehen und tiefere Befriedigung und Engagement am Arbeitsplatz fördern. Zu den Hygienefaktoren zählt Herzberg unter anderem Rahmenbedingungen wie Arbeitssicherheit, angemessenes Gehalt und akzeptable Führung. Motivatoren, die die Leistungsmotivation des Einzelnen stärken, betreffen vor allem Arbeitsinhalte und beziehen sich auf Wachstumsmöglichkeiten, interessante Aufgaben, Eigenverantwortung, Anerkennung.[6] Nur dass ein übliches Gehalt pünktlich überwiesen wird und man bei der Arbeit keinen körperlichen Schaden erleidet, ist danach kein Garant für Arbeitsfreude. Echtes Engagement wecken am ehesten Vorgesetzte, die ihre Mitarbeiter wertschätzen und ihnen etwas zutrauen. Damit schließt sich der Kreis: Vorgesetzte, die ihre Mitarbeiter mögen und ihnen entsprechend begegnen, haben am ehesten Mitarbeiter, die Kunden mögen und sie freundlich empfangen. Und der beste Kopierschutz für den stationären Handel ist das gute Klima in der Verkaufsmannschaft!

Kunden merken auf Anhieb, ob in einem Laden ein Wohlfühlklima herrscht oder dicke Luft. Und sie merken außerdem, ob ihr Gegenüber Menschen mag und gerne auf sie zugeht oder ob ein Verkäufer das nur vorgaukelt. Womit wir beim zweiten Faktor wären, der persönlichen Eignung für die Aufgaben eines Verkäufers. Verblüffend: Als Kinder spielen die meisten mit Begeisterung „Kaufladen". Als Erwachsene tun die meisten alles andere lieber, als Kunden zu bedienen. Wie also können Sie Ihr Personal zu authentisch-freundlichem Auftreten ermutigen? Einige Anregungen:

- Geben Sie ein gutes Vorbild. Mitarbeiter orientieren sich stark daran, wie die Führungsriege selbst mit Kunden umgeht. Das betrifft das direkte Verkaufsgespräch, aber auch die Art und Weise, wie in deren Abwesenheit über Kunden gesprochen wird.
- Kommunizieren Sie klare Regeln. Nur wer weiß, was von ihm erwartet wird, kann sich richtig verhalten. Üben Sie die „Customer Journey" in Ihrem Laden, bis bestimmte Verhaltensweisen Routine geworden sind.

- Gewähren Sie Handlungsspielräume. Definieren Sie z. B. bestimmte Obergrenzen, bis zu denen Mitarbeiter eigenverantwortlich entscheiden und bei Reklamationen Kulanz zeigen dürfen. Großzügigkeit zahlt sich im Handel eher aus als Rechthaberei, weil zufriedene Kunden wiederkommen und sie weiterempfehlen. Was nützt es Ihnen, Recht zu haben, wenn Ihre vermeintliche Knickerigkeit sich in den sozialen Medien rasant verbreitet?
- Investieren Sie in Weiterbildung, etwa in praxisorientierte Seminare zum Thema Kundenorientierung/Kundenbegeisterung, zum Thema verschiedene „Kundentypen" oder auch zum Umgang mit Kundenbeschwerden.
- Honorieren Sie Verkaufserfolge mit Boni und Umsatzbeteiligungen, aber auch mit persönlicher Anerkennung: „Mir ist aufgefallen, wie gekonnt Sie mit diesem Kunden umgegangen sind. Respekt!" An mehr Geld gewöhnen wir uns schnell, von Anerkennung bekommen wir dagegen nie genug.
- Sanktionieren Sie Fehlverhalten. Üben Sie Kritik dabei immer nur unter vier Augen und anlassbezogen. Ist jemand im Verkauf nicht am rechten Platz, ziehen Sie Konsequenzen – am besten schon in der Probezeit. Denn: Besser wird's hinterher nicht, auch wenn Chefs das notorisch hoffen.

Ein Erfolgsrezept für „gutes Personal" ist also, das Engagement vorhandener Mitarbeiter zu stärken. „Aber die muss ich ja erst einmal finden!", lautet ein häufiger Einwand. In der Tat: Menschen für den Handel zu begeistern ist schon angesichts der Arbeitszeiten nicht einfach. Auch hier einige Überlegungen:

- Suchen Sie Naturtalente! Wichtiger als Diplome und Ausbildung ist: Blüht jemand auf, sobald er einen Kunden vor sich hat? Oder zieht er sich zurück? Das erkennen Sie schon bei einem Probearbeitstag. Kenntnisse können Sie nachschulen, die Persönlichkeit eines Menschen werden Sie nicht verändern.
- Behandeln Sie Ihre Auszubildenden besser als die Konkurrenz. Neben Anerkennung und Eigenverantwortung wirken auch Vergünstigungen wie etwa ein Zuschuss zur Monatskarte, Weiterbildungsangebote, eine Weihnachtsgratifikation. So etwas spricht sich herum. Werben Sie aber auch offensiv damit und bauen Sie so gezielt guten Nachwuchs auf.

- Gute Leute kennen oft andere gute Leute. Bitten Sie Mitarbeiter um Empfehlungen und honorieren Sie diese, wenn es zu einer Anstellung kommt.
- Beziehen Sie das Team in Personalentscheidungen mit ein, etwa durch das Einholen von Feedback nach dem Probearbeitstag eines potenziellen neuen Mitarbeiters. Wer mitreden darf, fühlt sich eher verantwortlich dafür, dass der oder die „Neue“ klarkommt. Außerdem dient es dem Teamklima, wenn Ihre Leute miteinander können.
- Werben Sie vor Ort am Point of Sale um neue Mitarbeiter, etwa durch ansprechend gestaltete Plakate („Wir suchen Sie …“). Oder bauen Sie im Eingangsbereich einen Infostand auf, an dem Sie um neue Mitarbeiter werben. Dort könnten zum Beispiel zu stark frequentierten Zeiten Ihre derzeitigen Auszubildenden Schulabgänger auf Ihr Ausbildungsangebot aufmerksam machen.
- Suchen Sie nicht erst, wenn Not am Mann oder an der Frau ist, sondern behalten Sie überzeugende Kandidaten im Auge. Prüfen Sie, ob ein zusätzlicher Mitarbeiter neue Services ermöglicht und damit sein Gehalt über Mehrumsatz wieder hereinbringt. Eventuell steigert er sogar gleichzeitig das Renommee Ihres Geschäftes: Im Lebensmitteleinzelhandel kann zum Beispiel ein Weinkenner Verkostungen organisieren und das Sortiment perfektionieren. Im Textilhandel kann eine erfahrene und stilsichere Kraft als persönliche Outfitberaterin tätig werden. Kommunizieren Sie solche Zusatzangebote offensiv, denn eine nicht kommunizierte Leistung ist eine nicht erbrachte Leistung.

Der Aufwand lohnt sich. Denn: Ihr Verkaufserfolg entscheidet sich auf den letzten Metern. Daran, wer dem Kunden in die Augen schaut und ob es dabei menschelt – oder knirscht.

Kunden kennen – und richtig ansprechen

Kunden, die vor einem Textilgeschäft Schlange stehen? Das gab es vor Jahren tatsächlich. Auf dem Höhepunkt des Hollister-Hypes löste jede Neueröffnung eines Stores der US-Kette in Deutschland eine Teenagerhysterie aus. Vor den Brettertüren, die von athletischen Verkäufern in Bermudas (und sonst nichts) flankiert wurden, warteten hibbelige Dreizehnjährige auf Einlass. Drinnen: Dämmerlicht, wummernde Bässe, süßlicher Geruch. Kurz: Ein Alptraum für Eltern und eben deshalb umso cooler für alle, die noch nicht ganz erwachsen sind.[7] Inzwischen ist der Hollister-Stern leicht gesunken. Dennoch liefern die Läden ein Musterbeispiel dafür, wie ein Store-Konzept haargenau auf eine klar umrissene Zielgruppe zugeschnitten wird. Dazu gehören in diesem Fall Verkäuferinnen und Verkäufer, die erkennbar nicht nach Ausbildungszeugnis, sondern nach Optik gecastet wurden und „Store Models" heißen, also so aussehen, wie sich das die meisten Halbwüchsigen erträumen. Was nahtlos zu der Frage führt: Wer ist Ihr idealer Kunde? Haben Sie da ein konkretes Bild vor Augen, was Alter, Geschlecht, Lebensstil, Kaufkraft, Vorlieben, Wünsche, Träume angeht? Und wie ist Ihr Laden auf eben diese Zielgruppe abgestimmt? Welche Musik spielt bei Ihnen – im wörtlichen wie im übertragenen Sinne?

Markenstores haben es da zugegebenermaßen leichter als Retailer und sie nutzen das oft gekonnt. Wer im Schlepptau eines Teenagers als Mutter oder Vater einen Snipes-Laden betritt und erlebt, wie ein junger gutaussehender Verkäufer natürlich nicht Sie, sondern Ihre Tochter anlächelt und anerkennend sagt: „Coole Sneaker, die du da anhast", weiß: Das wird teuer, heute! Dabei ist der markenbezogene Zielgruppenzuschnitt Segen und Fluch zugleich: Ist die Marke nicht mehr cool, sinken die Umsätze, siehe Hollister. Was aber machen Retailer, also Läden die potenziell allen alles bieten?

Der Verkäufer als Lotse und Partner

„Allen alles" ist tatsächlich ein besonderes Kunststück, wie der Niedergang der klassischen Kaufhäuser zeigt: für junge Leute zu bieder, für Ältere zu unübersichtlich, für Kaufkräftige zu ramschig und für weniger Betuchte zu teuer, auf jeden Fall teurer als Textildiscounter oder Billigshops. Reine Textilhäuser machen aus der Not eine Tugend und splitten die Verkaufsfläche nach Zielgruppen: etwa Young Fashion im Keller, mittleres Segment im Erdgeschoss und exquisite Mode im Obergeschoss, mit jeweils entsprechendem Ambiente und Verkaufspersonal. Wenn die Beratungsfunktion des Verkäufers heute wichtiger ist denn je (vgl. „M^4: Man muss Menschen mögen"), sollten Verkäufer sich dabei nicht nur mit Produkten auskennen, sondern auch ihre Kunden besser verstehen denn je, sozusagen in ihren Köpfen spazieren gehen. Nicht zwingend müssen sie dafür ein Abbild oder Wunschbild der Zielgruppe sein wie bei Hollister, aber je näher sie ihr sind, desto besser. Eigene Erfahrung des Verkäufers mit den Produkten schafft Vertrauen, ob es um Designermöbel, Jeans, edle Tischdecken oder Sneakers geht. Wer im Hochpreissegment nach Porzellan oder dem perfekten Messerblock Ausschau hält, sucht nicht gerade das Gespräch mit einer lässig gestylten Neunzehnjährigen mit Nasenpiercing und Tattoos.

Je mehr das Internet bietet und je komfortabler der Online-Handel wird, desto mehr wandelt sich also die Rolle der Verkäuferinnen und Verkäufer zum echten Kundenversteher. Als reine Einkaufshelfer, die wissen, wo die Ware steht, und am Ende abkassieren, werden sie immer weniger gefragt sein. Zum richtigen Regalplatz können Roboter oder Apps lotsen, und der Bezahlvorgang wird über kurz oder lang ebenfalls automatisiert werden, ob durch Kassen zum Selbstscannen, Bezahl-Apps oder kontaktloses Bezahlen (vgl. Teil III). Verkäufer werden zukünftig da von Bedeutung sein, wo sie echten Mehrwert bieten: als souveräne Lotsen und Guides durch die Vielfalt der Produkte, als Ansprechpartner mit hoher Beratungskompetenz und als menschliches Gegenüber mit persönlicher Note. „Das Problem des Kunden von heute ist nicht die mangelnde Verfügbarkeit von Produkten. Was Kunden fehlt, ist die menschliche Verbindung“, sagt Vicky Cantrell, Topmanagerin bei Aptos, einer internationalen Beratung, die für Einzelhandelskunden weltweit „Omni-Channel-Lösungen“ entwirft.[8] Das Vergnügen der Auswahl ist häufig kein Vergnügen mehr, sondern eine latente Überforderung. Verkäufer sind als Entscheidungshelfer gefragt, die den Point of Purchase wieder zu einem Point of Pleasure – und nicht zu einem Point of Pain – machen. Ohne eine Aufwertung des Verkäuferberufes wird das nicht funktionieren. Wir werden in Zukunft mit weniger Personal auskommen, weil die Digitalisierung auch im Handel Routineprozesse automatisiert. Das schafft jedoch Freiraum für echtes Verkaufen, das eben mehr ist als „Produkt zeigen und Preis nennen“.

Was tun, wenn man „alle“ ansprechen will?

Auch in meiner Branche, im Lebensmitteleinzelhandel, gibt es bekanntermaßen Nischenmärkte wie Unverpackt-Läden, Bioläden, Feinkostgeschäfte in Einkaufslagen mit hoher Kaufkraft, daneben Spezialitätengeschäfte für Wein, Spirituosen, Obst und Gemüse oder Käse. Der klassische Supermarkt jedoch wendet sich weiterhin an potenziell jedermann. Dabei haben wir es mit unterschiedlichen Kundensegmenten zu tun, die in einer Retail-Studie der Beratung Roland Berger wie folgt umrissen werden:

- „Gourmet-Shopper" („zahlungskräftige, online-affine Familien, qualitätsorientierte, regionalbewusste Genießer", auf der „Suche nach Erlebnis, Einzigartigkeit und Beratung");
- „Junge Convenience-Shopper" („Young Professionals oder auszubildende Singles" mit „Neigung zu impulsiven Spontankäufen" auf der „Suche nach Erlebnis, Abwechslung und Convenience");
- „Traditionelle Shopper" („Best Ager mit Affinität für regionale Produkte", die „Gewohnheitskäufe" planen, mit „Handzettel" einkaufen gehen und „Zuverlässigkeit, Beratung und Komfort" schätzen);
- „Budget Shopper" („Preissensitive, eigenmarkenaffine Stationärkunden", die nach „intensiver Vorabinformation" einkaufen gehen und „Effizienz" sowie „Value for Money" schätzen).[9]

Wer den Wandel der Supermärkte in den vergangenen Jahrzehnten verfolgt hat, erkennt, dass moderne Märkte allen Kunden passende Angebote zu machen suchen, mit Smoothies und Convenience Food für eine junge Zielgruppe, Eigenmarken für preisbewusste Kunden, wertiger Ausstattung für Genießer, etwa mit Terrakottaboden und Echtholzregal in der Weinabteilung, integriertem Feinkosthändler und regionalen Angeboten für Traditionalisten. Es gilt, die richtigen Duftmarken zu setzen, damit sich Kunden verschiedener Provenienz gleichermaßen angesprochen fühlen. Ein Verbund unabhängiger Händler wie etwa die SPAR ermöglicht dabei ihren Mitgliedern die standortspezifische Schwerpunktsetzung. Dabei positionieren wir uns in der Schweiz bewusst als „guter Nachbar" unserer Kunden und sprechen durch gezielte Marketingmaßnahmen sowohl Traditionalisten wie auch junge, urbane Kunden an. Erlauben Sie mir, beispielhaft einige unserer Maßnahmen zu skizzieren.

Vom Schellen-Ursli bis zum SPAR-E-Mobil

SPAR ist heute die größte freiwillige Handelskette der Welt, die unter gleichem Namen und einheitlichem Logo auftritt. In der Schweiz konkurrieren wir mit großen Wettbewerbern und seit einigen Jahren auch mit deutschen Lebensmittel-Discountern. Anders als viele Außenstehende vermuten, kommt unser Name nicht von „sparen", sondern ist ein Akronym des niederländischen Mottos „Door Eendrachtig Samenwerken

Profiteren Allen Regelmatig“, auf Deutsch: „Vom gemeinsamen Handeln profitieren wir alle“. Unter dieser Maxime gründete Adriaan van Well 1932 die SPAR Handelsgesellschaft. Aus „DE SPAR“ wurde SPAR und die wörtliche Bedeutung des Akronyms, das auf Niederländisch „Die Tanne“ heißt, gab den Anstoß für das SPAR-Logo, eine stilisierte grüne Tanne. In den Fünfzigerjahren expandierte SPAR in Europa, heute sind wir auch in Afrika, Australien, China, Indien, Russland und im Fernen Osten vertreten. Und auch wenn wir in der Schweiz traditionell verankert sind, müssen wir uns dort in einem gesättigten Markt behaupten. Seit 2016 gehört die SPAR Schweiz mehrheitlich der Ländergesellschaft SPAR Südafrika.

2017 griff die SPAR Schweiz in ihrer zentralen Marketingkampagne den Ursprungsgedanken von Adriaan van Well auf und setzte mit dem neuen, prominent auf allen Handzetteln, Plakaten und Anzeigen platzierten Slogan „Auf gute Nachbarschaft“ bewusst auf eine enge Verbindung und regionale Verankerung, wie sie weder der Online-Handel noch ein zentral geführter Filialist in dieser Form bieten kann. Als guter Nachbar heißen wir nicht nur bei Neueröffnungen potenzielle Käufer herzlich willkommen – eine emotionale Ansprache, die verdeutlicht, dass wir unsere Kunden mögen und schätzen, also die „M^4“ berücksichtigen. Diese eindeutige Positionierung hat sich bezahlt gemacht. Es ist gelungen, Kunden an „ihren“ SPAR in der Nähe zu binden und Umsätze zu halten. Speziell der jährlich im Mai stattfindende „Tag des Nachbarns“ ist die beste und menschlichste Antwort auf Black Friday und Cyber Monday. Daneben zielten drei Kampagnen-Ideen auf unterschiedliche Kundensegmente: der Schweizer Nationalheld Schellen-Ursli, die SPAR-Handball-App und eine leider nicht zustande gekommene Carsharing-Aktion mit einem Elektroauto. Das letzte Beispiel zeigt: Erfolg und Misserfolg hängen wesentlich von der Aktivierung der Händler und der Potenzialausschöpfung ab. Vor allem im zweistufigen Handel (eigene Filialen und selbstständige Franchisenehmer) ist vollständige Distribution und Konzeptdurchgängigkeit die Erfolgsformel. Leider wird dies nicht von allen Franchisenehmern auf Anhieb erkannt.

Schellen-Ursli: Das gibt es nur in der Schweiz und nur bei uns!

Die Sehnsucht und Unbekümmertheit von damals nach einer heilen, übersichtlichen Welt in einer globalisierten Gegenwart spielte eine wesentliche Rolle bei der Entwicklung der „Schellen-Ursli“-Produkte. „Schellen-Ursli“ ist ein Schweizer Bilderbuchklassiker, der 2015 aufwendig verfilmt wurde und zur Weihnachtszeit in die Schweizer Kinos kam:

die anrührende Geschichte eines kleinen Jungen, der auf abenteuerliche Weise im Winter eine große Glocke für einen Dorfumzug von einer Alphütte holt. In der Schweiz kennt jedes Kind den Schellen-Ursli, und es erwies sich als Glücksfall, dass SPAR als Presenting Sponsor den Film mit ermöglichen und zugleich Aufmerksamkeit auf eine parallel kreierte Produktlinie lenken konnte. Zum „Schellen-Ursli"-Produkt qualifizieren sich dabei 20 marktfähige Produkte aus heimischer Erzeugung, neben Lebensmitteln wie Nudeln oder Käse auch eine Pflegeserie.

Durch den starken regionalen Bezug und eine liebevolle Gestaltung konnte die Produktlinie im leicht gehobenen Preissegment platziert werden. Fanartikel vom Puzzle über Ursli-Mützen und Ursli-Glöckchen bis zum Stickersammelalbum komplettierten das Angebot. Die sympathische Figur des Ursli passt hervorragend zu SPAR und seinem Nachbarschaftsgedanken. Außerdem gibt es diese Produkte exklusiv bei SPAR Schweiz und auch nicht im Internet. Damit bündelt die Schellen-Ursli-Serie Exklusivität, Regionalität und eine gute Geschichte, die Emotionen auslöst. Sie spricht Familien, Kinder und traditionsbewusste Erwachsene gleichermaßen an. Dieses Differenzierungspotenzial gilt es zu nutzen und tagtäglich intern zu predigen.

SPAR-Handball-APP: Junge Sportfans binden

Sport-Sponsoring ist ein probates Mittel, mit dem der stationäre Handel engagierte Fans auf sich aufmerksam machen und binden kann. Wer eine Spitzensportart fördern will wie etwa Fußball oder den Skisport, braucht jedoch einen sehr großen Geldtopf. Die SPAR entschied sich für den Handball, der vor allem in der Deutschschweiz in zahlreichen Clubs gespielt wird, aber nicht zu den hart umkämpften Werbeträgern gehört. Wir sind Partner des Schweizerischen Handball-Verbandes, Titelsponsor der SPAR Premium League und der Frauennationalmannschaft, ganz nach dem Motto „Ohne Frauen läuft nichts". Gleichzeitig geben wir den Fans die Möglichkeit, mithilfe einer eigens entwickelten App ihren Lieblingsverein zu unterstützen: Zeigen sie den in der App gespeicherten Code des Vereins beim Bezahlen an der Kasse vor, fließt ein fester Anteil am Umsatz als Spende dorthin. Dieser „Handball-Bonus" kann auf der Website des Schweizerischen Handelsverbandes mitverfolgt werden. Durch das Medium der App werden gezielt jüngere, Smartphone-affine Kunden angesprochen. Neben Gewinnspielen, bei denen man zum Beispiel Tickets gewinnen kann, gibt es in der App auch umfassende Information zum Schweizer Handball (Ligen, Spielstände, News) sowie eine Liste sämtlicher Schweizer SPAR-Märkte nebst Adressen und Öffnungszeiten.

Kundenbindung funktioniert hier nicht nur über die Möglichkeit, „seinem" Verein etwas Gutes zu tun. Gleichzeitig verschafft das Sponsoring SPAR Aufmerksamkeit, da das Unternehmen online wie offline im Zusammenhang mit Handball präsent ist, und knüpft im Idealfall ein Band der Sympathie zwischen Fan und Unternehmen. So etwas funktioniert nicht nur für große oder mittelgroße Unternehmen, sondern auch beim kleinen Händler, der den Jugendfußball in seiner Gemeinde unterstützt, das jährliche Sportfest mit ausrichtet oder lokale Vereine sichtbar fördert. Wer möchte, dass Kunden ihm treu bleiben, muss ihnen immer wieder Anlässe dafür bieten. Sichtbares Engagement vor Ort ist eine Möglichkeit dazu. So rückt hoffentlich ins Bewusstsein, dass die Online-Riesen eben nichts für das Gemeinwohl vor Ort tun, der Laden um die Ecke aber schon. Oder hat schon mal jemand bei Amazon nach einer Lehrstelle für den eigenen Nachwuchs gefragt?

SPAR innovativ: Mit BMW und SPAR die Zukunft gestalten

Um insbesondere umweltbewusste und technikaffine Kunden anzusprechen, wollte SPAR als erster Einzelhändler der Schweiz im Rahmen eines Carsharing-Projekts mit BMW kooperieren. In der Probephase zwischen November 2018 und Januar 2019 hätten die Marktleiter ein modernes Elektroauto (den BMWi3) für zwei bis drei Monate zu Sonderkonditionen leasen und selbst testen können. Anschließend hätte die Möglichkeit bestanden, das Fahrzeug als Carsharing-Auto für SPAR-Kunden weiter zu leasen und eine Ladesäule beim jeweiligen Markt einrichten zu lassen. Dabei wäre das Fahrzeug mit SPAR-Logo und auf Wunsch auch mit dem Filialnamen beklebt worden, verbunden mit dem Slogan „Bringen Sie mit mir nachhaltig Ihren Einkauf nach Hause." SPAR-Kunden und SPAR-Friends (Teilnehmer an unserem Kundenbindungsprogramm) hätten das Elektrofahrzeug mittels einer Carsharing-App reservieren und öffnen können. Bezahlt würde die Buchung und Nutzung ebenfalls per App. SPAR-Händler hätten sich damit als zeitgemäß und umweltbewusst positionieren können. Vor allem könnte das Elektroauto während des Einkaufs „aufgetankt" werden – Kunden-Convenience auf höchster Stufe: Statt zu warten, kaufe ich ein und nutze die knappe Zeit doppelt. Leider wurde diese Chance nicht von allen Franchisenehmern erkannt und fand deshalb keine qualifizierte Mehrheit. Ganz ehrlich: Das verstehe ich bis heute nicht.

Wenn Sie einen Blick zurückwerfen auf die oben skizzierten Zielgruppen im Lebensmitteleinzelhandel (S. 49), sehen Sie, dass unsere Aktionen jeweils unterschiedliche Schwerpunkte setzen – sich an traditionsbewusste oder innovative, sportbegeisterte, umweltbewusste, junge oder ältere Kunden wenden – und so darauf zielen, SPAR-Märkte als sympathischen Versorger in der Nachbarschaft fest im Kundengedächtnis zu verankern. David Bosshart vom Gottlieb Duttweiler Institut (GDI) sprach auf einer Tagung seines Instituts zum „New Age of Retail" in diesem Zusammenhang vom konstantem „Attention Hacking", das heutzutage erforderlich sei. In einer Welt konstanter Reizüberflutung gilt es, Kunden immer wieder neu zu verblüffen und zu begeistern. Wer nicht auffällt, fällt weg. Damit das gelingt, muss man seine Kunden sehr gut kennen und gerade als kleiner Händler mitunter mutig neue Wege gehen. Das braucht nicht immer ein Riesenbudget. So sorgte vor Jahren die Anzeigenkampagne eines inhabergeführten Möbelhauses überregional für Aufsehen und Lacher. Dort fragte man frech: „Schraubst Du noch oder wohnst Du schon?" Später legte man nach und empfahl „Kill Billy".[10]

Convenience: Hauptsache bequem!

Vor Jahren kursierte ein Video im Netz, in dem ein Kleinkind fasziniert auf einem Tablet herumpatscht und glucksend über bunte Figuren staunt. Kurze Zeit später klatscht es mit beiden Händen nebenan auf die glänzenden Fronten in der Küche und ist sichtlich enttäuscht, dass sich hier keine bunten Bildchen öffnen. Die analoge Welt verblasst gegenüber der digitalen, auch im Handel, wenn wir nicht haarscharf aufpassen. „Convenience", maximale Kundenbequemlichkeit, ist heute alles. Prime-Kunden nimmt Amazon mit Dash-Buttons das Denken ab. Auch das zwischenzeitliche Verbot in Deutschland wird solche Systeme nicht dauerhaft ausbremsen.[11] Per Waschmittel-Knopf am Point of Washing genügt ein kurzer Druck, um eine Nachbestellung auszulösen. Sonderangebote? Aktionspreise? Markenwechsel? – all das zieht am Kunden vorbei, ohne dass es ihn groß zu stören scheint. Auch im Wohnzimmer nimmt die Technik vielen Kunden längst Entscheidungen ab. Alexa als neue Hausgenossin lernt schnell, kennt die Gewohnheiten und macht das Leben einfacher. Skeptiker mögen sich dabei fremdgesteuert fühlen, Datenschützer mögen warnen, doch vielen Menschen macht das nichts aus – wenn es ihnen überhaupt bewusst ist. Service war gestern,

Convenience ist heute. Und während „Service“ ein freiwilliges Angebot des Händlers an seine Kunden darstellt, ist es bei „Convenience“ genau umgekehrt. Convenience ist die ultimative Forderung der Kunden an den Anbieter: Mach es mir bequem – oder ich suche mein Glück anderswo!

Mach mir das Leben einfach!

Die meisten Menschen heute sind vermutlich ungeduldiger und hektischer als ihre Eltern oder Großeltern. Das Paradoxon unserer Zeit: Immer mehr Maschinen nehmen uns immer mehr Arbeit ab, und trotzdem haben wir immer weniger Zeit und immer mehr Stress. King ist, wer Erlösung verspricht, Schlankheit im Schlaf, Reichtum ohne Risiko, Kaufen ohne Anstrengung. Das fordert von stationären Händlern einen radikalen Perspektivenwechsel. Wer verkaufen will, muss in den Schuhen seines Kunden laufen, um sich dann zu fragen, „Wie mache ich das möglich?“, statt von eigenen Interessen auszugehen und primär zu fragen, „Was kann/will ich leisten?“ „Start with the customer and work backward“, lautet eine Maxime von Amazon-Chef Jeff Bezos,[12] dem man bei aller berechtigten Kritik geniales Unternehmertum kaum absprechen kann. Im Folgenden einige zentrale Convenience-Aspekte und Umsetzungsbeispiele für den stationären Handel:

1. Erspar mir Wege!

Moderne Tankstellenshops machen es vor: Hier kann der tankende Kunde längst nicht mehr nur Zeitungen und Zigaretten erstehen, sondern auch Snacks, Kaffee, Süßwaren, Spielzeug, Softdrinks, Spirituosen und Blumen – eben alles, was man unterwegs zur Spontanverpflegung braucht und was vergessliche Gäste vor einer Totalblamage bewahrt. So hat man wenigstens einen der berüchtigten Tankstellensträuße dabei. Convenience-Shops sind nach wie vor eine Wachstumsbranche. Das sollte andere Händler zu eigenen Ideen anspornen. Also: Welche Wege können Sie Ihren Kunden ersparen? Neben der klugen Ausweitung des Sortiments bieten sich dabei Kooperationen mit anderen Anbietern an: Integrieren Sie beispielsweise eine Dienstleistung, die nur offline zu erledigen ist, und erhöhen Sie auf diese Weise die Kundenfrequenz. Beispiel: Der Outdoor-Händler Globetrotter bietet auch Reisebücher an (Sortimentserweiterung) sowie Impfberatungen und Impfschutz gleich vor Ort (Kooperation mit einem Mediziner, etwa in Frankfurt am Main).[13]

Attraktive Kooperationspartner sind vielfältig: Reinigung, Schlüsseldienst, Postdienst, Bäcker etc. Wenn der Kunde bei Ihnen mehrere Fliegen mit einer Klappe schlagen kann, profitieren alle Anbieter davon.

2. Spar mir Zeit!

Der größte Feind des stationären Handels scheint die Kassenschlange zu sein. In nahezu jeder Kundenbefragung landet sie unter den Top 3 der Ärgernisse. Ich widme dem Thema daher einen extra Abschnitt („Kundenschreck: Die Kassenschlange“, S. 60). Fest steht jedenfalls: Je kürzer die Schlangen bei Ihnen sind, desto besser. Zur Zeitersparnis tragen daneben genügend ansprechbares Personal, zügige Bedienung und übersichtliche Warenpräsentation bei. Deckenhänger und andere Beschilderungen können helfen. Noch besser sind freundliche Lotsen aus Fleisch und Blut. Sind Ihre Verkäufer so geschult, dass sie suchenden Kunden Hilfe anbieten? Auch der Bezahlvorgang sollte möglichst unkompliziert sein. Wenn der Kunde erst darüber diskutieren muss, welche Karten akzeptiert werden und welche nicht, trübt das den Einkauf. Wie viele Ihrer Kunden haben schon einmal das Geschäft ohne Kauf verlassen, weil ihr Zahlungsmittel nicht akzeptiert wurde? Meine Erfahrung ist, dass Händler solche Umsatzverluste unterschätzen. Der Adyen Retail Report Europa errechnete 2018 für Deutschland jährliche Umsatzverluste von über 200 Millionen Euro durch mangelnde Flexibilität bei den Zahlungsmethoden.[14]

Zeitersparnis lässt sich jedoch auch anders und radikaler denken: Welche Dienstleistung kann man bei Ihnen erledigen lassen, während man einkauft? Das kann das Aufladen des eigenen Elektroautos an Ihrer Elektrosäule sein, eine Schnellreinigung, das Besohlen von Schuhen, die Reparatur von Kleingeräten. Oder auch die Kooperation mit dem benachbarten Reifenservice: Warum nicht in gemeinsamen Anzeigen dazu auffordern, den Reifenwechsel so zu terminieren, dass er zu den Einkaufsplänen des Kunden passt? Oder Eltern damit ködern, dass der Nachwuchs nebenan beim Kinderturnen mitmacht, während man selbst in Ruhe einkauft? Nutzen Sie die Möglichkeiten vor Ort und lassen Sie Ihre Fantasie spielen: Wenn der Kunde das Gefühl hat, bei Ihnen kann er seine Zeit doppelt nutzen, kommt er gerne wieder.

3. Erkenne meine Bedürfnisse!

Unterschiedliche Zielgruppen haben unterschiedliche Bedürfnisse, eine Marketing-Binsenweisheit. Für die Millennials ist funktionierendes

WLAN heute so wichtig wie fließend warmes Wasser, während für ihre Großeltern der komfortable Parkplatz mit großen Parkbuchten ein echtes Einkaufsargument sein kann. Was wäre ein attraktives Zusatzplus für Ihre Kernzielgruppe, gerade Ihren Laden aufzusuchen? Freies WLAN, kostenlose Parkplätze oder Erstattung der Parkgebühr ab einem Kauf von X Euro, genügend Sitzgelegenheiten, Einpackhilfe oder Lieferservice nach Hause? Manches vermeintliche Detail ist in Wirklichkeit das Sahnehäubchen, das den Ausschlag für Ihr Angebot gibt.

4. Mach mir das Kaufen – und Zurückgeben – leicht!

Je risikoloser der Kauf, desto größer die Kauffreude. Das betrifft einerseits Kulanz beim Umtausch, andererseits die Verzahnung der verschiedenen Kanäle, online und offline (vgl. „O2O: Online und Offline – das Beste beider Welten verschmelzen", S. 120). Umtausch nur mit Kassenbon, nur innerhalb von 14 Tagen und nur bei nichtreduzierter Ware? Je mehr Einschränkungen Sie formulieren, desto attraktiver wird die Online-Konkurrenz, die kostenlose Retouren anbietet und die Aufkleber dafür gleich mitliefert. Oder gar (wie der Textilversender Lands' End) ein völlig unbeschränktes Rückgaberecht gewährt, offenbar ohne dass dies nennenswert missbraucht wird.[15] Dass es sich rechnen kann, zeigt das Beispiel Tchibo. Als umsatzstarker Händler ist er bekannt für seine kundenorientierte Rücknahmepolitik und die Möglichkeit, Online-Bestellungen in jeder Filiale zu retournieren. Wenn der Kunde aber erst einmal da ist, kauft er auch gleich frischen Kaffee. Manches Serviceangebot wird so zum Umsatztrojaner.

5. Nimm mir Arbeit ab!

Was können Sie für Ihren Kunden erledigen und ihm damit Arbeit ersparen? Der Lebensmitteleinzelhandel zählt nicht zufällig zu den Vorreitern des Convenience-Trends. In den vergangenen 20 Jahren ist das Angebot von Convenience-Food stetig gewachsen. Die Gründe sind offensichtlich: Zeit und Fähigkeit zum Kochen sind anscheinend umgekehrt proportional zur Zahl der Kochshows im Fernsehen. Auch gegessen wird anders, eher spontan und zwischendurch als regelmäßig und gemeinsam in der Familie. Heiße Theken, Salatbars und Sandwich-Boxen gehören daher heute zum Angebot jedes Supermarktes. Dabei passen sich die Händler neuen Trends an und bieten auch gesunde Snacks, Vegetarisches und Veganes. Essen lässt sich so bequem nebenbei, Kochen entfällt. Welche Arbeit können Sie Ihren Kunden abnehmen? Beispiele: Klassiker ist das

Einpacken von Geschenken, das um eine Versendung an den Beschenkten erweitert werden könnte, die der Online-Handel längst bietet. Oder die Zusammenstellung von passenden Outfits im Textilhandel, Lieferung und Aufbau von Möbeln, Anschließen von neuen Geräten vom Kühlschrank bis zur Waschmaschine, Zusammenstellung von Lunchpaketen in der Bäckerei oder im Lebensmittelhandel, Abonnementsmodelle für Verbrauchswaren (vom „Sockenabo" bis zur wöchentlichen Kiste mit Biogemüse).

6. Beflügele meine Fantasie!

2012 wurde das Berliner Unternehmen „Kochhaus" für den Deutschen Gründerpreis nominiert. Das Lebensmittelgeschäft versteht sich als „begehbares Rezeptbuch". Hier bekommt man auf das Gramm genau abgewogene Zutaten für wöchentlich wechselnde Rezepte und kann sich das Ganze auch als „Kochbox" nach Hause liefern lassen. Wenige Jahre nach Gründung ist das Unternehmen nicht nur dreimal in Berlin, sondern auch in Hamburg und Köln jeweils zweimal sowie in Frankfurt und München vertreten. Das Konzept macht das Selberkochen bequem und vermarktet sich als kreativ, denn Woche für Woche kommen neue Rezepte hinzu. Typberatung im Textilhandel, Einrichtungsberatung durch das Möbelhaus, Kreativkurse im Laden für Bastelbedarf können Kunden in ähnlicher Weise beflügeln. Und auch der klassische Lebensmitteleinzelhandel könnte über die bekannten Packages (wie Spargel und Weißwein oder Erdbeeren und Tortenböden) hinaus Komplettangebote machen, die Kunden aktiv werden lassen. Beispiele: fertige Einkaufskörbe wie „Das perfekte Grillwochenende", „Silvestermenü" (inkl. Deko und Bleigießset), „Stimmungsvoller Adventskaffee", „Junggesellenabend", „Mädelsabend" usw. Und warum nicht vom Kochhaus lernen und „Unser Rezept der Woche" anbieten, die fertige Kochbox für zwei oder vier Personen mit allen Zutaten und Rezept? Auch fertige Geschenkboxen zu Muttertag, Vatertag, Valentinstag nehmen Kunden Mühe ab.

7. Lös mein Problem!

Eine ältere Dame in unserer Nachbarschaft trennte sich jahrelang nicht vom Ehebett, obwohl sie längst alleinstehend war. Es mangelte weder an Geld noch am Willen zum Neukauf. Sie war nur ratlos, wer das alte Bett abmontieren und die Treppe herunterbefördern würde. Erst der Aushang eines Möbelhändlers, man entsorge Altmöbel und kümmere sich auch um Neuverlegung von Böden, gab den Ausschlag.

Was zum einen lehrt, dass Leistungen gar nicht deutlich und oft genug kommuniziert werden können, auch und gerade wenn sie für den Händler „selbstverständlich“ sind. Und zum anderen zeigt, dass Kaufhindernisse manchmal nicht beim Produkt, sondern daneben liegen. IKEA hat das früh erkannt und gestressten Eltern den Möbelkauf durch das „Kinderparadies“ für Drei- bis Achtjährige erleichtert. Weitere Beispiele: Wer einen Kaminofen kauft, braucht regelmäßig Holz; wer eine große Kübelpflanze ersteht, fragt sich, wo er sie überwintern kann; wer als Ü60 sein erstes Smartphone kauft, braucht jemanden, der ihm zeigt, wie er damit umgeht; wer sich aufwendige Gardinen leistet, grübelt, wie er sie waschen und wieder anbringen kann. Zusatzservices vom Holzabo über die Pflanzenpension bis zum Seniorenkurs und Gardinenservice können nicht nur den Produktverkauf ankurbeln, sondern selbst Umsatz generieren. Testen Sie, welche Zusatzleistungen Ihren Kunden bares Geld wert sind.

Deutlich wird: Wer Convenience bieten will, braucht vor allem gut funktionierende Prozesse. Die Logistik muss stimmen, Produktwissen tritt in den Hintergrund. Online-Händler wie Zalando sind damit groß geworden. Zalando hat keine Kompetenz in Schuhen und keine Kompetenz in Mode, aber die Logistikkompetenz ist vorhanden. Wir stationären Händler müssen uns daher von alten Denkmustern verabschieden, bereit sein, alte Regeln über Bord zu werfen und die Fähigkeit des „Entlernens“ zu kultivieren. Nur wer einmal gelernte Dinge auch wieder verwerfen kann, wird sich Problemlösungen kreativ und erfolgversprechend nähern.

Wie ticken die Digital Natives?

Alle paar Jahre wird eine neue Generation ausgerufen, nach den „Babyboomern“ der Nachkriegszeit, auch Generation X, sind wir in der alphabetischen Zählung inzwischen bei Y und Z angekommen. Dahinter verbergen sich pauschale Etikettierungen, die naturgemäß nicht jedem Einzelnen gerecht werden, wohl aber grobe Trends erfassen. Für die Frage „Online-Einkauf oder stationär“ ist naturgemäß die Nutzung digitaler Technologie und digitaler Medien relevant, und jeder, der Kinder im Teenageralter oder darüber hinaus hat, weiß: Hier hat sich seit der Jahrtausendwende tatsächlich etwas gravierend verändert. Die Digital Natives, die mit dem Internet groß geworden sind und sich an ein Leben ohne Smartphone kaum erinnern können, finden Stadtpläne zum Totlachen, Online-Infos überlebenswichtig und soziale Medien selbstverständlich. Das färbt naturgemäß auf ihr Einkaufsverhalten ab.

Die Wirtschaftsberatung KPMG warf in Zusammenarbeit mit REWE und dem Technologieanbieter GS1 2015 einen Blick auf den „Kunden der Zukunft". Was die ganz Jungen (hier definiert als die unter 20-Jährigen) von den Älteren unterscheidet: „Meinungen und Erfahrungen anderer Käufer" sind für sie überproportional wichtig, ebenso wie die von „Familienmitgliedern, Freunden und Bekannten", sie sind bestimmten Marken und Unternehmen treu wie sonst nur die Digital Silver Surfer über 60 und sie sind sehr offen für personalisierte Werbung. Das Smartphone ist für sie unerlässlicher Navigator im Alltag und damit auch Shoppingbegleiter.[16] Man muss kein Hellseher sein, um zu prognostizieren, dass mobile Services wie Shopping-Apps rasant an Bedeutung zunehmen werden. Schon 2018 fand knapp die Hälfte aller Online-Käufe in Deutschland mobil statt, wie das Handelsjournal meldete. Smartphones legten dabei kräftig zu, während Tablets und Desktops Anteile verloren.[17] Auch die Beratungsgesellschaft PwC interessierte sich in einer Studie für das Kaufverhalten unterschiedlicher Altersgruppen. Die größten Unterschiede gegenüber älteren Konsumenten zeigen die U30 beim Interesse für mobile Services wie der Möglichkeit, online die Produktverfügbarkeit zu prüfen und online zu sehen, wie voll es gerade im Laden ist, sowie beim Interesse für die Präsenz eines Unternehmens in den sozialen Medien. Gleichzeitig stellt diese Gruppe der Jüngeren „höhere Erwartungen an das Einkaufserlebnis als alle anderen Generationen", sowohl was das Verkäuferinteresse an ihren persönlichen Präferenzen als auch was längere Öffnungszeiten und bequemes Bezahlen per App oder Self-Scanning angeht.[18]

Die Convenience-Ansprüche der Kunden werden also eher steigen als sinken, wenn die „Always-on"-Gruppe an Kaufkraft zulegt. Es wird für sie tägliche Routine sein, Produkte im Netz zu recherchieren, Meinungen anderer Kunden heranzuziehen, im Internet den passenden Händler zu suchen, dessen Website zu checken, um anschließend vor Ort einzukaufen, wenn das Gewünschte vorrätig ist. Für stationäre Händler bedeutet das, ihre Online-Hausaufgaben zu machen. Dazu muss man nicht über das Marketingbudget eines Großunternehmens verfügen. Zum Pflichtprogramm gehören jedoch eine Website, die auf mobile Endgeräte hin optimiert ist, eine Steigerung der eigenen Auffindbarkeit im Netz und in einschlägigen Verzeichnissen mithilfe von SEO-Experten sowie das Managen und aktive Anregen von positiven Kundenbewertungen im

Netz. Damit meine ich ausdrücklich nicht den Kauf von Kundenstimmen oder Followern bei dubiosen Anbietern, sondern die freundliche und routinemäßige Bitte an (hoffentlich) zufriedene Kunden, eine Beurteilung auf diesem oder jenem Portal zu hinterlassen. Eine entsprechende Aufforderung auf dem Kassenzettel oder ein Erinnerungskärtchen mit lustigem Motiv taugt als kleiner Schubser. Was soziale Medien angeht, zähle ich eher zu den Skeptikern. Bisher ist es meiner Beobachtung nach noch keinem Unternehmen gelungen, Facebook und Co. als ernsthaften Absatzkanal zu etablieren. Trotzdem können und sollten Sie auf diesem Wege natürlich Aktionen und interessante Angebote posten, vielleicht sogar in einer Whats-App-Stammkundengruppe, die exklusiv schon vorab informiert wird? Unser erfolgreiches Kundenbindungsprogramm SPAR-Friends geht genau in diese Richtung.

Kundenschreck: Die Kassenschlange

Als Anfang 2018 in Seattle der erste kassenlose Supermarkt von Amazon (Amazon Go) für die Allgemeinheit öffnete, warteten zahlreiche Kunden vor der Tür auf Einlass. Das hat eine gewisse Komik: vor dem Laden Schlange stehen, um auf keinen Fall im Laden Schlange zu stehen. Es zeigt aber auch: Schlange ist nicht gleich Schlange. Wenn das MoMa in Berlin ausstellt, Apple ein neues Gerät auf den Markt bringt oder Amazon mit viel Pressewirbel eine neue Art von Supermarkt eröffnet, winkt am Ende der Schlange eine Verheißung und das Warten wird zum Event. Für die Kassenschlange, an deren Ende man nur sein Geld los wird, gilt das leider nicht. Ein Blick in die genervten Gesichter wartender Kunden sollte jedem Einzelhändler das Problem ins Bewusstsein rufen: Hier ist vermutlich die wichtigste Convenience-Baustelle in vielen Läden! Doch leider glaubt nur jeder dritte Retailer, dass lange Wartezeiten die „größte Frustrationsquelle“ für seine Kunden sind, während doppelt so viele Kunden genau das sagen. Mehr noch: Drei Viertel der Kunden schätzen am Online-Handel vor allem eines: „Es gibt keine Warteschlangen“ – so der Adyen Retail Report 2018 auf der Basis einer repräsentativen Umfrage.[19] Auch das Magazin stores + shops identifizierte „lange Schlangen an den Kassen“ als absoluten „Top Shoppingkiller im Einzelhandel“.[20]

Der Geduldsfaden der Kunden wird dabei immer kürzer, nicht zuletzt durch einfache Bezahlsysteme großer Online-Händler, bei denen wenige Klicks zum Kauf genügen, sobald der Kunde einmal sein Profil hinterlegt hat. Fünf Minuten warten zu müssen, das ist für knapp 40 Prozent der Kunden bereits zu lang und führt zum Verkaufsabbruch. Der Adyen Retail Report Europa errechnete auf dieser Basis binnen Jahresfrist rund 34 Milliarden Euro entgangene Umsätze in Deutschland, Frankreich, Großbritannien, Skandinavien und Spanien, davon 6,7 Milliarden allein in Deutschland.[21] Kunden gehen lieber, ohne etwas zu kaufen, wenn es ihnen zu lange dauert. Im Lebensmitteleinzelhandel mag der leere Kühlschrank daheim noch zum zähneknirschenden Ausharren bewegen. Was aber hindert internetaffine Käufer, das T-Shirt, das Rasierwasser oder das Haushaltsgerät, das man im Laden für gut befunden hat, dann doch lieber „rasch" online zu ordern? Dass auch das Suchen und Bestellen im Netz mehr als fünf Minuten kostet, ist dabei kein Hindernis. So rational ist der Homo oeconomicus bekanntermaßen nicht, sonst würde er nicht kilometerweit fahren, um 3 Cent pro Liter Sprit zu sparen, oder über Nachhaltigkeit philosophieren und dabei den Kaffee aus dem To-go-Einweg-Pappbecher schlürfen. Kurz: Die Kassenschlange ist umsatzgefährdend genug, um als Händler darüber nachzudenken, wie man ihren Schrecken mildert, das Warten versüßt oder sie durch technische Aufrüstung weitgehend aus dem Ladengeschäft verbannt.

Neue Spielregeln

Bei neuen Kassenspielregeln machen es uns die Amerikaner vor. Es gibt in vielen Geschäften nur eine Schlange und der nächste Kunde geht an die nächste freie Kasse. Die Wartezeit wird dadurch insgesamt nicht kürzer, sie wird nur gerechter verteilt. Das latent vorhandene Gefühl, ob beim Skilift oder an der Kasse, „Ich stehe in der falschen Schlange" wird dadurch geglättet. Auch wird der Kassiervorgang insgesamt als zügiger empfunden, zumindest solange die Schlange in Bewegung bleibt. Sie kennen das vom Stau auf der Autobahn: Am schlimmsten sind die Phasen, in denen die Räder stillstehen. Auch die Möglichkeit der Kunden, bei besonders langen Schlangen per Klingel zusätzliche Kassierer zu rufen, macht das Warten erträglicher. In manchen Drogeriemärkten gibt es dieses System schon, und die Position der Klingel markiert gleichzeitig den Punkt, ab dem der Händler eine Schlange als „lang" betrachtet. Es versteht sich von selbst, dass Kunden nicht vergeblich klingeln sollten, denn sonst verkehrt sich der positive Effekt ins Gegenteil. Alternativ können Händler die Kassierer dazu anhalten, ab einer bestimmten Zahl von Wartenden selbst Kollegen zu rufen, die eine weitere Kasse öffnen. Auch das signalisiert Kunden: „Wir gehen respektvoll mit Ihrer Zeit um und möchten Sie zügig bedienen!" Und selbst die Anzeige der wahrscheinlichen Wartezeit an der Kasse würde das Anstehen für die Mehrheit der Kunden Umfragen zufolge erträglicher machen[22] – man kennt diesen Effekt von der Fußgängerampel in manchen Ländern, die im Sekundentakt rückwärts zählt und so die Ungeduld dämpft.

Ein weiteres bekanntes Ärgernis für Kunden in Begleitung von Kindern sind die in Deutschland nicht ohne Grund „Quengelzonen" genannten Kassenzonen im Lebensmitteleinzelhandel. Dort türmt sich alles, was das Kinderherz begehrt. Eltern fürchten zu Recht endlose Diskussionen um Lollis oder Schokohasen. Manche Supermärkte verzichten inzwischen bewusst darauf, etwa Hieber's Frische Center, ein vielfach preisgekröntes Unternehmen mit einem Dutzend Standorten, über 1000 Mitarbeitern und rund 200 Millionen Euro Jahresumsatz.[23] Lohnt sich ein bisschen Mehrumsatz wirklich, wenn ein Teil der Kunden den Laden mit dem Gefühl verlässt, dass es wieder einmal schrecklich endete, dort einzukaufen? Und warum gibt es zwar Schnellkassen in vielen Supermärkten, aber keine Kinderkassen mit niedrigerem Laufband, sodass die Kleinen mithelfen können und beschäftigt sind?

Das Warten versüßen

Das meine ich ganz wörtlich: Spendieren Sie Ihren Kunden hin und wieder eine kleine Aufmerksamkeit. Anstatt via Lautsprecher zu rufen „Frau XY Kasse zwei bitte" erklären Sie die Warteschlange zur Chefsache und verteilen Pralinen, Früchte, Glückskekse usw. Oder Sie platzieren in Stoßzeiten einen netten Azubi am Ausgang, der den Kunden mit einem Mini-Präsent für ihre Geduld dankt. Auch wenn die meisten Menschen das Warten nervt: Die menschliche Ansprache schätzen sie durchaus. Selbst wenn Self-Scanning und kassenloser Supermarkt sich irgendwann durchsetzen werden: Fragt man heute Menschen auf der Straße, was sie davon halten, finden viele das sehr unpersönlich. Ein nettes „Empfehlen Sie uns weiter" oder „Viel Freude beim Schenken" gibt es weder Online noch vom Scanner. Das bedeutet: Ihr Kassenpersonal sollte Menschen mögen und das auch zeigen.

Eine andere Möglichkeit, um die Wartezeit zu verkürzen: Bringen Sie Bildschirme an, auf denen Nachrichten oder Unterhaltungsprogramme laufen oder auch die Lieblingssendung vieler Kinder. Warum sollte im Lebensmitteleinzelhandel oder im Baumarkt nicht funktionieren, was in U-Bahn-Stationen, Arztpraxen oder Fitnessstudios längst üblich ist? Informieren Sie zwischendurch über kommende Aktionen und Sonderangebote und die Sache rechnet sich.

Technisch aufrüsten

Auch wenn Amazon Go als erster völlig kassenloser Supermarkt Anfang 2018 gehörigen Pressewirbel auslöste, ist nur ein Teil der Kunden bisher Fan einer Abschaffung menschlicher Kassierer. So antwortete rund ein Viertel aller Befragten in einer repräsentativen PwC-Umfrage, SB-Kassen zum Selbsteinscannen der Ware seien für sie ein Serviceplus. Bei Kunden unter 30 sind es allerdings schon 43 Prozent.[24] Zwar werden Technikhersteller nicht müde, die Vorteile der neuen Möglichkeiten zu preisen, doch jeder Händler muss sich fragen: Geht es ihm um mehr Kunden-Convenience – oder schlicht um Kostenersparnis durch weniger Personal? Ist Ersteres der Fall, wird er seinen Kunden zukünftig verschiedene Bezahlmöglichkeiten einräumen und frei gewordenes Personal für besseren Service im Laden einsetzen. Will er vor allem die Fixkosten für den Betrieb senken, steht am Ende der Entwicklung der seelenlose Laden mit Beratungsrobotern und in jeder Hinsicht kontaktlosem Bezahlen. Sozusagen Online-Kauf in 3D. So rollt man der Internetkonkurrenz womöglich den roten Teppich aus.

Vermutlich nicht alles, was heute technisch möglich ist, wird sich in Europa durchsetzen. Bezahlen per Gesichtserkennung wie in China? Lückenlose Kameraerfassung zuvor registrierter Kunden zur automatischen Abrechnung per App beim Verlassen des Geschäfts wie bei Amazon Go? Beides ist kaum mit dem europäischen Datenschutz vereinbar. Dennoch plant Amazon angeblich 3000 weitere kassenlose Märkte bis 2021, und auch Händler in Deutschland denken nach Erkenntnissen des Kölner EHI Retail Institutes intensiv über die Modernisierung ihrer Kassensysteme nach.[25] In Amsterdam hat die Niederländische Lebensmittelkette Albert Heijn bereits einen kassenlosen Supermarkt eröffnet, der nicht mit Sensoren und Kameras arbeitet wie Amazon, sondern mit einer Kundenkarte, die beim Kontakt mit dem Preisschild am Regal das Produkt registriert und den fälligen Betrag abbucht. Albert Heijn plant eine Ausweitung des Konzepts.[26] In Paris eröffnete die Groupe Casino einen kassenlosen Store in der Nähe der Champs-Élysées, in dem über eine hauseigene App ein begrenztes Angebot von Snacks, Feinkost und Bio-Produkten erhältlich ist.[27] Auch im Elektronikhandel tut sich etwas: Saturn Innsbruck führte im Frühsommer 2018 ein Pilotprojekt durch, bei dem Kunden in einem kassenlosen Markt den Barcode der Produkte per hauseigener „Express-App“ scannen und direkt mit Kreditkarte oder via PayPal bezahlten. Derzeit experimentiert das Unternehmen gemeinsam mit einem Start-up (rapitag) mit Diebstahlsicherungen, die vom Kunden nach dem Bezahlen teurerer Produkte selbst entfernt werden können. MediaMarktSaturn wertet das Projekt als Erfolg, da 85 Prozent der Käufer den neuen Expressmarkt weiterempfehlen würden. Ausschlaggebend sei dabei „das komfortable, digitalisierte Einkaufserlebnis mit fundierter persönlicher Beratung im Store" gewesen – also die Kombination aus Convenience und menschlichem Mehrwert.[28]

Im Überblick zeichnen sich damit für den stationären Handel in punkto Kasse folgende Optionen ab:

- die Erleichterung des Bezahlens durch Akzeptanz weiterer Zahlungsmittel (wie zusätzlicher Kreditkarten),
- das kontaktlose und damit schnellere Bezahlen per Karte oder Smartphone an der Kasse (Vorreiter in Deutschland sind hier die Discounter),
- die (zusätzliche) Einrichtung von SB-Kassen mit Self-Scanning,
- mobiles Bezahlen bei Verkäufern, die mit Tablets ausgerüstet sind und Kunden eine Kartenzahlung abseits der Kassen ermöglichen,
- das kassenlose Bezahlen per hauseigener App mit Einscannen von Produkten und Bezahlung per Kreditkarte oder mit anderen Zahlungssystemen,
- das kassenlose Bezahlen per Kundenkarte mit Registrierung und Bezahlung nach Kontakt mit dem Preisschild.

Ob die Zukunft einem komplett kassenlosen System gehört, wird sich weisen. Aktuell gilt es für jeden Händler, eine weise Entscheidung zu treffen, die Budget, Kernzielgruppe und technische Möglichkeiten auf einen Nenner bringt und den Convenience-Gedanken in den Vordergrund stellt.

Kundenerlebnis: Berühre mich, begeistere mich!

„Mein schönstes Ferienerlebnis!" – bis heute schreiben Kinder in der Grundschule diesen Aufsatz. Ich habe vier Kinder und entsprechend viele Aufsätze dieser Art gelesen. Das schärft zwangsläufig den Blick dafür, was ein gutes „Erlebnis" ausmacht. Erstens: Erlebnisse sind etwas sehr Individuelles. Was für die Sechsjährige sensationell ist, findet der Zehnjährige zum Gähnen. Will sagen, man muss seine Kunden genau kennen und Erlebnisse ihren Interessen und Wertesystemen anpassen.

Zweitens: Mensch schlägt Sache. Da hat man die Unterkunft in bester Lage gebucht und die schönsten Ausflüge gemacht – und was bleibt als Highlight des Urlaubs hängen? Der mobile Eisverkäufer vor dem Hotel, der immer so lustige Witze gemacht hat. Das heißt: Super Ambiente ist schön, die menschliche Note ist wichtiger. Drittens: Abwechslung ist Trumpf. „Wir waren jeden Tag am Meer und durften abends Pommes essen", das klingt nicht wirklich erlebnisreich.

Kleine Geste oder große Inszenierung?

Was war Ihr schönstes Kundenerlebnis? Keine Sorge, ich erwarte nicht, dass Sie einen Aufsatz schreiben. Ich stelle diese Frage immer mal wieder im Kollegen- und Bekanntenkreis. Eine Dame erzählte mir, sie sei in einem großen Textilgeschäft von einer Verkäuferin nach Wochen wiedererkannt worden und dann habe diese gefragt: „Sie haben doch diese tolle Bluse von … gekauft, oder?" Ein Bekannter berichtete, die Autowerkstatt habe seine Reparatur mit Blick auf sein Nummernschild unaufgefordert vorgezogen: „Sie müssen heute noch zurück nach Zürich? Dann schaue ich, dass wir Sie vorrangig drannehmen." Tatsächlich habe er den Wagen nach einer kurzen Abstimmung der Reparaturannahme mit der Werkstatt am selben Nachmittag wieder abholen können. Ich selber war begeistert von einer Buchhändlerin, die beim Kauf eines Kinderbuches nicht nur die übliche Geschenkverpackung anbot, sondern fragte: „Sie haben Kinder daheim?" und auf meine Entgegnung „Gleich vier!" lächelnd vier kleine Mitbringsel dazulegte. Was all diese Beispiele verbindet: Sie zeugen von besonderer Aufmerksamkeit des Verkaufenden für den Kunden und sind dabei individueller, als der ausgeklügeltste Online-Algorithmus je sein wird. Der berechnet den Käufer als Marketingtarget und verrechnet sich oft genug. Empathie bleibt ein menschliches Alleinstellungsmerkmal. Wem nichts mehr auffällt, dem fällt auch nichts mehr ein. Waches und präsentes Verkaufspersonal ist daher mehr denn je gefragt.

Hier hat der stationäre Handel die größte Chance, und hier bietet ihm die Online-Konkurrenz die größte Angriffsfläche. Denn im Gegensatz zum Online-Händler kann der Verkäufer vor Ort die Kundenreaktion in Echtzeit erkennen – sehen, spüren und erleben – und auch in Echtzeit und wirklich individuell darauf reagieren. Das Verkaufspersonal schaut (wenn es will) in ein Gesicht und in ein Augenpaar. Wenn die Verkäufer sensibilisiert sind, dann ist das ein Kilo, mit dem jeder stationäre Händler wuchern kann, egal wie groß oder klein sein Laden ist und egal wie hoch oder gering sein Marketingbudget ausfällt. Machen Sie sich klar, dass Aufmerksamkeit zu den knappsten Ressourcen unserer Zeit zählt, und dass noch so viele Facebook-Likes und Twitter-Follower die Sucht der Menschen nach Aufmerksamkeit nicht wirklich befriedigen. Was zwangsläufig die Frage aufwirft: Kann man die „außergewöhnlich aufmerksame Aufmerksamkeit“ für Kunden lernen und seinem Team vermitteln? In Grenzen sicherlich. Aber natürlich brauchen Sie auch die richtigen Leute dafür. Hoteliers wie Klaus Kobjoll und seine Familie vom vielfach für den außergewöhnlichen Service prämierten Hotel Schindlerhof bei Nürnberg setzen auf eine Mischung aus sorgfältiger Personalauswahl, guter Schulung und eigenem Vorbild.[29]

Häufig wird Personal zu unbedacht eingestellt, nach dem Motto, „Man muss nehmen, was man kriegt.“ Doch die Zeit, die man bei der Personalauswahl gespart hat, geht dann dreifach für meist fruchtlose „Erziehungsversuche“ weniger geeigneter Mitarbeiter drauf. Regeln helfen, aber wenn sie nicht authentisch gelebt werden, verpufft der beabsichtigte Effekt. Das kann man im Supermarkt beobachten, wenn einem nach einem Seminar zur Kundenorientierung plötzlich alle Kassiererinnen „Einen schönen Tag“ wünschen. Selbst diese drei Worte lassen sich knurren wie eine Verwünschung. Eine weitere Maßnahme, wenn Sie nicht möchten, dass Ihre Pläne unterlaufen werden: Beziehen Sie Verkäuferinnen und Verkäufer in Ihre Aufmerksamkeitsoffensive und Denkpartnerschaft mit ein. Wer eigene Ideen umsetzen kann, engagiert sich ebenfalls eher (vgl. den folgenden Abschnitt „Planvoll kreativ werden“).

Die gute Nachricht für alle kleinen und mittelständischen Betriebe lautet daher: Kleine menschliche Gesten sind mindestens ebenso wirksam wie große Inszenierungen. Auf meine Frage nach dem schönsten Kundenerlebnis höre ich eher selten von außergewöhnlicher Ausstattung, besonderem Design oder verblüffenden Store-Konzepten, und wenn, dann häufig von Profis aus dem Handel. Geht es uns Marketeers da womöglich wie den Eltern, die ein teures Hotel buchen und vom Eisverkäufer geschlagen werden? Unter der Überschrift „Kunden begeistern – vom Einkauf zum Erlebnis“ fragte die Beratungsgesellschaft PwC Kunden nach dem gewünschten „Zusatznutzen“ beim Einkaufsbummel. Auf Platz eins landeten „Überraschungen, z. B. spontane Angebote, Geschenke, Kostproben etc.“ (52 %), „neue Produkte ausprobieren“ (49 %), „große, exklusive Produktauswahl“ (45 %), „kostenlose Getränke oder Snacks“ (44 %). Dagegen belegte „ein ausgefallenes Ladenkonzept“ abgeschlagen Platz 7 mit 25 Prozent, während 35 Prozent für „kostenloses WLAN im Laden“ plädierten (bei den unter Dreißigjährigen sogar 51 Prozent). Schlusslicht bildeten „Erlebnisräume, z. B. Kletterwand, Teststrecke für Fahrräder etc.“[30] Nun kann man mit Henry Ford mutmaßen, dass Kunden vielleicht gar nicht so genau wissen, was sie begeistert, bis sie es gesehen haben. Ford spottete bekanntlich, seine Kunden hätten sich schnellere Pferde gewünscht, wenn er sie vor dem Produktionsstart seiner Blechliesel Tin Lizzy nach ihren Wünschen gefragt hätte. Einschränkend kommt hinzu: PwC erkundigte sich nach dem „Nutzen“, nicht nach Erlebnisqualität. Andererseits stimmen Projekte wie die Mall of Switzerland im Kanton Luzern nachdenklich. Hier entstand auf 65 000 Quadratmetern ein riesiges Einkaufszentrum, das sich ausdrücklich auch als Freizeitdestination versteht, mit Sportanlagen, Multiplex-Kino, Fitnesscenter und nicht zuletzt der ersten „Indoor-Welle“ der Schweiz, auf der man Surfern zusehen oder sogar selbst aufs Brett steigen kann – ein spektakuläres Erlebnis, sollte man meinen.[31] Fernsehen und Presse berichteten ausführlich. Der Erfolg der Mall hält sich bisher dennoch in Grenzen. Im Juni 2018 meldete die Luzerner Zeitung unter der Überschrift „Alles nur ein Hype?“, das Projekt hinke ein halbes Jahr nach der Eröffnung den Erwartungen bei den Besucherzahlen deutlich hinterher.[32]

Ein Einzelfall sicherlich, der sich nicht zwingend verallgemeinern lässt. Und zweifelsohne ist ein angenehmes oder interessantes Ambiente wichtig, damit Kunden sich wohlfühlen, auch wenn sie es nicht selbst explizit fordern. Doch die Seele wird auch dem spektakulärsten Ambiente eingehaucht durch die Menschen, die dort arbeiten. Manchmal fehlt es eben genau daran: an Orten mit Seele. Menschliche Aufmerksamkeit nutzt sich niemals ab, eine Surfwelle schon. Hauchen Sie Ihrem Laden eine Seele ein! Das können Sie besser als die Online-Konkurrenz, die zweidimensional bleibt und persönliche Ansprache im Chatbot (einem digitalen Dialogsystem) simuliert. Kein Wunder also, dass Kunden sich eher mit „analogen“ Unternehmen identifizieren können als mit solchen aus der digitalen Welt. Das jedenfalls ergab der Identitätsindex 2018, bei dem für 86 Unternehmen aus der Deutschschweiz gemessen wurde, wie stark sich Kunden mit ihnen identifizieren können.[33]

Planvoll kreativ werden

Wer Kunden begeistern will, muss ihre Erwartungen übertreffen. Im Gedächtnis haften bleibt, was aus dem Rahmen fällt. Das ist die Chance für ambitionierte Händler. Das bekannte Kano-Modell der Kundenzufriedenheit differenziert in diesem Zusammenhang zwischen Basismerkmalen, die der Kunde bei einem Produkt oder einer Dienstleistung als selbstverständlich voraussetzt, Leistungsmerkmalen, die er erwartet und die für Kundenzufriedenheit sorgen, und Begeisterungsmerkmalen, die den Kunden positiv überraschen.[34] Faire Preise, Frische und Verfügbarkeit des Sortiments sind im Lebensmitteleinzelhandel Basismerkmale, eine helle und übersichtliche Ladengestaltung, ausreichend Kassen und freundliches Personal bilden Zufriedenheitsmerkmale. Ein Begeisterungsfaktor dagegen könnte der bereits erwähnte Mitarbeiter in der Weinabteilung sein, der sich zum Sommelier fortgebildet hat und sein exzellentes Sortiment fachmännisch erklärt. Ob das zutrifft, entscheidet der Kunde. Kundenkenntnis bleibt Trumpf, und ich würde mir wünschen, dass Händler einerseits experimentierfreudiger werden und regelmäßig etwas Neues ausprobieren und andererseits entschlossener reagieren, wenn sie merken, der Großteil ihrer Kunden goutiert ein Angebot nicht, das am grünen Tisch überzeugte. Von toten Pferden sollte man absteigen.

Neben dem Überraschungsmoment kommen beim Kundenerlebnis zwei weitere Faktoren ins Spiel. Erstens: Gemessen an der Gesamtleistung sind die Begeisterungsfaktoren häufig nur das Tüpfelchen auf dem I, anders gesagt: die letzten paar Meter auf dem langen Weg zum Erfolg. Um beim Beispiel Supermarkt zu bleiben: Hier müssen Hunderte von Prozessen stimmen und funktionieren, um die Basis- und Zufriedenheitsmerkmale der Kunden zu gewährleisten. Die wöchentliche Zusammenstellung einer Kochbox ist verglichen damit nur ein Minizusatz, ebenso wie die Bevorratung mit Kindermitbringseln in einer Buchhandlung und ihre Verteilung an Kunden, die ein Kinderbuch kaufen. Wenn Sie sich also fragen, was Sie noch alles tun sollen, um Kunden zu gewinnen und zu binden und wie Sie die Zeit dafür aufbringen sollen, denken Sie daran, dass Begeisterungsmomente kleine Hebel mit überproportionaler Wirkung sind. Sie gehen einen Schritt weiter, aber Sie kommen dadurch in eine ganz neue Zone der Kundenbegeisterung, in der Kunden zu Stammkunden werden, von Ihrem Laden erzählen und Sie aktiv weiterempfehlen (wie ich die tolle Buchhändlerin). Der zweite wichtige Faktor: Der Mensch ist bekanntermaßen ein Gewohnheitstier und gewöhnt sich an alles, besonders gern und schnell an das Gute. Der erste Metzger, der die Kinder der Kundschaft fragte, ob sie ein Scheibchen Wurst möchten, konnte damit Pluspunkte sammeln. Heute fragen manche Zwerge, wo die Wurst bleibt, noch bevor die Eltern die Verkaufstheke erreicht haben. Oder sie teilen dem Wurstverkäufer huldvoll mit, dass sie „heute lieber eine Scheibe Käse hätten"; Marke inklusive. Alles schon erlebt. Der Gag von heute ist der Gähner von morgen. Das bedeutet: Nach der Idee ist vor der nächsten Idee, und Kundenbegeisterung ist ein Projekt, das nie endet.

Wenn Sie Kunden dauerhaft begeistern wollen, muss Ihnen also immer wieder Neues einfallen. Flankieren Sie eine Unternehmenskultur der Aufmerksamkeit und spontanen Herzlichkeitsgesten gegenüber dem Kunden mit geplanten Begeisterungsaktionen. Je mehr Köpfe sich dabei einbringen, desto mehr Ideen werden geboren. Und da man die eigenen Kinder stets für die schönsten hält, wachsen mit der Eigenbeteiligung auch die Umsetzungschancen. Zehn Vorschläge, wie Sie Ihre Kunden immer wieder positiv überraschen:

1. Arbeiten Sie mit Ihrem Team in der zweiten Jahreshälfte einen Aktionsplan für das Folgejahr aus, in dem Sie für jeden Monat eine neue kleine Aktion ins Auge fassen. Dabei können Sie bekannte Anlässe aufgreifen (Fasching, Valentinstag, Muttertag, Vatertag, Schulanfang usw.) oder eigene Anlässe kreieren (noch 100 Tage bis Weihnachten, Start der Gartensaison, vor X Jahren wurde der Minirock erfunden usw.).
2. Hängen Sie eine Ideenbox auf, in der Sie Mitarbeiter um Vorschläge bitten. Prämieren Sie die besten und setzen Sie diese gemeinsam mit Ihrem Team um.
3. Machen Sie jeden Tag zum Feiertag! „Der Tag des Apfels", „Der Tag der Familie", „Der Tag des Haustiers" – es gibt hunderttausend Möglichkeiten, jeden Tag im Geschäft für seinen Kunden unvergesslich zu machen und das Einkaufserlebnis bleibend zu gestalten.
4. Nutzen Sie kuriose Jahres- und Feiertage. Wussten Sie zum Beispiel, dass der 11. Januar der „Tag des Pfützenspringens" ist? Eine Steilvorlage für den Gummistiefelverkauf. Der 10. März dagegen ist der „Internationale Dudelsack-Tag". Wer keine Dudelsäcke mag, kann an diesem Tag auch Super Mario feiern.[35] Es gibt also für jedes Sortiment Anlässe, die Sie humorvoll aufgreifen können. Und Humor bewährt sich nicht nur beim Flirten mit dem anderen Geschlecht, sondern auch beim Flirt mit dem Kunden.
5. Überlegen Sie, womit Sie Kunden eine besondere Freude machen können. Spendieren Sie bei Eiseskälte einen heißen Tee. Verteilen Sie Anfang Dezember Listen mit den „besten Geschenktipps für Männer/Frauen/Teenager ..." und denken dabei nicht nur an das

eigene Sortiment. Richten Sie eine Tauschbörse für begehrte Sammelbildchen zum aktuellen Stickeralbum aus.

6. Tun Sie etwas Gutes: Sammeln Sie für einen guten Zweck und runden Sie das Ergebnis großzügig auf. Führen Sie Pfandtüten ein, die Kunden gegen eine geringe Gebühr erwerben und im Laden zurückgeben können. Sponsern Sie den Kinderfußball und bringen Sie eine Pinnwand mit Fotos und Fußballergebnissen an.
7. Gratulieren Sie Inhabern einer Kundenkarte zum Geburtstag. Und zwar nicht mit einem unpersönlichen Rabattgutschein, sondern persönlich beim nächsten Besuch. Versenden Sie statt Werbekarten solche mit einer verheißungsvollen Ankündigung: „Auf Sie wartet ein Geschenk!“ Feiern Sie auch Kundenjubiläen, honorieren Sie es, wenn jemand ein Jahr, fünf Jahre oder gar länger zu Ihren Kunden zählt.
8. Machen Sie Kunden unverhofft eine Freude, indem Sie kleine Geschenke verteilen, Rosen zum Sommeranfang, Mini-Schokoladennikoläuse am 6. Dezember, Erkältungstee an Schlechtwettertagen etc.
9. Wecken Sie die Sammelleidenschaft Ihrer Kunden: Wer x-mal bei Ihnen eingekauft hat und das per Sammelheft dokumentiert, bekommt ein Präsent.
10. Bieten Sie interessante Veranstaltungen an, am besten solche, bei denen Kunden mitmachen können. Whiskey-Tasting, Weinseminar, Kartoffelkurs, Käsekunde, Kochkurs („Das perfekte Sommermenü“) – all das gibt es schon in ambitionierten Supermärkten, und Kunden sind durchaus bereit, für solche Veranstaltungen zu zahlen, wenn Inhalt und Ambiente stimmen. Was hindert Sie, Ihre Expertise im Laden zu plakatieren und wissbegierigen Kunden Einblick in Ihr Business zu bieten?

Dies alles kann unter „Shoppertainment“ und „Gamification“ zusammengefasst werden. Damit es Wirkung zeigt, müssen natürlich Ihre Basisprozesse stimmen. Es braucht ein solides Fundament, wenn man ein attraktives Gebäude errichten möchte. Wenn Sie den Verdacht haben, dass Ihr Servicefundament an der einen oder anderen Stelle bröckelt, gehen Sie den Einkaufsprozess Schritt für Schritt durch:

- Wie wird der Kunde auf Ihr Geschäft aufmerksam? (z. B. Anzeigen, Website, Schaufenster)

- Wie findet er Sie? (Wegbeschreibung im Netz, Beschilderung, beste Eingabe ins Navigationsgerät)
- Wo kann er sein Auto oder Fahrrad parken?
- Wodurch wird der erste Eindruck bestimmt, wenn er Ihr Geschäft betritt?
- Wie gut können Kunden sich am Point of Sale orientieren? (Aufbau des Sortiments, Ausschilderung)
- Ist genügend qualifiziertes und freundliches Personal vorhanden?
- Wie angenehm ist das Ambiente? (Lichtverhältnisse, Temperatur, Geräumigkeit, Farben, Gerüche)
- Stehen genügend Körbe oder Wagen für den Einkauf zur Verfügung bzw. genügend Umkleidekabinen, auch in Stoßzeiten?
- Stehen genügend (besetzte) Kassen zur Verfügung, auch in Stoßzeiten?
- Haben Kunden genügend Platz zum Einpacken der Waren? Wie ansprechend sind Verpackung und Einkaufstüten?
- Werden alle gängigen Zahlungsmittel akzeptiert oder müssen Kunden gelegentlich auf ein von ihnen nicht favorisiertes Zahlungsmittel zurückgreifen?
- Werden Kunden freundlich verabschiedet?

Diese „Customer Journey“ Station für Station mit den Augen des Kunden durchzugehen wird Sie auf Schwachpunkte aufmerksam machen. Wären Sie gern Kunde in Ihrem eigenen Laden? Wenn Sie selbst sich für befangen erklären, entwerfen Sie einen Fragebogen und schicken Sie Testkäufer („Mystery Shopper“) auf den Einkaufsparcours. Dafür kann man Marktforschungsagenturen beauftragen, mit einer lokalen Hochschule kooperieren oder auch das Feedback kritischer Laientester einholen. Auf diese Weise lokalisieren Sie blinde Flecken in Ihrer Selbstwahrnehmung und können bei Missständen Gegenmaßnahmen ergreifen – um dann nach dem Pflichtprogramm die Kür in Angriff zu nehmen und Ihren Kunden Erlebnisse zu bieten, die diesen Namen auch verdienen!

Yes, we're open! Sind Sie da, wenn man Sie braucht?

„Shop around the clock“, forderte die Jugendorganisation der CDU in Deutschland schon Mitte der Neunzigerjahre.[36] So weit ist es bis heute nicht gekommen – außer natürlich im Online-Handel. Jeder Shop im

Netz weltweit hat sieben Tage die Woche rund um die Uhr geöffnet. Muss der stationäre Handel nachziehen, um zu überleben? Auf diese Frage gibt es keine allgemeine Antwort. Der erhoffte Mehrumsatz wird immer abhängen von der Branche, der Region, dem Sortiment und davon, was die stationäre Konkurrenz macht. Schauen wir genauer hin.

Öffnungszeiten: Glaubenskriege mit Kollateralschäden

Im niederländischen Venlo freut man sich über die Restriktionen des deutschen Ladenschlussgesetzes: Es beschert Händlern besonders an Sonntagen einen regen Einkaufstourismus aus dem Nachbarland. Ähnlich ist es in grenznahen Regionen in Süddeutschland, denn in der Schweiz muss der Einzelhandel in den meisten Kantonen auch unter der Woche früher schließen als in Deutschland. Und günstiger ist der deutsche Nachbar auch noch, sodass in manchen Orten, etwa Konstanz, eine wahre Käuferkarawane aus der Schweiz hereinpilgert. Kunden tragen ihr Geld dahin, wo sie es am besten loswerden. Und immer öfter eben auch ins Netz. Eine Umfrage unter 240 Online-Händlern im August/September 2017 konkretisierte deren umsatzstärkste Shoppingzeiten. Auf die Frage nach dem beliebtesten Wochentag für den Online-Einkauf entschieden sich die Händler auf Sonntag (41 Prozent) und Montag (30 Prozent).[37]

Hält man eine Erhebung des Handelsverbands Deutschland HDE zur Umsatzverteilung im stationären Handel 2017 daneben, so erweist sich diese ziemlich exakt als gegenläufig zum Online-Trend. Mit anderen Worten: Im Netz wird besonders dann viel geshoppt, wenn die Ladentüren zu sind.[38] Ein zweiter Shopping-Schwerpunkt im Online-Handel ist nach der erwähnten Händlerumfrage übrigens der Abend (ab 20 Uhr), also dann, wenn unter der Woche viele Läden geschlossen sind und wenn Kunden Muße haben, weil ihr Tagesgeschäft erledigt ist.

Leider herrscht zwischen online und stationär keine Waffengleichheit, denn der stationäre Einzelhandel muss sich regionalen oder nationalen Vorschriften beugen. In Deutschland und in der Schweiz regiert dabei ein bunter Flickenteppich, denn beide Staaten überlassen es ihren Bundesländern bzw. Kantonen, die Ladenöffnungszeiten gesetzlich zu regeln. Und so kommt es, dass beispielsweise in Zürich Läden von Montag bis Freitag rund um die Uhr offen sein dürfen, während in St. Gallen unter der Woche um 19 Uhr Schluss ist, samstags bereits um 17 Uhr. Oder dass Baden-Württemberg die liberale Regelung der Züricher teilt, während im Saarland unter der Woche um 20 Uhr die Ladentüren verriegelt werden müssen. In Österreich wiederum regelt ein Bundesgesetz die Ladenöffnung und setzt einen Rahmen von 6 bis 21 Uhr unter der Woche und 6 bis 18 Uhr an Samstagen. Details zum Glaubenskrieg um die Sonntagsöffnungen, die in Deutschland mal auf 6, mal auf 8, mal auf mehr pro Jahr beschränkt sind, zudem nach touristischen und nicht touristischen Regionen sowie Warengruppen differenzieren und überdies berücksichtigen, ob sich der Laden am Bahnhof oder Flughafen befindet oder eben nicht – diesen Regelungsdschungel erspare ich Ihnen.

Sämtliche Ladenöffnungsgesetze definieren bekanntermaßen einen Spielraum, innerhalb dessen ein Ladeninhaber sein Geschäft öffnen darf, aber nicht muss. Die DACH-Region (Deutschland, Österreich, Schweiz) ist hier eher restriktiv, wobei Deutschland den größten Spielraum zulässt. Zu den Staaten in Europa, die es ihren Händlern an Werktagen gänzlich freistellen, wann sie ihre Läden öffnen und schließen wollen, gehören Großbritannien, Spanien, Norwegen und Ungarn. Die Debatte um jede Liberalisierung von Öffnungszeiten wird hochemotional geführt, Gewerkschaften, Verkäuferinnen und Verkäufer, Händler und Kunden melden sich zu Wort. Arbeitsschutz wird gegen Kundenkomfort aufgerechnet, der Sonntag mit der Familie verteidigt, die gute alte Zeit heraufbeschworen, wo sich am Abend um halb sieben alle Tore geschlossen hätten – was schließlich auch funktioniert habe! Dieses „Gute, alte Zeit"-Argument ignoriert allerdings, dass sich unsere Lebenswelt insgesamt verändert hat, dass immer mehr Frauen außer Haus arbeiten gehen und Arbeitszeiten sich verändert haben. Und dass nicht zuletzt auch Kundenansprüche sich verändern. Welcher deutsche Kunde kann sich heute wirklich noch vorstellen, einzukaufen wie in den Fünfzigerjahren und sich (ab 1957) mit einem „langen Samstag" pro Monat und (ab 1989) mit „langen Donnerstagen" zu arrangieren? Auch die Schweizer würden sich wahrscheinlich rasch ans Shoppen nach halb sieben gewöhnen.

Ein anderes Argument der Liberalisierungsgegner lautet, jeder Euro oder Franken könne schließlich nur einmal ausgegeben werden. Umsätze würden sich also nur verlagern, nicht erhöhen. Gleichzeitig stiegen aber die Gemeinkosten für Gehälter, Strom, Heizung usw., wenn ein Laden länger geöffnet sei. Das hört sich beinahe so an, als müsse man die Händler vor unternehmerischen Fehlentscheidungen bewahren, statt ihnen ein betriebswirtschaftlich durchdachtes Handeln zuzutrauen. Eigenverantwortung ist schließlich das Salz in der Suppe der Selbstständigkeit. Und auch wenn Familie und Kinder zweifellos des Schutzes bedürfen: Dieser Gedanke hat bisher noch niemanden veranlasst, am Wochenende

Schwimmbäder, Zoos und Museen zu schließen oder den öffentlichen Nahverkehr nach 20 Uhr einzustellen. Auch hier sind Regelungen gefunden worden, die Arbeitsschutz und Arbeitnehmerinteressen Rechnung tragen. Warum sollte das im Handel nicht gelingen? Wer nicht möchte, dass Innenstädte veröden und Läden schließen, sollte Vertrauen in Findigkeit und Augenmaß stationärer Händler entwickeln. Das wird nicht dazu führen, dass überall alle Läden rund um die Uhr öffnen. Aber es erlaubt dem Handel, mit Kundenfreundlichkeit und interessanten Aktionen der Online-Konkurrenz Paroli zu bieten.

Neuer Service: Was nützt dem Kunden und füllt die Kasse?

Wann kaufen Ihre Kunden am liebsten bei Ihnen ein – wissen Sie das? Würden sich Ihre Umsätze steigern lassen, wenn Sie dosiert und wohlüberlegt Ihre Öffnungszeiten erweitern? Ein Beispiel ist das Vorarlberger Reisebüro 5vor12 LAST MINUTE REISEN, das an speziellen Freitagen bis 23:55 Uhr offen hat und so – vermute ich – für Zusatzbuchungen sorgt.[39] Getränkeausschank und Knabbereien locken auch Urlaubsmuffel in den Laden. Es geht also nicht darum, den Online-Handel zu kopieren und seine Ladentür ständig rund um die Uhr zu öffnen. Das mag sich für hochfrequentierte Shoppingcenter und dort vor allem für die Platzhirsche lohnen, kaum für den kleinen Laden, dessen Schaufenster spätabends im Unterzentrum als eines der wenigen einsam leuchtet. Es geht vielmehr darum, Kunden gezielt Angebote zu machen, die für sie spannend und/oder besonders komfortabel sind und die im Vorfeld wirksam beworben werden. Die Gretchenfrage also lautet: Würde es Ihre Attraktivität für solvente Kunden erhöhen, wenn Sie ihnen zusätzliche Einkaufszeiten ermöglichen? Vorstellbar ist der Juwelier, der seine Pforten in der Vorweihnachtszeit an Samstagen länger öffnet und dies in der Tagespresse annonciert, oder einmal monatlich ein Mitternachtsshopping veranstaltet, zu dem bei einem Glas Sekt neue Kollektionen präsentiert werden. Vorstellbar ist auch der Bäcker, der morgens eine halbe Stunde früher öffnet und „Frühstück to go" anbietet, wenn die erste Schicht der Berufstätigen an seinem Laden vorbeikommt. Oder der Möbelladen, der „Friday lates" veranstaltet und dazu einlädt, sich am Freitagabend in Ruhe in Einrichtungsfragen beraten zu lassen, statt sich am Samstagmittag ins Gewimmel zu stürzen.

Entwickeln Sie einen Blick dafür, in welchen Phasen Ihr Laden hochfrequentiert wird. Dann können Sie entweder zu diesen Zeiten Ihr Personal aufstocken und für mehr Kunden-Convenience sorgen. Oder Sie machen dem Kunden ein Alternativangebot: „Ab sofort sind wir morgens schon ab XY Uhr für Sie da und abends bis YZ Uhr geöffnet!" Ein deutliches Signal für eine Erweiterung der Öffnungszeiten ist es, wenn Sie Kunden regelmäßig auffordern müssen, das Ladenlokal zu verlassen, weil Sie gleich schließen. Wenn Sie tatsächlich eine Änderung planen, trommeln Sie kräftig dafür, über ein Mailing aus Ihrer Kundenkartei, Plakate am Point of Sale und Werbezettel, die Sie in den Wochen vorher allen Kunden in die Hand drücken. Insbesondere wenn Sie im jeweiligen Umfeld die Ausnahme bilden, müssen Sie dafür sorgen, dass Ihre Aktion Beachtung findet. Sollten Sie gleichgesinnte weitere Händler finden, mindert das den Werbeaufwand und kann die Kundenfrequenz steigern, indem Sie sich zu einem Aktionsbündnis zusammenschließen. Kunden sind immer weniger bereit, sich mit einem Wirrwarr unterschiedlicher Öffnungszeiten in ein- und derselben Straße zu arrangieren.

Die Heilige Kuh unter den Öffnungsregelungen ist der Sonntag, der von Gewerkschaften und Kirchen besonders hartnäckig als einkaufsfrei verteidigt wird. In Deutschland führt das dazu, dass schon geplante Sonntagsöffnungen im Rahmen der bestehenden Ausnahmeregelungen immer wieder kurzfristig durch Gerichte gekippt werden.[40] Ebenso regelmäßig tobt eine Debatte darum, ob sich eine Sonntagsöffnung lohnt oder eher nicht. Pauschale Prognosen machen hier wenig Sinn. Zu beobachten ist allerdings, dass vor allem Shoppingcenter an solchen Tagen regelmäßig einen wahren Run erleben. Für viele Menschen ist Shoppen eben eine Freizeitbeschäftigung. Aber auch für kleine Retailer kann sich eine solche Veranstaltung rentieren – wie etwa für die Boutique-Inhaberin in der westfälischen Kleinstadt, die für mehr verkaufsoffene Sonntage plädiert, weil sie so neue Kunden gewinnt und 50 bis 70 Prozent Mehrumsatz macht: „Das macht sich am Ende des Monats ordentlich bemerkbar" und ermögliche ihr, den Verkäuferinnen am Sonntag den doppelten Stundenlohn zu zahlen.[41] Die Debatte um die Sonntagsöffnung wird uns noch länger begleiten, doch über kurz oder lang dürfte auch diese Bastion Geschichte sein. Vor allem ältere Menschen sind gegen eine Ladenöffnung am Sonntag – 60 Prozent der über Sechzigjährigen antworten mit Nein auf die Frage: „Sollen Geschäfte auch am Sonntag geöffnet sein?" Bei den 18- bis 29-Jährigen waren es 2016 nur noch 45 Prozent.[42] Dazu passt, dass dieselbe Altersgruppe auch unter der Woche Öffnungszeiten bis 22 Uhr deutlich wichtiger findet als andere.[43] Je jünger Ihre Kunden sind, desto eher lohnt sich Flexibilität möglicherweise für Sie.

70 Prozent der Kaufentscheidungen fallen erst am Point of Sale und 30 Prozent davon sind ungeplante Spontankäufe, errechnete die GfK.[44] Würden Kunden ausschließlich das kaufen, was sie bei rein rationaler Überlegung zur Lebensführung brauchen, würde unser Wirtschaftssystem vermutlich kollabieren. Jeder ambitionierte Händler steht daher vor der Daueraufgabe, die Lust der Kunden am Einkauf in seinem Geschäft zu fördern, wenn sie erst einmal den Weg dorthin gefunden haben. Pakete und Zugaben sind keine neue Idee, aber eine, die nach wie vor hervorragend funktioniert – wenn man es richtig anstellt.

Das passt perfekt! Pakete, die Spaß machen

Haben Sie auf einem Rummelplatz schon einmal an einer holländischen Blumenversteigerung teilgenommen? Da steht jemand auf einem LKW – meist ein kräftiger Mann mit dröhnender Stimme – hinter ihm ein Dschungel von Grünpflanzen. Von der Ladefläche herab preist er seine Pakete an: „Für schlappe 20 Euro gibt es – nein, nicht nur diese tolle Yucca-Palme, fast einen Meter hoch, sondern auch noch den großen Ficus dazu! Und damit nicht genug, den Drachenbaum gebe ich euch auch noch dazu! Diese Gelegenheit kommt so schnell nicht wieder!" Dabei werden die Pflanzen erst hochgehalten und dann zusammengepackt. So geht es Schlag auf Schlag, die Pflanzenbündel finden reißenden Absatz. Mancher Kunde kann seine Beute kaum tragen und fragt sich vermutlich erst zu Hause, wo er das ganze Grünzeug hinstellen soll. Dieser Verkauf lebt zum einen vom Erlebniswert, es ist schlicht unterhaltsam. Außerdem sind die Pakete verführerisch, weil sie als einmalige Gelegenheit wahrgenommen werden und noch dazu die Schnäppchenmentalität vieler Kunden befriedigen. Das funktioniert auch in anderen Warenbereichen. So stand vor einer Marburger Fleischerei ein Aufsteller, der in großer Schrift verkündete: *„Semesterstart – Die Studententüte: 2 Wienerwürstchen, 2 Balkanwürstchen, 100 g Aufschnitt, 1 Kotelett. Tüte 5,00 €"*.[45] Ein solches Überlebenspaket ist bei rund 25 000 Studenten in der Stadt sicher keine schlechte Idee.

Die geschickte Kombination verschiedener Waren wird im Handelsmarketing auch unter dem Stichwort „Verbundplatzierung" diskutiert. Was wo steht, beeinflusst den Verkauf einzelner Produkte nicht unwesentlich. Gut aufgebaute Sortimente entfalten optimale akquisitorische Wirkung, im Lebensmittelhandel beispielsweise, indem Knabbereien sich besser verkaufen, wenn sie angrenzend ans Weinregal platziert werden, oder Pestos und Tomatensaucen, wenn das Nudelregal nicht weit ist. Doch mir geht es hier nicht um das kleine Einmaleins der Sortimentsgestaltung, die im Idealfall eine perfekte Balance von guter Orientierung für den Kunden und geschickten Kaufanregungen bildet. Mir geht es um Sonderaktionen, die die Erwartungen des Kunden durchbrechen und daher die Aufmerksamkeit auf sich ziehen. Fantasievoll kombinierte Pakete tragen so zum Einkaufserlebnis bei und fördern gleichzeitig den Absatz. Ein beliebtes Beispiel im Lebensmittelbereich ist die Grillaktion im Frühsommer, die Kunden mit der Verbundplatzierung von Grillsaucen und -schalen, Holzkohle, Grillanzünder, Grillzangen, auffälligen Grillschürzen, Rezeptbüchern, Servietten und Papiertischtüchern sowie passenden Getränken Lust auf einen Grillabend macht. Die Kooperation mit einem bekannten Grillhersteller kann für zusätzliche Aufmerksamkeit sorgen, möglicherweise kombiniert mit einem Gewinnspiel. Und auch Pakete lassen sich zum Thema Grillsaison prima schnüren, etwa an der Fleischtheke nach dem Vorbild des Marburger Studentenpaketes. Oder gleich daneben, wenn Holzkohle, Anzünder, Servietten und Pappteller rustikal verpackt zum Aktionspreis angeboten werden.

Welche Möglichkeiten bieten sich Händlern für Paketaktionen?
Folgende Anlässe können Sie aufgreifen:

- Saisonal/jahreszeitlich, z.B. Frühling: Eröffnung der Gartensaison, Sommer: Urlaubszeit, Herbst: Schlechtwettertage, Winter: Kuschelzeit – jeweils mit entsprechenden Warenpaketen. „Garten-Saisonstart" kann im Baumarkt mit Gartenabteilung ebenso thematischer Anlass sein wie im Textilhandel. „Kuschelzeit" kann in der Boutique warme Socken, Schal und Wolljacke zu einem attraktiven Paket machen, im Lebensmittelhandel etwa Rotwein, Schokolade und Fleecedecke.
- Regional von Lokalkolorit bis international, z.B. „Brit Chic" im Textilhandel (Rock + Twinset in Kombination günstiger), „Italienische Woche" im Lebensmittelhandel (Paket Pasta, Pesto, Wein), Dänisches Flair („Hygge") im Haushaltswarenbereich (Teebecher, Kerzen, Kerzenhalter, nordische Dekoartikel), Aufgreifen regionaler Feste vom Kirchweih bis Oktoberfest.
- Anlassbezogen, z.B. Fußball-WM, Königshochzeit, Olympiade, Bundesligastart, Schulbeginn/Einschulung, Semesterbeginn, eine

spektakuläre Ausstellung in der Stadt, Jahrestage und Jubiläen wie 90. Geburtstag von Mickey Mouse oder 100 Jahre Sportverein XYZ, Siege und Erfolge lokaler, regionaler oder nationaler Sportler, Geschäftsjubiläen (1 Jahr, 5 Jahre, 10 Jahre ...), Neueröffnung nach Renovierung.
- Verwendungsbezogen, z.B. Frühstückspaket, Joggingpaket, Überraschungspartypaket, Junggesellenabschiedspaket, Kindergeburtstagspaket, Picknickpaket, Weihnachtsdekopaket, Karnevalspaket, Hochzeitspaket etc.

Ein Händler, der aufmerksam beobachtet, was in der Welt wie auch bei ihm vor der Ladentür los ist, sollte kein Problem damit haben, passende Anlässe für Paketaktionen zu kreieren. Ein Vorbild für die in diesem Bereich gefragte Rührigkeit stellte die Lebensmittel Zeitung direkt im September 2018 vor. Zur Mitarbeiterin des Monats wurde die Leiterin des Nonfood-Bereichs in einem Lebensmittelcenter, Ute Petzold, gekürt. Ihr Erfolgsrezept beschreibt sie so: „Vorausschauend platzieren und Kunden immer wieder begeistern." Beispiele für umsatzstarke Aktionen: Verbundplatzierungen mit Einrichtungsgegenständen zum Semesterstart; zur Einschulung nicht nur Spielwaren anbieten, sondern dem aktuellen Trend folgend auch Handys. Selbst E-Bikes lassen sich in Merseburg-Meuschau erfolgreich verkaufen, hat Frau Petzold bewiesen.[46] Mutig sein zahlt sich aus. Regen Sie durch ungewöhnliche Pakete zum Schmunzeln an, etwa wenn Sie zum Bundesliga-Start die übliche Couchverpflegung zu einem Paket verbinden und gleich für die Fußballmuffel ein Alternativpaket dazustellen. Oder wenn Sie ein Neujahrspaket kreieren, das den Silvesterkater leichter überstehen lässt.

Außer bei Anlässen und entsprechenden Verbundplatzierungen bzw. Paketen können Sie in verschiedenen Kombinationsarten denken: Welche Produktkombinationen bieten sich an?

- Convenience-Pakete: Hier geht es darum, dass der Kunde auf Anhieb einen praktischen Nutzen erkennt. Wer Spargel kauft, sucht häufig auch den passenden Weißwein dazu. Wer Erdbeeren kauft, hätte gern die passende Sprühsahne dazu. Solche Aktionen sind saisonale Klassiker, die fast jeder Markt im Programm hat. Wenn Sie Trends aufgreifen und die Fantasie spielen lassen, können Sie Ihre Kunden aber auch mit ungewöhnlichen Paketen überraschen, sei es mit einem „Wok-Starter-Paket" mit klassischen asiatischen Zutaten und Wok oder mit einem Paket zum Cocktailabend (Rezepte, Shaker, Cocktailzutaten). Im Bereich Textilien sind passende Accessoires (Gürtel, Tücher) eine mögliche Ergänzung oder auch Klassiker wie das Hemd mit passender Krawatte. Der Baumarkt kann Heimwerkerinteressen z. B. mit Malerpaketen (Abdeckfolie, Klebeband, Farbrolle, Abstreifgitter und Pinselsortiment) und ähnlichen, bedarfsorientierten Kombis aufgreifen.

- Sparpakete: Hierzu zählen klassische Bundles nach dem Muster „Kauf zwei, und du bekommst eins dazu geschenkt!" Drei T-Shirts oder Tops zum Preis von zweien wäre ein Beispiel – ein Prinzip, das auch mit Wein oder Süßwaren funktioniert. Mit solchen Ersparnissen können Sie spielen und auch unterschiedliche Produkte kombinieren: Wer zwei (oder drei) Artikel kauft, bekommt den günstigeren umsonst. Wer X Produkte kauft, bekommt 20 Prozent auf das restliche Sortiment. Wer zwei Jeans kauft, bekommt ein T-Shirt dazu usw.
- Geschenkpakete: Spirituosenversender haben ganzjährig Geschenkpakete im Angebot. Das reicht von Wein-, Sekt- oder Champagnerkisten über Wein und Schokolade oder Gebäck, Wein und Pasta, Wein/Sekt und Gläser und/oder Dekanter. Welche Geschenkpakete lassen sich aus Ihrem Sortiment zusammenstellen? Falls Sie z. B. Socken bisher für das langweiligste Geschenk der Welt gehalten haben, schauen Sie mal unter „Happy Socks" nach und holen Sie sich Anregungen. Der Hersteller bunter Fußbekleidung bietet jede Menge lustiger Geschenkeboxen.[47]
- Servicepakete: Bieten Sie zum Produkt einen interessanten Service dazu. Den Weihnachtsbaum im Paket mit dem Christbaumständer und der Hauslieferung inklusive Aufstellung. Das Jackett mit Reinigungsgutschein. Die ungesäumte Hose mit kostenloser Anpassung an den jeweiligen Kunden. Das wertige Hemd mit persönlichem Monogramm. Tapete und Wandfarbe mit der Möglichkeit, eine Tapezierausrüstung (Tisch, Leiter) auszuleihen. Rechnen Sie durch, welche Services Sie kostenlos anbieten können und wofür die Kunden einen Obolus entrichten. Wenn Sie ein Kundenproblem sinnvoll lösen (etwa eine fehlende Handwerkerausrüstung verleihen), wird das vielen Kunden auch Geld wert sein.
- Produkteinführungspakete: Viele neue Produkte floppen, weil die Kunden sie nicht kennen und nicht ausprobiert haben. Im Lebensmittelhandel verschwinden geschätzte 80 Prozent der Innovationen

schnell wieder aus den Regalen. Aktionspakete aus einem gängigen Artikel und der Neuheit können das ändern. Beispiel: neuartige Linsen mit passendem Reinigungssystem.

- Erlebnispakete: Kombinieren Sie Produkte, mit denen der Kunde etwas Neues erleben und sein Leben interessanter gestalten kann. Beispiele sind das schon erwähnte Cocktail-Mix-Paket oder die Kochboxen des Berliner Kochhauses. „Der perfekte Campingurlaub" (Zelt, Schlafsack, Isomatte oder Campingtisch, -stühle, -kocher) ist ein Beispiel aus dem Outdoorbereich, wo man auch Wanderschuhe und Wandersocken bzw. Wanderstöcke mit der freien Auswahl aus einem Wanderführersortiment kombinieren könnte.

Der Fantasie sind keine Grenzen gesetzt – man muss es halt nur tun! Dabei gilt es, dem Kunden immer wieder etwas Neues zu bieten und dies am Point of Sale wie auch in den üblichen Werbemaßnahmen deutlich zu kommunizieren. Überfrachten Sie Ihren Laden nicht (und überfordern Sie weder sich selbst noch Ihre Kunden mit Dauerbeschallung). Denken Sie lieber in Monatsaktionen oder saisonalen Hinguckern. Und stellen Sie vor allem die Logistik sicher. Lieferprobleme sollten Sie ebenso vermeiden wie Langeweile, guter Wille allein zählt beim Kunden nicht.

Das will ich haben! Verführung durch Zugaben

Zugaben sind ein Thema, das viel zu wenig gespielt wird im Handel. Das mag damit zu tun haben, dass die rechtlichen Vorschriften für unentgeltliche Produktbeigaben in Deutschland erst mit der Novellierung des Rabattgesetzes im Jahre 2004 gelockert wurden (UWG-Reform) und Österreich sich erst 2013 einer liberaleren Praxis anschloss. Untersagt sind Rabatte und Zugaben seitdem nur noch, wenn sie den Kunden irreführen, intransparent oder unverhältnismäßig sind und daher eine wettbewerbswidrige „Anlock"-Funktion haben. Die Schweiz folgt mehr oder weniger den liberalen Richtlinien der EU. Nutzen Sie Ihre Möglichkeiten, denn Zugaben sind eine gute Strategie, um Kunden anzuziehen und zu binden. Kleine Geschenke erhalten schließlich die Freundschaft. Beigaben lenken vom Preis ab und „belohnen" den Kunden sofort – was kein Online-Shop hinbekommt, der das nur mit der Verschiebung durch den Postweg schafft. Persönlich tappe ich an Flughäfen in Duty-free-Shops gerne und leider zu oft in die Falle und kaufe z. B. eine Stange Zigaretten, nur weil ein Feuerzeug in „Limited

Edition“ beigelegt ist. [48] Nicht einmal, dass ich Nichtraucher bin, kann mich bremsen.

Was für Zugaben gibt es?

Im Grunde zählen alle Waren und Leistungen dazu, die der Kunde zusätzlich zur „Hauptware“ geschenkt bekommt, also auch das T-Shirt zum Jeanskauf und der Reinigungsgutschein, die ich unter „Pakete“ subsummiert habe. Zugaben im engeren Sinne sind für mich kleine Geschenke oder Gimmicks, die die Begehrlichkeit des Kunden wecken, auch wenn ihr Warenwert deutlich geringer ist als das Produkt, dem sie angehängt werden. Begehrlichkeit kann durch Exklusivität entstehen, wie bei limitierten Auflagen oder besonderen Produktionsreihen. Auch Zugaben, die auf die Sammelleidenschaft der Kunden zielen, sind begehrt. 20 Beispiele:

1. Wer sechs Flaschen Wein kauft, bekommt zwei hochwertige Weingläser geschenkt.
2. Zum Firmenjubiläum gibt es bei jedem Einkauf über 70 Euro im Spirituosenhandel ein Whiskeyglas aus einer limitierten Edition.
3. Wer Textilien der Marke X im Wert von mindestens 100 Euro kauft, bekommt ein Kosmetiktäschchen, Brillenetui, Armband etc. dazu.
4. Zum Shampoo gibt es eine Mini-Festigerpackung dazu.
5. Jeder Mehlpackung liegt im Dezember ein Plätzchenausstecher bei.
6. Zum Kaffeevollautomaten gibt es zwei Espressotassen gratis.
7. Zur hochwertigen Tischdecke bekommt man zeitlich limitiert ein farblich passendes Kerzenset oder passende Servietten geschenkt.
8. Wer ein Kinderbuch kauft, bekommt ein kleines, kindgerechtes Mitbringsel.
9. Wer ein Buch kauft, bekommt ein Lesezeichen dazu, oder ein Täfelchen Schokolade oder – in der Bahnhofsbuchhandlung – eine kleine Flasche Wasser für die Reise.
10. Zum Schlafsofa gibt es gratis ein Spannleintuch in der passenden Größe.
11. Jeder Saftkiste liegt ein kleines Modellauto bei.
12. Zur elektrischen Zahnbürste gehört einmalig ein Set mit Ersatzbürsten.
13. Zur Tagescreme gibt es ein Mini-Töpfchen Nachtcreme derselben Marke.

14. Wer eine Tasche zum Preis von über 200 Euro kauft, bekommt einen hochwertigen Taschenschirm gratis dazu.
15. Wer eine Gleitsichtbrille bestellt, bekommt in diesem Monat eine Sonnenbrille geschenkt.
16. Zum hochwertigen Wanderschuh gibt es die Socken geschenkt.
17. Wer einen hochpreisigen Kuli oder Füller ersteht, erhält das passende Lederetui dazu.
18. Dem neuen Smartphone oder Tablet liegt ein Flixbus-Ticket im Wert von X Euro bei.
19. Im Juli/August gibt es an der Fleischtheke zu den Grillfleischangeboten einen Grillhandschuh dazu.
20. Zur Outdoorjacke des Herstellers XY gibt es an der Kasse das passende Funktionswaschmittel.

Menschen bleiben lebenslang Jäger und Sammler, die einen mehr, die anderen weniger. Etwas gratis zu bekommen stimuliert das Belohnungszentrum. Sie können solche Aktionen werblich nutzen und im Vorfeld ankündigen oder Sie überraschen Kunden an der Kasse mit einem unverhofften Präsent. Loten Sie aus, ob Sie für interessante Zugaben mit anderen Handelspartnern oder bestimmten Herstellern kooperieren können – etwa wenn der Weinhändler mit Pralinenzugaben auf die Confiserie zwei Häuser weiter hinweist und man dort in Kommission den passenden Rotwein zur dunklen Schokolade verkauft.

Tante Emma statt XXL: Rabatte richtig einsetzen

„20 Prozent Rabatt auf alles – außer Tiernahrung“, damit warb die Baumarktkette Praktiker, bis wirklich jeder den Spruch kannte und das Unternehmen Insolvenz anmelden musste. „Wer dauernd Rabatt gibt, hat den Konkurs schon in der Tasche“, das sagt völlig zu Recht Steffen Sigg, Geschäftsführer eines Beratungsunternehmens, das für Einzelhändler seit vielen Jahren Räumungs- oder Jubiläumsverkäufe organisiert.[49] Was früher auf saisonale Schlussverkäufe beschränkt war, tobt heute das ganze Jahr: die Rabattschlacht. „Sale“ ist die bekannteste Marke der Welt, die rund um den Globus von Januar bis Dezember in großen roten Buchstaben auf sich aufmerksam macht. Was ursprünglich als Anreiz für Impulskäufe gedacht war, wird zum Dauerzustand, mit vorhersehbaren Folgen: Der Kunde gewöhnt sich an Preisreduzierungen und fühlt sich schon übervorteilt, wenn er einen regulären Preis bezahlen soll. Manche Branchen wie etwa die Möbelbranche sind regelrecht von Rabbatitis befallen. Gut getan hat es ihnen nicht. Wenn ständig ein Großteil des Sortiments mit Rabatt losgeschlagen wird, vermuten Kunden schnell, die Produkte seien zum regulären Preis ohnehin überteuert gewesen. Oder sie zweifeln an deren Qualität. Das bedeutet: Rabatte sind ein Instrument, das Händler sparsam und mit Bedacht einsetzen sollten. Ich bin ein großer Freund fantasievoller, punktueller Aktionen und gelegentlicher Zugaben (Naturalrabatte) – siehe oben. Das erhält die Lust am Einkaufen und macht den Besuch im Laden spannend. Aber ich bin absolut dagegen, ständig Preise zu schlachten und sich so in den Untergang zu wirtschaften.

Die größten Rabattfallen

Die Älteren unter den Lesern werden sich erinnern: Bei Tante Emma um die Ecke gab es nur eine Form von Preisnachlass – die Rabattmarken. Man sammelte als Kunde, bis das Markenheftchen vollgeklebt war. Dann konnte man es gegen bares Geld eintauschen oder gleich in den nächsten Einkauf investieren. Dabei ging es um wenige Mark, Schilling oder Franken und zirka 3 Prozent des Warenwertes. Eine geniale Kundenbindungsmaßnahme, die manche Drogeriemärkte in modernisierter Form wiederaufleben lassen. Sie weisen unten auf jedem Kassenbon eine Rabattsumme von ebenfalls 3 Prozent aus, die mittels Barcode beim nächsten Kauf an der Kasse eingelöst werden kann.[50] Und auch die modernen „Treuepunkte" im Lebensmitteleinzelhandel, über die Aktionsware (meist Heimtextilien oder Haushaltswaren) verbilligt zu haben sind, wecken Sammelleidenschaft und schaffen Kundenbindung ohne Riesenrabatte. Mithilfe von Stempeln kann jeder kleine Händler ohne großen Aufwand das Prinzip kopieren. Selbst Friseure haben es inzwischen entdeckt. Auch Online-Anbieter spielen zum Teil clever auf dieser Klaviatur, indem sie für jeden Einkauf Bonuspunkte gewähren, die bei der nächsten Bestellung einzulösen sind. Dabei werden zum Teil magere Preisnachlässe hinter riesigen Punktesummen versteckt – etwa wenn es bei einer Online-Apotheke „5000 Red Points extra" gibt ab einem Einkauf von 50 Euro. In Wirklichkeit verbergen sich dahinter 5 Euro Nachlass, also vergleichsweise magere 10 Prozent, und das auch nicht sofort, sondern erst beim nächsten Einkauf.[51] Das nenne ich geschicktes Marketing und überdies ein Beispiel, wie der Online-Handel Erfolgsprinzipien der stationären Konkurrenz adaptiert.

Umgekehrt wird nicht immer ein Schuh daraus. Nach Valentinstag und Halloween ist zunächst im Online-Handel auch der Black Friday über den großen Teich geschwappt. Jährlich folgen immer mehr stationäre Händler den Kollegen im Netz und beteiligen sich an der Rabattaktion am Freitag nach Thanksgiving. Das Problem solcher erwartbarer Rabattschlachten liegt auf der Hand: Viele Verbraucher verschieben geplante Einkäufe auf den Schnäppchentag. Es wird also kein zusätzlicher Umsatz generiert, sondern Umsätze werden zumindest teilweise nur verschoben und durch die Preisnachlässe reduziert statt gesteigert. Es wird daher zum Rechenexempel, ob sich die Beteiligung am Aktionstag für einen Händler lohnt. Dabei ist manchem Anbieter nicht klar, wie viel mehr er wirklich mehr verkaufen muss, damit trotz Preisnachlasses unterm Strich am Ende des Tages mehr Gewinn (oder zumindest kein Verlust) verbucht wird. Wer beispielsweise auf Waren, die er zu einem Einkaufsrabatt von 40 Prozent auf die Preisempfehlung des Herstellers erworben hat, beim Weiterverkauf am Black Friday 30 Prozent Rabatt gibt, muss rund vier Mal so viel verkaufen wie gewöhnlich, um den gleichen Gewinn zu erzielen. Die Unternehmensberatung Oliver Wyman behauptet daher auf der Basis einer eigenen Studie, der Black Friday sei überwiegend ein Verlustgeschäft. Knapp die Hälfte (43 Prozent) der Kunden kauften demnach an diesem Tag Artikel, die sie ohnehin schon länger kaufen wollten, 17 Prozent kauften geplant für zukünftige Anlässe. Überdies schlügen rund zwei Drittel der Käufer nur dann zu, wenn sie Preisnachlässe von mindestens 30 Prozent bekämen.[52] Zur Umsatzkannibalisierung kommt noch der Gewöhnungseffekt – es wird normal, „billig" einzukaufen, denn Geiz ist bekanntlich geil.

Neben planbaren Rabattaktionen, auf die sich der Kunde von vornherein einstellt, sind auch Rabatte heikel, die unterschiedslos auf das gesamte Sortiment gewährt werden – die „Praktiker"-Falle. Der naheliegende Kundengedanke: Wenn der Händler alles X Prozent verbilligen kann, war die Ware vorher wohl zu teuer bzw. seine Handelsspanne war unanständig hoch. Hat eine Boutique wirklich etwas davon, wenn sie jedes Jahr pünktlich Mitte Dezember „50 Prozent auf Winterware!" und Mitte Juni „50 Prozent auf Sommerware!" plakatiert und einen Großteil des Sortiments verramscht? Wie viele Kundinnen im Viertel warten genau auf diesen Zeitpunkt? Und selbst wenn jede Käuferin beim Einkauf zum halben Preis doppelt zuschlägt, verdeutlicht die eben angestellte Beispielrechnung, dass beim Händler dennoch erheblich weniger Gewinn hängen bleibt. Laufen Sie bei Rabatten also nicht der Herde nach! Auch am Black Friday kann der Kunde sein Geld nur einmal ausgeben. Rabatte mögen „wie eine Prise Kokain" wirken, was Neurowissenschaftler inzwischen mit bildgebenden Verfahren wie MRT oder CT des Käuferhirns belegen konnten: Das Frontalhirn wird ausgeschaltet, unser Belohnungszentrum aktiviert, sobald wir ein Schnäppchen wittern. Doch um im Bild zu bleiben: Wenn es an jeder Straßenecke und ständig Kokain gibt, können die Folgen verheerend sein.

Fantasievoll statt berechenbar: Rabattstrategien

Machen Sie die Regel zur attraktiven Ausnahme und gewähren Sie Rabatte so, dass Kunden weder an Ihrer fairen Preisgestaltung zweifeln noch vor Langeweile zur Konkurrenz laufen. Dazu können Sie die schon beschriebenen Pakete und Zugaben nutzen oder auf die folgenden Strategien setzen:

1. **Rabatt gegen Gegenleistung des Kunden:**
Der Kunde holt die Ware ab, statt sie liefern zu lassen („Abholpreis"). Oder: Der Kunde bezahlt bar statt mit Kreditkarte und bekommt einen entsprechenden Nachlass. Auch Mengenrabatte fallen in diese Kategorie: Wer besonders viel abnimmt, erhält eine Preisreduktion. Die Nachlässe werden so zu einem fairen Geschäft auf Gegenseitigkeit.
2. **Begrenzte und nachvollziehbare Rabattaktionen:**
Sie rabattieren nicht das ganze Sortiment, sondern Saisonartikel (gegen Ende der Saison), Auslaufmodelle oder nur eine bestimmte Marke, die den Zenit überschritten hat. Das hat den Vorteil, dass Sie glaubwürdig „einmalige Gelegenheiten" und „Wahnsinnspreise" bieten können, ohne dass Ihre sonstige Preispolitik angezweifelt wird.
3. **Zielpersonenrabatte:**
Auch Rabatte für bestimmte Zielgruppen wie etwa Studenten- oder Schülerrabatte können sich lohnen, weil Sie gleichzeitig die Kunden von morgen anziehen. Testen Sie aus, was wirkt – vielleicht entfalten schon 10 Prozent Nachlass eine zufriedenstellende Wirkung. Ähnlich gelagert sind Treuerabatte für langjährige Kunden (= Inhaber von Kundenkarten). Sie können entweder Einzelartikel ab X Jahren Kundschaft zum reduzierten Preis anbieten oder Jubiläumsrabatte ausloben (Wer 5, 10, 15 Jahre bei Ihnen kauft, bekommt einen Rabattgutschein im Wert von X Euro zugeschickt.) Nach demselben Prinzip funktionieren die bekannten Neukundenrabatte, die einen Nachlass auf den ersten Einkauf gewähren.

Wägen Sie ab, was für Sie wirtschaftlich interessanter ist: neue Kunden zu gewinnen oder bestehende Kunden zu binden. Natürlich kann man auch das eine tun, ohne das andere zu lassen … Ungewöhnlicher und damit aufmerksamkeitsstärker sind Zielgruppenaktionen wie „Women's Day", „Heute Rabatt für alle Bartträger", Rabatt für alle über 1,90 Meter Körpergröße etc.

4. **Rabatt auf Ausstellungsstücke und B-Sortierung:**
Auch Ausstellungsstücke oder B-Waren können genutzt werden, um Kunden mit attraktiven Preisnachlässen in Ihren Laden zu führen. Und da man beim Kauf so viel gespart hat, ist die Versuchung groß, sich noch weitere Käufe zu gönnen.

5. **Lagerräumung, Jubiläumsverkauf:**
Hier macht die Dosis das Gift. Machen Sie es nicht wie manche Teppichhändler, bei denen ständig Jubiläum ist oder das Lager überquillt. Setzen Sie auf einmalige, klug inszenierte Events, die Sie zeitlich begrenzen, sonst mutieren Sie ungewollt zum „Ramschladen".

6. **Einmalige Werbegags, die der Kunde auch als solche versteht:**
Ein Beispiel: Am 29. Februar 2016 verkauften wir einen mehr als edlen Tropfen für 29 Franken. Der Preis lag wirklich jenseits jeglicher Kalkulationsvernunft, aber alle vier Jahre zum Jahrestag des Schaltjahres kann man es sich leisten. Ergebnis: Obwohl es ein Montag war – nicht unbedingt der stärkste Shopping-Tag der Woche – verkauften wir innerhalb von zwei Stunden den gesamten Jahresbedarf von mehreren tausend Flaschen. Und da sie schon mal da waren, verließen die meisten Kunden unsere Läden mit einigen Zusatzeinkäufen. Solche Werbeaktionen verankern Sie im Kundengedächtnis, je ungewöhnlicher desto besser. Sie können beispielsweise zum 50. Jubiläum allen Fünfzigjährigen ab einem Einkauf in Höhe von X Euro 50 Euro dazugeben. Oder am internationalen Murmeltiertag (2. Februar) Schlafanzüge zu einmaligen Preisen anbieten. Am internationalen Anti-Diät-Tag (6. Mai) wäre eine Pralinenaktion eine humorvolle Geste.[53] Auch andere Events können Sie geschickt nutzen, etwa große Sportereignisse. Warum nicht Public-Viewing-Fans mit unwiderstehlich günstigen Outdoor-Sitzkissen erfreuen?

7. **Individuell ausgehandelte Rabatte:**
Gewähren Sie Ihren Verkäufern einen gewissen Handlungsspielraum, um Kunden, die nach Preisnachlässen fragen, entgegenkommen zu können und ihnen ein (kleines) Erfolgserlebnis zu bescheren. Bei größeren Einkäufen können das mindestens die bekannten 3 Prozent Skonto sein,

bei etwas kleineren vielleicht eine Zugabe („Nein, beim Preis für den Schuh kann ich leider nichts machen. Aber ich gebe Ihnen gern ein Pflegemittel/einen Schuhbeutel für die Reise dazu.“).

8. Geben Sie offensiv keine Rabatte:
Auch damit können Sie auffallen und werben: „Bei uns gibt's keinen Rabatt. Aber das ganze Jahr faire Preise!“ Das muss natürlich zum Sortiment und Kundenkreis passen und funktioniert für exklusivere Produkte eher als für Schnelldreher oder für wettbewerbsintensive Bereiche. Wenn Sie Produkte führen, die mit bestimmten Werten und Botschaften verknüpft sind (Fair Trade, Eine-Welt-Handel, Öko- und Bio-Produkte) können Sie statt Rabatten andere Aktionsformen ausloben, z. B. zu bestimmten Zeiten X Prozent des Umsatzes für einen passenden guten Zweck spenden und dies auch öffentlichkeitswirksam einsetzen, nach dem alten Motto „Tue Gutes und rede darüber!“

Shoppertainment: Produkte mit Geschichte(n)

Ob Sie Nudeln verkaufen oder Notizbücher, Strickwaren oder Spirituosen: Heute gibt es kaum noch einen Warenbereich, in dem nicht eine kaum übersehbare Zahl von Anbietern und Marken miteinander konkurriert. Über das Internet erschließt sich diese labyrinthische Warenwelt, in der man sich als Kunde leicht verirren kann, auch und gerade, weil alles nur einen Klick entfernt scheint. Daraus folgt: Wenn Sie als stationärer Händler nur das bieten, was alle bieten und was überall zu haben ist, warum sollte man sich als Kunde dann gerade in Ihren Laden aufmachen? Neben guter Beratung, über die ich schon gesprochen habe, und fesselndem Ambiente, über das ich noch sprechen werde, bieten Besonderheiten im Sortiment einen wirksamen Anreiz.

Was gibt es nur bei Ihnen?
Als die Strategieberatung Roland Berger 2015 unter der Überschrift „Reinventing Retail“ den Lebensmitteleinzelhandel durchleuchtete und mehr als 5000 Kunden zu ihren Erwartungen befragte, landete auf Platz 1 der Faktoren, die zu Unzufriedenheit führen, der Mangel an „exklusiven“ oder „regionalen“ Produkten. 55 Prozent der Befragten sahen hier Verbesserungsbedarf, deutlich mehr noch als bei einer schnelleren Bezahlung an der Kasse (36 Prozent).[54] Der Lebensmittelhandel ist ein gutes Beispiel dafür, wie man ein vielfältiges Sor-

timent aufwerten kann: Selbst wenn 80 bis 90 Prozent des Angebots aus „Standardwaren“ bestehen, die jeder Einzelhändler führt, gibt es auch hier die Möglichkeit, individuelle Akzente zu setzen und Kunden mit besonderen Produkten in den Laden zu locken. Nachdem Trauben aus Südafrika, Äpfel aus Neuseeland, Käse aus Frankreich und Rindfleisch aus Argentinien heute fast überall zu kaufen sind, ist das Besondere paradoxerweise wieder das, was vor der Haustür entsteht und auf diese Weise Traditionalisten ebenso anspricht wie ökologisch motivierte Nachhaltigkeitsanhänger. Das kann der Wein der örtlichen Winzer sein, das (Bio-)Gemüse, das vor der Haustür geerntet wird, die Wurstspezialität, die typisch für die Region ist, und am besten gleich alles zusammen. „Exklusiv“ und „regional“ sind nicht deckungsgleich, weisen gerade bei Nahrungsmitteln aber eine große Schnittmenge auf. Wer die Best-Practice-Beispiele der LEH-Branchenzeitungen aufmerksam liest, stößt bei ambitionierten Händlern immer wieder auf eine Verankerung in der Region, darauf, dass es etwa die Gesundheitstees zu kaufen gibt, die eine örtliche Ärztin mischt, oder den Schnaps, der im Nachbarort gebrannt und als Geheimrezept bei allen möglichen Wehwehchen angepriesen wird. Es versteht sich von selbst, dass derartige „Sortimentsbonbons“ am ehesten dann ihre Zugkraft entfalten können, wenn sie entsprechend platziert und beworben werden.

In der SPAR Schweiz ist dies mit der Einführung der Produktlinie „Schellen-Ursli“ temporär gelungen, die schon vorgestellt wurde (vgl. „K2: Kunden kennen – und richtig ansprechen“).

Einen anderen Weg, Kunden etwas Besonderes zu bieten, geht SPAR Österreich mit seiner „Young & Urban“- Produktlinie. Dabei arbeitet SPAR mit Unternehmensgründern zusammen, um das Sortiment mit neuartigen Produkten aus der Start-up-Szene zu bereichern. Dazu gehören etwa eine Bio-Cola aus heimischer Produktion, zuckerarme Schokoriegel, Energiedrinks auf Grünteebasis oder ein neuartiges Protein-Eis mit wenig Fett.[55] Am Point of Sale werden die Produkte mit neongrünen Plakaten und kurzen Gründerporträts beworben.

Ein drittes Beispiel aus dem Lebensmittelbereich sind die Produkte des Start-ups Share, die unter anderem bei REWE in Deutschland mit dem Slogan „Helfen nach dem 1+1 Prinzip“ verkauft werden. Wer eine Flasche Wasser von Share kauft, spendet gleichzeitig für Trinkwasserprojekte; wer Handwaschseife kauft, spendet eine Seife; wer einen Nussriegel erwirbt, finanziert gleichzeitig eine Mahlzeit für Bedürftige. Bislang ist die Produktlinie ein voller Erfolg, möglicherweise auch, weil trendiges Design und guter Zweck Hand in Hand gehen und so auch Kunden zugreifen, die den karitativen Grundgedanken nicht mitbekommen (angeblich rund die Hälfte).[56] Dieses Beispiel unterstreicht ebenfalls, dass stationäre Händler aus dem reinen Mainstream ausbrechen und ihren Kunden (auch) etwas Besonderes bieten sollten, um sie erfolgreich zu binden. Natürlich ist das alles eine Frage der Akzeptanz: In der Schweiz versuchten wir Ähnliches mit der Wassermarke VIVES und sind gescheitert. Mineralwasser kaufen und vom Verkaufserlös in Afrika Brunnen bauen, war für den Verbraucher „zu weit weg". Welche besonderen „Köder" haben Sie in Ihrem Sortiment? Womit bringen Sie Ihre Kunden zum Nachdenken, zum Schmunzeln, zum Neuentdecken und Zugreifen?

Die Kunst besteht darin, sich eindeutig zu positionieren, sodass der Kunde weiß, was ihn am Point of Sale erwartet, und ihm dennoch das Unerwartete zu bieten. Eine klare Positionierung schafft Orientierung, und die zieht der Kunde dem unübersichtlichen Chaos vor. Gleichzeitig braucht ein Sortiment aber auch überraschende Highlights, die das Einkaufen vor Ort spannend machen. Sie müssen raus aus der Durchschnittsfalle, wenn Sie langfristig erfolgreich bleiben wollen. Doch statt sorgfältiger Sortimentsplanung herrscht vielerorts die Not der Verzweiflung. Um Umsatzverluste zu kompensieren, werden Artikel ins Sortiment genommen, die der Kunde gar nicht braucht und schon gar nicht in diesem Typ Laden sucht. Die Post verkauft Honiglöffel, der Buchhändler Kaffeetassen, der Möbelhändler Süßwaren. Warum begibt beispielsweise der Möbelanbieter sich stattdessen nicht auf die Suche nach Herstellern, deren Möbel nicht an jeder Ecke zu haben sind? Das kann die kleine Werkstatt im Schwarzwald sein oder das asiatische Lackmöbel, vielleicht auch beides. Kunden lieben das Exklusive und Besondere. In einer Konsumgesellschaft drücken wir aus, was wir sind (oder sein wollen) durch das, was wir kaufen. Und wer will schon 08/15 sein?

Gute Story, guter Umsatz

Geschichten sind ein unschlagbares Mittel, um Produkten die Aura des Besonderen zu verleihen. In seinem Erfolgsbuch „Meine Marke" gibt Hermann Wala eindrückliche Beispiele für Unternehmen, denen es gelungen ist, Alltagsprodukte durch eine gute Story semantisch aufzuladen. Dazu zählt der Linie Aquavit der norwegischen Firma Arcus AS, der sein besonders mildes und ausgereiftes Aroma angeblich der

Tatsache verdankt, dass er in Sherryfässern aus Eichenholz an Bord eines Schiffes zweimal den Äquator (die „Linie") überquert hat. Die Story dazu wird auf der Firmenwebsite so erzählt: 1805 verschiffte die norwegische Familie Lysholm eine Ladung Aquavit zu den West Indies. Doch dort hatte man kein Interesse an dem Kartoffelschnaps, sodass der ratlose Kapitän die Ladung wieder mit zurück nach Norwegen nahm. Zu Hause stellte man fest, dass der Aquavit sich durch die Seereise im Geschmack enorm verbessert hatte. So wurde aus dem Misserfolg ein Segen, und bis heute erhält der Linie Aquavit sein unvergleichliches Aroma auf hoher See.[57] Auf jeder Linie-Flasche gibt das Rückseitenetikett Auskunft über die genaue Reise, die der Inhalt hinter sich hat.

„Besonderer" geht kaum noch. Welcher Gastgeber würde sich beim Einschenken die „Linie"-Geschichte verkneifen? Dabei muss eine Geschichte nicht unbedingt wahr sein, um ihre Wirkung zu entfalten. Ein Beispiel dafür ist das Mailänder Unternehmen Moleskine, das schlichte Notizbücher mit Gummiband zu stolzen Preisen vertreibt. Die Story: Das Ursprungs-Moleskine sei das „legendäre" Notizbuch „von Künstlern und Intellektuellen der letzten zwei Jahrhunderte, wie Vincent van Gogh, Pablo Picasso, Ernest Hemingway und Bruce Chatwin".[58] Chatwin habe nach Einstellung der Produktion in Paris verzweifelt alle verfügbaren Restexemplare aufgekauft. Zwölf Jahre später, 1998, habe schließlich ein Mailänder Verleger das Moleskine gerettet und wieder mit der Produktion begonnen. Die Story funktioniert bis heute, auch wenn Chatwins Schilderung (in seinem Buch „Traumpfade") sich nicht verifizieren lässt.[59] Die Legende lebt: Es reicht offenbar, dass Menschen gern glauben *möchten*, mit dem Erwerb eines Notizbuches auf den Pfaden berühmter Persönlichkeiten zu wandeln.

Anders als abstrakte Ziffern oder Daten haken sich Geschichten in unserem Gedächtnis fest. Die Zahlen auf einer PowerPoint-Folie oder die Liste der Inhaltsstoffe eines Produktes kann sich kaum jemand länger als ein paar Minuten merken. Eine fesselnde Anekdote dagegen können wir noch Monate oder gar Jahre später weitererzählen. Geschichten sind einzigartig und konkret, und – vor allem, wenn sie uns emotional berühren – nahezu unvergesslich. Heldengeschichten, Überwindung von Widerständen, unverhoffte Wendungen, Aufstiegsmythen, nach diesen Strickmustern funktionieren Märchen ebenso wie Hollywoodfilme, und sie bewähren sich auch im Unternehmens- und Produktmarketing. Vor allem aber: Die Einzigartigkeit einer Geschichte färbt auf das Produkt ab. Und selbst wenn nicht in jedem Fall ein hollywoodreifer Plot zur Verfügung steht, genügt schon die Konkretisierung eines interessanten Woher, Womit und Wie, um einen Artikel in Ihrem Sortiment zu einem Highlight zu machen.

Kaum jemand hat das besser verstanden als Manufactum, laut Eigenwerbung das „Warenhaus der guten Dinge". Wer dort einen Pullover, einen Blecheimer oder Schokolade zum stolzen Preis erwirbt, kauft nicht irgendetwas, sondern ein Produkt mit Geschichte. Und diese Geschichte(n) hält das Unternehmen mit ausführlichen Herstellerporträts bewusst lebendig. Da erfährt man dann, dass die Strickwaren der Firma Armor Lux seit 1930 in der Bretagne gefertigt werden und dass das Unternehmen zum Glück die Kriegswirren überstanden hat. Dass die San-Marzano-Tomaten von 40 Kleinbauern um die gleichnamige italienische Kleinstadt angebaut und mit großer Sorgfalt verarbeitet werden. Oder dass die Plüschtiere aus der 1912 von Käthe Kruse gegründeten Kösener Puppenfabrik nach ausführlichen anatomischen Studien aus bis zu 70 Einzelteilen zusammengenäht werden und daher so lebensecht wirken.[60] Das Manufactum-Credo „Hinter jedem Produkt steckt eine Geschichte" wird im Edelkaufhaus zum allgemeinen Prinzip erklärt. Und auch wenn Sie nicht im Hochpreissegment unterwegs sind, können Sie im Sortiment mit einigen ausgewählten außergewöhnlichen Produkten und ihrer Geschichte Akzente setzen. Aufhänger für Produktgeschichten sind Fragen wie die Folgenden:

- Wo kommt etwas her? (Provenienz, evtl. regionaler Bezug)
- Woraus und wie wird es hergestellt? (Qualität, besondere Produkteigenschaften)
- Wer stellt es her? (Herkunft, Tradition)
- Was bewirkt der Kauf? (Mit dem Kauf Gutes tun, vgl. die Share-Produkte)
- Wie viele/wenige gibt es davon? (Exklusivität)

Wie schon gesagt: Ihr Sortiment muss das bieten, was Kunden aufgrund Ihrer Positionierung als selbstverständlich bei Ihnen erwarten. Echte Angebotslücken kann sich heute niemand mehr leisten. Verabschieden Sie sich aber gleichzeitig von Ballast, von Produkten mit Ladenhüterpotenzial, die ein Warenwirtschaftssystem schnell herausfiltert. Schaffen Sie auf diese Weise Platz für das Besondere. Denn allein die Erfüllung von Erwartungen weckt keine Kundenbegeisterung und bindet niemanden dauerhaft an Ihr Unternehmen. Begeisterung stellt sich erst dann ein, wenn Ihr Kunde bei Ihnen immer wieder auch das finden kann, was er gar nicht gesucht hat und was dennoch perfekt zu ihm passt. Bauen Sie ein Sortiment auf, das es online in dieser Art, Form und Weise nicht gibt. Das ist eine Daueraufgabe, aber eine, die sich lohnt!

Ambiente mit Wow-Effekt: Zum Kauf verführen

Wann haben Sie das letzte Mal vor einem Schaufenster oder beim Betreten eines Ladens gedacht: „Wow! Das sieht interessant aus!"? Wenn das schon länger her ist, bestätigt das meinen Eindruck: Viele Ladenausstattungen sind vorhersehbar und damit für potenzielle Kunden schlicht langweilig. Während der Online-Handel alle Register zieht, um Kunden zum Kauf zu verführen, regiert im stationären Handel oftmals ein trotziges „Weiter so". Da werden neue Kleider auf die immer gleichen Schaufensterpuppen gezogen und der Höhepunkt der Abwechslung ist das „SALE"-Schild, das in großen roten Buchstaben ebenso vorhersehbar den Umsatz retten soll. Zu Weihnachten wird der (scheinbar?) immer gleiche Kunststoffchristbaum hervorgekramt, zu Beginn der Sommerferien das Südseeplakat mit der Palme aufgehängt. Oder man macht es sich noch einfacher und beklebt die Schaufenster gleich mit einer Folie. Auch Fantasielosigkeit kann ein Sargnagel fürs eigene Geschäft sein.

Fühlt Ihr Kunde sich wohl?

Zugegeben: Vor 50 und vermutlich auch noch vor 20 Jahren war es einfacher, als stationärer Händler gute Umsätze zu schreiben. Heute geht kaum noch jemand in die Stadt, weil der alte Wintermantel ein Loch hat und Ersatz her muss oder weil dringend Weingläser für die Familienfeier angeschafft werden sollten. Bedarfskäufe sind seltener als Impulskäufe, der Erlebnisaspekt hat den Versorgungsaspekt beim Einkaufen in den Hintergrund gerückt. Das heißt: Die Kunden sind anspruchsvoller geworden, sie wollen etwas erleben, sich unterhalten, beim Shoppen den Alltag vergessen. So weit, so bekannt. Was bedeutet das aber konkret für den stationären Handel? Mit der Einrichtung einer Kaffeebar ist es nicht getan, auch wenn das im Einzelfall nicht schaden mag. Und selbst spektakuläre Installationen, wie etwa die Surfwelle im Einkaufszentrum, garantieren keinen Dauerzulauf, wie das Beispiel der Mall of Switzerland zeigt (vgl. den Abschnitt „Kundenerlebnis: Berühre mich, begeistere mich!", S. 64) – einmal ganz abgesehen davon, dass die Investition in solche Attraktionen das Werbebudget der meisten Händler weit übersteigen würde. Ein weiteres Problem mit der Surfwelle, die hier stellvertretend für aufwendige „Sensationen" steht: Auch solche Sehenswürdigkeiten nutzen sich ab. Sie fahren ja auch nicht alle drei Wochen auf den Eiffelturm, sobald Sie das einmal getan haben.

Wir leben in einer Welt der Reizüberflutung und Übersättigung. Wer Kunden zum Kauf verführen will, muss es trotzdem schaffen, ihre Aufmerksamkeit zu gewinnen und sie zum Verweilen und Stöbern einladen. Das ist eine Kernaufgabe des stationären Handels, und dabei spielt die Wareninszenierung eine zentrale Rolle, im Schaufenster genauso wie im Ladeninnenraum. Die Basis, sozusagen das Pflichtprogramm, besteht darin, dass der Kunde sich wohlfühlt, wenn er einen Laden betritt. Schon dabei kann man eine Menge falsch machen, wie das folgende Beispiel zeigt: Eine Buchhandlung in der Großstadt, direkt in der zentralen Einkaufsmeile des Viertels, gelegen zwischen Apotheke und Metzger, Akademikerviertel, hohe Kaufkraft, etliche Schulen in Fußweite, U-Bahnhaltestelle vor der Tür. Um hier als Buchhändler in die Insolvenz zu steuern, muss man sich schon anstrengen, aber auch das kann man schaffen. Denn wenn ein guter Laden eine Bühne ist, wird hier ein Trauerspiel aufgeführt. Ein brauner, abgetretener Teppichboden, dunkelbraune Regale, eine niedrige Decke und sparsame Beleuchtung vermitteln beim Hereinkommen von der Straße das Gefühl, eine dunkle Höhle zu betreten. Der Kunde stockt unwillkürlich, weil sich die Augen erst an das Dämmerlicht gewöhnen müssen. Das ist auch gut so, denn zwei, drei Meter weiter führt eine steile Treppe in ein „Loch" im Souterrain, in dem passenderweise die Bilder- und Kinderbücher untergebracht sind. Auch hier ist alles braun, Treppe, Boden, in meiner Erinnerung sogar die Decke. Wer einen Kinderwagen dabei hat, schafft es hier ohnehin nicht bis zu den Büchern. Im Erdgeschoss bilden hohe Mittelregale Sichtbarrieren und verhindern die Übersicht, die Kasse verengt den zentralen Laufweg. Gleich dahinter folgen noch einmal drei Stufen nach oben, eine gefährliche Stolperfalle. Alles wirkt vollgestopft und unübersichtlich, dabei lieblos und ohne jeden Hingucker. Unfreundlich-desinteressiertes Personal gibt der Buchhandlung den Rest, schließlich ist der Laden pleite. Schuld waren nicht die eigenen Scheuklappen, sondern die zu hohe Miete – so der Besitzer im Interview mit der Lokalzeitung. Vielleicht hätte es geholfen, den Laden rechtzeitig durch die Kundenbrille zu sehen oder Branchenkenner zu einem Testkauf einzuladen. Heute floriert am selben Ort übrigens ein gemeinnütziger Oxfam-Laden. Der ist hell und freundlich, hat das Loch im Boden zum Lager umgewandelt, einen hellen Holzboden verlegt und die Beleuchtung deutlich verstärkt.

Damit Kunden sich wohlfühlen, braucht es eine als angenehm empfundene Atmosphäre. Vielfach heißt das: Wohlfühltemperatur um die 20 Grad, Helligkeit, makellose Sauberkeit, gepflegtes Mobiliar, Übersicht, gezielt eingesetzte und nicht zu viele Hinweisschilder, ausreichend breite Gänge, keine aufdringlichen Gerüche, allenfalls dezente Musik. Wie von jeder Regel gibt es Ausnahmen, die sich am Zielgruppengeschmack und Sortiment orientieren: Im Textilshop für Teenager sind wummernde Bässe ein Muss und Schummrigkeit schadet mitunter nicht, im Ein-Euro-Laden gehört die unsortierte Warenpräsentation zum Konzept, beim Textildiscounter schlängelt sich der Kunde eher geduldig zwischen runden Ständern durch als in der Edelboutique nebenan. Doch idealerweise atmet der Kunde innerlich auf, wenn er Ihren Laden betritt. „Ein Laden muss ‚lächeln', bevor Sie es tun können", beschreibt die Gestaltungsexpertin Karin Wahl diesen Effekt.[61] „Lächelt" Ihr Geschäft, besser noch: Strahlt es potenzielle Kunden freundlich an? Wahl warnt zu Recht vor „Störern" im Bild, das ein Laden spontan vermittelt, vor kleinen Nachlässigkeiten, die der Kunde vielleicht nicht einmal bewusst registriert, die ihn aber dennoch abschrecken können: das leicht angeschmutzte Schaufenster, Laub vor der Tür, Kübel mit halb vertrockneten Pflanzen, herumstehende leere Pappkartons, nicht ausgepackte Ware, ein Teppich, der mal wieder gesaugt werden könnte, herrenlose Bügel in der Umkleidekabine etc. Wer als Kunde die große Auswahl hat, kann es sich leisten, pingelig zu sein.

Der Laden als Bühne

Wenn Einkaufen Lust machen und Erlebnisse bieten soll, ist der ideale Laden eine unterhaltsame Bühne, die fast alles sein darf, nur nicht langweilig. Für kluge Schaufenstergestaltung und Warenpräsentation – im Fachjargon heute „Visual Merchandising" genannt – gibt es einschlägige Experten und umfängliche Fachliteratur.[62] Wer ein paar Grundprinzipien berücksichtigt und bereit ist, seinen Laden immer wieder mit den Augen eines Kunden zu betrachten, ist schon einen entscheidenden Schritt weiter. Einige Überlegungen:

1. Der erste Eindruck entscheidet: Schaufenster und Fassade

Ihr potenzieller Kunde gibt Ihnen nur dann eine Chance, wenn Sie ihn auf Anhieb überzeugen. Dafür haben Sie in der Regel Bruchteile von Sekunden. Wie viele Passanten laufen täglich an Ihrem Schaufenster vorbei? Wie viele davon bleiben stehen und gönnen Ihrer Auslage einen zweiten Blick? Und wie viele wiederum fühlen sich anschließend animiert, Ihren Laden zu betreten? Es braucht kein Marktforschungsinstitut, um herauszufinden, ob Ihre Ladenfront zum Eintreten einlädt oder nicht. Sie merken das ohnehin an der Kundenfrequenz. Wenn Sie mehr wissen wollen, beziehen Sie einfach mal für eine Stunde einen Beobachtungsposten gegenüber. Dabei geht es nicht um die Kunden, die schon vorher wissen, dass sie heute Schuhe, Hosen oder Kochtöpfe kaufen wollen, und die Auslage systematisch scannen, um abzuschätzen, ob sie hier wohl das Richtige finden. Es geht vor allem um die geschätzten 70 Prozent Impulskäufe, die Ihr Überleben als Händler sichern. Viele Schaufenster sehen wenig besser aus als großzügige Warenlager. Das mag die Versorgungskäufer ansprechen, birgt aber die Gefahr, dass Impulskäufer im Vorbeilaufen nichts finden, woran sich das Auge festhakt. Gibt es einen echten Hingucker im Schaufenster? Etwas, das überraschend, witzig, spannend, neu ist?

Wenn Sie in einer Welt der Reizüberflutung und zahlloser Werbebotschaften Aufmerksamkeit erregen wollen, müssen Sie etwas Ungewöhnliches tun. So präsentierte das britische Nobelkaufhaus Harrods zum sechzigjährigen Thronjubiläum von Königin Elisabeth II. in jedem der großen Schaufenster eine einzige Krone, jeweils von einem Designer entworfen, in einem Guckloch stilecht auf einem Samtkissen drapiert und umrahmt von viel sattem Rot. Im Käseladen von Henri Willig in Amsterdam sieht man im Schaufenster nur eines und sonst gar nichts: Dutzende sattgelbe Käselaibe, einer neben dem anderen. Kaum ein Tourist geht achtlos vorbei, die Front ist ein beliebtes Fotomotiv, das sich im Internet verbreitet und neugierig macht auf die Innenwelt des Ladens.[63] Der Schuhproduzent Palladium stellte in einer Fußgängerzone in Amsterdam ein einsames schlicht weißes Modell auf einen Betonklotz und präsentierte es wie eine Skulptur. Der Autohersteller Tesla hängte in Wien ein großes Plakat ins Fenster, auf dem man mit dem Smartphone per abgebildetem QR-Code eine Testfahrt buchen konnte. Alles, was ungewöhnlich ist und Erwartungen konterkariert, zieht die Aufmerksamkeit auf sich. Im Eingangsbereich wurden die Palladium-Boots auf einem Schotterbeet präsentiert statt wie üblich in Regalen aufgereiht.

Auch das fiel sofort auf, ganz ohne teure Materialien. Weniger kann also eindeutig mehr sein. Zu viele Reize verursachen Stress und werden ebenso ausgeblendet wie eine Gestaltung, die der Kunde schon tausendmal gesehen hat. Müssen wirklich 80 Paar Schuhe ins Schaufenster? Vielleicht wären 30 Modelle, präsentiert mit ungewöhnlichen Dekorationen (altem Schusterwerkzeug etwa oder mit einem antiken Schuhschrank oder auch vor Großaufnahmen mit stimmigen Stylings zum jeweiligen Schuh) viel wirksamer? Jedenfalls sollte Ihr Fenster möglichst nicht aussehen wie das vom Mitbewerber gegenüber. Das ist bequem, aber auch beliebig und damit verkäuferisch gesehen wirkungslos – wie alles, was keine Emotionen beim Kunden auslöst. Ein gutes Schaufenster macht Spaß oder weckt Neugierde, am besten beides. Für Anregungen müssen Sie heute nicht mehr in Einkaufsmetropolen reisen, im Internet finden Sie grandiose Anregungen etwa unter der Überschrift „Die besten Schaufenster" bei Pinterest.[64] Sie werden staunen, wie Besen durch Sonnenbrillen zum Leben erweckt oder Tannenzweige in rauschende Ballkleider verwandelt werden.

Je kleiner Ihr Laden ist, desto mehr muss es „knallen", damit Kunden den Weg zu Ihnen finden. Als mitten in der frisch rekonstruierten Frankfurter Altstadt ein Steiff-Laden eröffnete, stellte der Betreiber eine lebensgroße Steiff-Giraffe neben die Ladentür. Das drei Meter hohe Kuscheltier sorgte für jede Menge Aufmerksamkeit und erregte Debatten: Ist das nun originell oder stört es das schmucke Altstadtbild? Verschiedene Tageszeitungen berichteten, bis wirklich jeder Frankfurter von der Giraffe und damit vom Laden gehört hatte.[65] Außerdem erwies sich das Tier als echte Selfie-Herausforderung und wurde in alle Welt verschickt. Inzwischen reden Marketingexperten zu Recht davon, ein gutes Schaufenster oder auch eine interessante Shopgestaltung im Innern müsse „Instagram-Momente" bieten. Vielleicht betrachten Sie Ihren Laden einmal durch die Social-Media-Brille. Gibt es bei Ihnen irgendetwas, das Kunden gerne weitererzählen (posten)? Vor allem, wenn Ihre Zielgruppe jung oder jung geblieben ist, könnte sich das lohnen.

2. Der zweite Eindruck animiert zum Stöbern: Eine gelungene Inszenierung

Das Kochhaus, das Kunden nach Menüs sortierte Lebensmittel bietet und so zum Selberkochen animiert, erinnert in Aufbau und Ausstattung an ein schön gestaltetes Kochbuch mit gut ausgeleuchteten, farbenfrohen Zutaten, Menütafeln und sparsam eingesetzten Deko-Elementen wie

Körben, Holzfässern, Weinkisten. Nicht ohne Grund lautet der Claim der Lebensmittelkette „Das begehbare Rezeptbuch".[66] Die Fensterfront ist bei den Kochhäusern anders als im klassischen Lebensmitteleinzelhandel offen, es gibt „Schau-Fenster" im Wortsinne. Die Läden setzen ein Gesamtkonzept stimmig um, innen und außen passen zusammen, eine Grundidee ist deutlich erkennbar und stringent verwirklicht. Das muss nicht jedem gefallen und sieht manchem vielleicht zu sehr nach Landhaus aus, aber es fällt in jedem Fall auf und zieht offenbar genügend Kunden an. Welche Grundidee steckt hinter Ihrer Warenpräsentation? Für was stehen Sie und Ihr Laden? Wollen Sie Exklusivität vermitteln, Bodenständigkeit und Tradition oder Innovation, vielleicht auch Unkonventionalität, Verspieltheit oder etwas ganz anderes?

Überlegen Sie einen Augenblick, welche Ladengeschäfte Ihnen spontan einfallen. Ob es die Apple Stores in ihrem kühlen, fast klinischen Design sind, die Nespresso-Boutiquen, die eher teuren Juwelierläden gleichen als Kaffeegeschäften, oder der Outdoorladen, der mit Sperrholzplatten, Paletten und großformatigen Naturfotos rau und heimelig zugleich wirkt, all das bleibt in Erinnerung, weil klare Konzepte dahinterstecken. Der Kunde spürt sofort: Dies ist kein Laden „wie jeder andere". Der Sneakeranbieter und Sportausstatter Solebox dekliniert diesen Gedanken konsequent durch und realisiert in jedem seiner Stores ein anderes Konzept: In Amsterdam hat man ein gekacheltes „Labor (Lab)" gestaltet, in dem die Turnschuhe als Hightechprodukte inszeniert werden; ein Store in München wurde in einem alten Weinkeller eingerichtet, der mit seinem hell gestrichenen Gewölbe und uralten Holzregalen den Produkten die Aura des Wertvollen verleiht, ironisch gebrochen durch Reproduktionen von Ölgemälden, deren Protagonisten Sneaker tragen. In Wien dagegen setzt man auf Street Art und große Natursteine, die zugleich als Sitzmöbel dienen.[67] Auch wenn Ihr Sortiment breiter ist, können Sie mit unterschiedlichen Farben und einzelnen Hinguckern Akzente setzen. Im klassischen Lebensmitteleinzelhandel kann das die Weinabteilung sein, die mit dunklem Holzboden und passenden Regalen eher an einen Weinladen erinnert und Angebote eben nicht in gestapelten Pappkartons, sondern in Weinkisten aus Holz offeriert. Oder die Fischtheke, die mit Blechkisten und Eisbrocken dem Fischmarkt nachempfunden ist. Im Textilhandel wird die Young Fashion-Abteilung anders aussehen als die Exklusiv-Abteilung für die kaufkräftigere (und ältere) Zielgruppe im Stockwerk darüber.

3. Aufbau und Dramaturgie: Balance zwischen Spannung und Übersicht

Kein Lebensmittelhändler stellt Butter und Milch vorn in den Eingangsbereich. Das hat nicht nur klimatische Gründe, sondern auch optische und strategische. Wenn der Kunde den Laden betritt, soll es bunt und freundlich aussehen und gut riechen. Deshalb ist die Obst- und Gemüseabteilung bei Supermärkten vorne, flankiert meist vom Bäcker, der für appetitlichen Duft sorgt. Auch wenn Sie als Kunde „nur kurz Butter holen" wollen, gehen Sie erst an Keksen, Schokolade, Feinkost und Wein vorbei, bis Sie schließlich bei Butterpäckchen und Milchtüten ankommen. Bis dahin haben Sie meist einiges andere gefunden, das Sie auch noch brauchen können. Übertragen Sie dieses Prinzip auf Ihren Laden. Gleich nach Betreten sollte Ihr Kunde auf etwas stoßen, dass seine Sinne erfreut. Das kann ein Tisch mit ansprechend drapierten Neuheiten sein, ein spektakuläres Einzelmodell, das neugierig auf mehr macht, eine farblich harmonische Zusammenstellung unterschiedlicher Waren, ein Thementisch zum Stöbern und Entdecken, oder die kunterbunte Palette an Poloshirts, die Sie zum attraktiven Preis anbieten und als bunten Regenbogen präsentieren – kurz: irgendetwas Vielversprechendes, das den Kunden zum Verweilen und Weitergehen einlädt. Das ist wie beim Fernsehfilm: Wenn der langweilig anfängt, zappen nach kurzer Zeit viele Zuschauer weg. Auch Ihr Laden muss auf Anhieb ausstrahlen: „Das könnte spannend werden!", damit Kunden nicht vorschnell kehrtmachen.

Im weiteren Verlauf kommt es darauf an, die richtige Balance zwischen Übersicht und Entdeckerfreude zu wahren. Zu eng, zu dicht und zu voll, das wirkt schnell „ramschig". Auch das kann im Ausnahmefall gewollt sein, wenn gezielt die (Schnäppchen-)Jäger und Sammler angesprochen werden sollen und „alles raus muss". In der Regel soll sich der Kunde jedoch eingeladen fühlen, in Ruhe im Laden herumzuwandern und sich inspirieren zu lassen. Je länger er verweilt, desto mehr kauft er aller Wahrscheinlichkeit nach. Eine großzügige und übersichtliche Gestaltung ist einladend, während Unübersichtlichkeit stresst. Sorgen Sie dafür, dass Kunden sich gut zurechtfinden und dass auch die hinteren Ecken Ihres Ladens gut ausgeleuchtet sind, sonst verirrt sich niemand dorthin. Wenn Ihr Platz beschränkt ist, beschränken Sie auch Ihr Warenangebot. Es hat dem Buchhändler im Negativbeispiel weiter oben nichts genützt, dass er so viele Bücher wie eben möglich in seinen Laden gestopft hat. „Alles" konnte er bei über zwei Millionen deutschsprachigen Büchern und allein rund 90 000 Neuerscheinungen jährlich ohnehin nicht bieten, und auch mit der Sortimentsbreite der Online-Buchhandlungen hat er niemals konkurrieren können. Das ist in anderen Warenbereichen nicht anders. Wer versucht, der Online-Konkurrenz in puncto Artikelanzahl Paroli zu bieten, hat schon verloren und verschenkt die Chance, seinen Kunden durch sorgfältig ausgewählte und ansprechend inszenierte Ware Freude am Entdecken und Kaufen zu vermitteln.

Nicht zufällig redet man heute von „kuratierten" Sortimenten und unterstreicht damit die Relevanz einer bewussten Auswahl und auch, dass Ausstellungshallen und Museen Anregungen liefern können, wie man Waren stimmungsvoll präsentiert. Christian Mikunda, der sich als Marketingexperte die „strategische Dramaturgie" auf die Fahnen geschrieben hat, spricht besonders ungewöhnlichen und auf den ersten Blick verwirrenden Inszenierungen dabei eine „Hypnoästhetik" zu, die unter die Haut geht und die Wahrnehmung der eigentlichen Ware subtil beeinflusst, etwa wenn der Eingang zur Herrenabteilung im Mannheimer Luxuskaufhaus Engelhorn durch zwei große Mühlsteine als Symbol von Männlichkeit und Stärke flankiert wird oder wenn überstreckte, mehr als zwei Meter große Schaufensterpuppen („Giant Mannequins") alle Blicke auf sich ziehen. Wer solche radikalen Brüche mit dem Gewöhnlichen und Erwartbaren schaffen will – Mikunda spricht von „Destabilization" als „Methode der kontrollierten Verwirrung"[68] – verlässt sich besser auf erfahrene Experten. Jeder Händler muss sich jedoch heute mit einer Grundtatsache anfreunden: Wer „shoppen" geht, will sich inspirieren lassen. Das funktioniert aber nur, wenn Waren inspirierend präsentiert werden. Der Kunde kann sich nur anregen lassen, wenn er tatsächlich Anregungen bekommt – statt sich im Warenwirrwarr zu verirren oder gelangweilt das Weite zu suchen.

Je großzügiger Ihr Angebot platziert ist, desto mehr wird die einzelne Ware aufgewertet und ins Licht der Aufmerksamkeit gerückt. Wenn Sie nicht gerade eine Nobelboutique oder ein Geschäft für exquisite Antiquitäten betreiben, werden sich einzelne Highlights mit Bereichen abwechseln, in denen die Waren gut sortiert dichter stehen, oder nach Farben, Größen oder Verwendungszweck geordnet sind. Wie Sie dabei verschiedene Verkaufsmöbel optimal einsetzen und welche grundsätzlichen Gestaltungsprinzipien beim Warenaufbau sich bewähren, können Sie in einschlägiger Fachliteratur nachlesen.[69]

4. Abwechslung ist Trumpf: Nur Neues erzielt (und bewahrt) Aufmerksamkeit

Wenn beim Lebensmitteldiscounter der Kaffee immer vorne links steht, vor den Süßigkeiten und gegenüber den Fruchtsäften, und das in Aachen genauso wie in Amsterdam, in Hamburg genauso wie auf Honolulu, dann ist das ideal für preisbewusste Kunden mit wenig Zeit. Eine kurze Runde gedreht, alles drin im Wagen – und zack! – ist man wieder draußen. Sehr wahrscheinlich ist das aber nicht das Einkaufsverhalten, das Sie sich für Ihren eigenen Laden wünschen. Damit Kunden bei Ihnen verweilen und wiederkommen, braucht es Abwechslung. Wenn es heute so aussieht wie letzte Woche und sich in zwei Monaten daran immer noch nichts geändert hat, werden Sie kaum die Aufmerksamkeit Ihres Kunden gewinnen. Aufmerksamkeit erregt nur das, was neu, ungewöhnlich und überraschend ist. In Ihrem Laden sollte sich daher ständig etwas ändern. Spätestens nach vier bis sechs Wochen wäre es ratsam, Ihr Schaufenster neu zu dekorieren. Dieses Prinzip gilt auch für den Innenbereich.

Natürlich können Sie nicht jeden Monat Wände verschieben und Möbel austauschen. Aber vielleicht können Sie mobile Elemente neu gruppieren und einzelne neue Farbakzente setzen, beispielsweise eine Wand in einer Trendfarbe streichen oder jahreszeitlich gestalten? Daneben können Sie beispielsweise im Eingangsbereich jede Woche ein neues Highlight platzieren, sodass die Laufkundschaft immer wieder etwas zu entdecken findet. Das kann das „Angebot der Woche" sein oder auch die „Neuheit der Woche". Im Haushaltswarenbereich könnte hier eine neu eingedeckte Tafel stehen, komplett mit Tischwäsche, Porzellan, Glas und Deko, mal edel, mal verspielt, mal knallig bunt, mal ganz klassisch. Im Textilhandel lässt sich ein komplettes Outfit präsentieren, das sofort ins Auge sticht. Oft reicht dafür ein einziger Blickfang, etwa die pinkfarbene Handtasche aus Kunstfell oder der üppige Modeschmuck. Denken Sie daran: Ihr Kunde möchte etwas erleben, und das Immergleiche langweilt ihn schnell – heute mehr denn je. Wenn sich in einem Restaurant die Speisekarte nie ändert, kommen irgendwann nur noch die Gäste, die sowieso immer die Nummer 4 oder die Nummer 17 bestellen. Und das sind sehr wahrscheinlich nicht genug Kunden, um dauerhaft zu überleben.

Auf dem Weg durch den Laden sollten Ihre Kunden regelmäßig stutzen, schmunzeln oder genauer hinschauen. Dafür genügen originelle Details: Der Spitzenwein, der in einer uralten Holzkiste präsentiert oder auf rotem Samt drapiert wird. Das Superangebot, das in einer Schubkarre aufgetürmt ist statt auf dem klassischen „Wühltisch". Die bunten Tücher, die aus einem alten Lederkoffer quellen statt aus der üblichen Box. Die Parade sonnengelber Quietscheentchen, die anzeigt, wo es die Bademode gibt. Fantasie und Findigkeit sind wichtiger als Geld, auch mit kleinem Budget lassen sich schöne Effekte erzielen. Holen Sie sich Anregungen bei Besuchen in anderen Städten, fotografieren Sie gute Ideen. Auch die jährlich vom Deutschen Handelsverband HDE in verschiedenen Branchen gekrönten „Stores of the Year" taugen als Inspirationsquelle. Auf der Website des Verbandes werden alle Preisträger seit 2005 vorgestellt.[70] Flohmärkte und Antiquitätenläden können für Hingucker sorgen oder auch geschickt eingesetzte Alltagsmaterialien – der Tannenbaum aus grünen Getränkekisten, die Deckendekoration aus aufgehängten Milchflaschen (ein Konzept, das Desigual umsetzte), der verschnörkelte Bilderrahmen, in dem eine einzelne Ware präsentiert wird, der Kies, der als originelle Unterlage dient. Vergleichen Sie sich dabei nicht mit den repräsentativen Flagship-Stores potenter Marken an den zentralen Einkaufsmeilen der Metropolen. Wenn Burberry in London in einem historischen Palast einen spektakulären Verkaufstempel errichtet, mit Dutzenden riesiger Bildschirme, die die Marke eindrucksvoll inszenieren[71], dann ist das ein Beleg für die Relevanz von Kundenerlebnissen und für gelungenes Imagemarketing, aber kein realistisches Vorbild für den Mittelstand. Vergleichen Sie sich aber auch nicht mit den Wettbewerbern in Ihrem Umfeld oder in der Nachbarstadt, sondern gehen Sie einen eigenen Weg. Wenn alle sich ähnlich präsentieren, ist das Ihre Chance, aus dem Einerlei auszubrechen. Machen Sie den Point of Sale wieder zum Point of Pleasure. Setzen Sie bewusst auf Erlebniselemente, die nicht digitalisierbar sind, sondern mit allen Sinnen erfahren werden!

Communities: Analoge Nestwärme

Wenn heute von „Communities" die Rede ist, denken die meisten ans Internet, an WhatsApp-Gruppen, Twitter-Follower oder Facebook-Kommentare. Und sicher ist es eine Überlegung wert, ob virtuelle Communities als Empfehlungsgeber Ihr stationäres Geschäft befördern könnten (mehr dazu unter „O2O: Online und Offline", S. 120). Doch allmählich macht sich daneben das Bewusstsein breit, dass Facebook-Freunde eben nur „Freunde" in Anführungszeichen sind und aus digitalen Fans im nächsten Shitstorm schnell Verfolger werden könnten. Unverhofft keimt bei vielen Menschen wieder die Sehnsucht nach einem echten, „analogen“ Gemeinschaftserlebnis auf. Da vergleichen Mittdreißiger den Plattenladen ihrer Jugend, wo man an der Bar bei Kaffee und Keksen mit anderen Teenagern Probe hören und fachsimpeln konnte, wehmütig mit Computerstores von heute, wo „das kennzahlengesteuerte Personal die Kunden wie Schnelldreher behandelt“.[72] Oder Marketingstrategen, die kaum älter sind als meine Kinder, empfehlen plötzlich, „mit dem Kunden im Geschäft und darüber hinaus [zu] interagieren“ und auf diese Weise der „Sinnkrise des Handels“ zu begegnen.[73] Von der „Rache des Analogen“, der Sehnsucht nach dem nicht auf ein zweidimensionales Bildschirmerlebnis Reduzierten, das der kanadische Autor David Sax beschwört, war bereits die Rede. Diese Sehnsucht ist eine große Chance für den stationären Handel. Wer sie erfolgreich befriedigt, vollzieht zugleich eine Rückkehr zu den Wurzeln, zu dem, was Verkaufsorte einmal waren und was sie heute leider nur noch selten sind: Begegnungsstätten.

Zurück zu den Wurzeln

Vor einiger Zeit schwärmte eine Bekannte vom Einkaufserlebnis auf den kanarischen Inseln. Als Selbstversorger kaufte die Familie dort im Urlaub zwei Wochen lang im örtlichen Dorfladen ein. Auf wenigen Quadratmetern gab es vom Schokoriegel bis zum Plastikeimer alles Wesentliche, dazu eine Theke für Brot, Käse, Wurst. Wann immer die Urlauberin eintrat, war eine Gruppe von Einheimischen vor dieser Theke versammelt und unterhielt sich lebhaft untereinander oder mit den beiden Damen hinter dem Tresen, offenbar Mutter und Tochter, auch die Jüngere beinahe schon im Rentenalter. Zwischen der Diskussion des Dorfalltags wurde jeder irgendwie irgendwann bedient, aber das schien gegenüber dem persönlichen Austausch eher Nebensache zu sein. Vermutlich ging es vor 50, 60 Jahren auch in Deutschland, Österreich oder der Schweiz ähnlich zu. Inzwischen sind die Dorfläden ausgestorben, ein Teil der Kommunikation hat sich wie ein Teil des Handels ins Netz verlagert. Aber etwas scheint zu fehlen, sonst würden Marketingexperten nicht die neue Funktion von Verkaufsstätten als „dritte Orte“ heraufbeschwören, als Plätze, an denen man sich ähnlich heimisch fühlen kann wie in der eigenen Wohnung oder am Arbeitsplatz.[74] Streng genommen wird hier also etwas (künstlich?) wiederbelebt, was sich noch vor wenigen Jahrzehnten ganz von selbst einstellte und was sich heute am ehesten noch auf lokalen Wochenmärkten erhalten hat, wo Kunden ohne mit der Wimper zu zucken höhere Preise zahlen, dafür, dass „ihr" Käsehändler sie inzwischen kennt, und dafür, dass man dort fast immer Bekannte auf ein Schwätzchen trifft.

Damit ein Laden wieder zum Treffpunkt werden kann, in dem man sich gerne aufhält, braucht es vor allem Inhaber und Mitarbeiter, die Menschen mögen und verstanden haben, dass sich ihre Aufgabe nicht länger darin erschöpft, Ware bereitzustellen und Geld dafür entgegenzunehmen (vgl. das Einleitungskapitel zu diesem Buchteil „M^4", S. 38). Sich in der lokalen „Community" zu verankern, erfordert Initiative und manchmal auch einen langen Atem, wie das Beispiel des Jungunternehmers Reiner Thordsen zeigt, der 2014 in einem friesischen 4000-Seelen-Dorf einen Lebensmittelladen übernahm. Bei einem „Fremden" (in diesem Fall: aus dem Nachbardorf!) wollte man ungern einkaufen, berichtet er, und so brauchte es drei Jahre und vielfältige Initiativen, bis der Laden brummte. Die Maßnahmen betrafen zum einen das Sortiment mit inzwischen 500 regionalen Produkten und einer Fleischtheke in der Regie des lokalen Metzgers. Sie betrafen zweitens das Serviceangebot, etwa die Integration von Lotto, Postpoint und Wäscheannahmestelle, dazu einen eigenen Party- und Grillservice und einen Getränkekommissionshandel mit zu mietendem Schankwagen. Und sie betrafen last but not least soziales Engagement wie das Sponsoring lokaler Sportveranstaltungen und die Veranstaltung von Kundenevents wie Public Viewing oder ein jährliches Musikfest („Klang, Kost & Klön"). Mittlerweile hat der umtriebige Händler zwei weitere Märkte übernommen. Sein Motto: „Ich mache mich für mein Dorf stark". Inzwischen kenne er jeden seiner Kunden mit Vornamen, meint der Kaufmann.[75] Damit benennt er einen guten Gradmesser für die Integration eines Ladens im jeweiligen Umfeld. Wie viele Ihrer Kunden kennen Sie eigentlich zumindest mit Nachnamen?

Im Lebensmittelhandel gibt es immer wieder Initiativen, den alten Dorfladen als Kommunikationszentrum wiederzubeleben, sei es mit kommunaler Unterstützung (etwa einem monatlichen Mietzuschuss), sei es über genossenschaftliches Engagement der Kunden.[76] Dabei erwerben Kunden Anteile am Unternehmen. Kunden werden also zu Eigentümern – und Eigentümer sind fast automatisch Kunden. Wer geht schon zur Konkurrenz, wenn einem ein Stück vom Laden gehört? Wie erfolgreich solche Rettungsmaßnahmen sind, hängt auf Dauer vom Geschäftssinn, aber auch vom Kommunikationsgeschick und von der Nahbarkeit der Betreiber ab. Auf jeden Fall zeugen sie von einem gestiegenen Bewusstsein für die sozialen Kollateralschäden der Ladenschließungen, das dem stationären Handel nur nutzen kann. Im Gegenzug muss der Handel sich aber auch auf eine seiner ursprünglichen Stärken besinnen und wieder soziale Funktion übernehmen. Entscheidend ist dabei die Integrationskraft und Fantasie der handelnden Personen. Das manchmal bemüht wirkende Inszenieren von stylischen „Piazzas“ und künstlichen Dorfplätzen, mit denen moderne Shoppingcenter zum Teil ihre Kunden zu ködern versuchen, reicht dafür nicht aus. Gemeinschaft aus der Retorte, das funktioniert nicht, wenn die handelnden Personen am Point of Sale das Versprechen einer gewissen Heimeligkeit, zumindest aber eines angenehmen menschlichen Austausches nicht einlösen. Gute Läden werden auch von guten Gastgebern geprägt!

Ein guter Gastgeber sein

Was einen Laden zu einem attraktiven Treffpunkt für Kunden macht, wird von Zielgruppe und Standort her variieren. Verbindend bleiben aber die Prinzipien, die einen guten Gastgeber ausmachen und die sich auf den Handel übertragen lassen:

1. Gute Gastgeber sprechen Einladungen aus

Ich wundere mich manchmal, mit welchem Optimismus Händler mit einem stationären Laden starten und auch heute noch darauf hoffen, dass ihre Kunden sie schon von allein finden werden. Doch wenn Sie nicht gerade ein Mega-Trend-Produkt im Angebot haben, reicht es nicht, „Neueröffnung“ im Ladenfenster zu plakatieren und abzuwarten. Sprechen Sie Einladungen aus, laden Sie beispielsweise per Wurfzettel im Einzugsgebiet dazu ein, am Eröffnungstag auf ein Glas Prosecco oder Saft vorbeizuschauen und den Laden sowie das Sortiment kennenzulernen. So kommen Sie gleich ins Gespräch mit potenziellen Kunden. Finden Sie auch später immer mal wieder einen Anlass, Kunden zu sich einzuladen: das Eintreffen der neuen Kollektion, den Beginn der Adventszeit, das einjährige Geschäftsjubiläum usw. Bauen Sie dazu eine Datei von E-Mail-Adressen auf, um Werbezettel durch elektronische Einladungen zu ergänzen. Auf diese Weise kann z. B. die Modeboutique im Viertel zum Freundinnentreff werden.

2. Gute Gastgeber bemühen sich um ihre Gäste

Kürzlich bekam ich eine E-Mail von einem Textilhändler mit dem Betreff „Wir vermissen Sie!“ Natürlich weiß ich, dass das Werbung ist. Aber ich fühlte mich tatsächlich im positiven Sinne „umworben“. Kluge Hoteliers begrüßen Wiederholungsgäste mit einem „Schön, dass Sie wieder bei uns sind!“ Dafür reicht ein Vermerk bei der Reservierung und gut geschultes Personal. Übertragen auf den Handel bedeutet das: Beim Betreten des Ladens sollte jeder Kunde von Verkäufern willkommen geheißen werden, und sei es nur mit einem Gruß und einem Lächeln. Im weiteren Sinne sollten Kunden spüren, dass man sich freut, wenn sie kommen. Die Basics dazu sind im Abschnitt „Man muss Menschen mögen“ schon erwähnt worden: Wer nicht lächeln kann, sollte kein Geschäft aufmachen. Namen merken kommt immer gut an. Und selbst, wenn Ihnen ein Name partout nicht einfällt, sollte man Ihnen anmerken, dass Sie jemanden wiedererkennen. Wer Stammkunden gleichgültig begegnet, treibt sie zur Konkurrenz oder ins Netz. Auch Engagement vor Ort, etwa durch Sponsoring lokaler Vereine, ist Ausdruck eines solchen Bemühens um die Kundschaft. Konkret kann das heißen, dass Ihr Parkplatz am Sonntag für einen Flohmarkt zur Verfügung steht oder dass Sie einen Preis für die jährliche Tombola der freiwilligen Feuerwehr stiften. Oder dass Sie Schulklassen einladen, vor Ort kaufmännische Berufsbilder kennenzulernen und, und, und.

3. Gute Gastgeber nehmen sich Zeit

Eine Weinstube um die Ecke dümpelte seit Jahren vor sich hin. Plötzlich ist der Laden gerammelt voll. Das Einzige, was sich geändert hat, ist die Mannschaft, die dort arbeitet: statt brummig-wortkarger Herren ein echter Strahlemann hinter der Theke, der mit jedem ins Gespräch kommt und ein junges, ausgesprochen freundliches Team um sich geschart hat. Er hat ein paar Topfpflanzen entsorgt und ansonsten nur in die richtigen Mitarbeiter investiert, nicht einmal die Speisekarte wurde ausgetauscht. Was man daraus lernen kann: Seien Sie offen für einen Plausch mit Kunden, interessieren Sie sich für sie, auch jenseits von Ware und Einkaufszweck. Wer heute vielleicht nichts kauft, kommt morgen wieder, wenn er Sie in guter Erinnerung hat. Und: Die besten Mitarbeiter sind nicht unbedingt die mit den besten Zeugnisnoten, sondern die, die Spaß am Umgang mit Menschen haben.

4. Gute Gastgeber vernetzen ihre Gäste

Wer Menschen zu sich einlädt, ist daran interessiert, dass diese auch untereinander ins Gespräch kommen und sich kennenlernen. Im Laden kann dies informell geschehen, etwa wenn der Buchhändler Kundinnen einander vorstellt, „Guten Tag, Frau X. Kennen Sie eigentlich Frau Y? Sie teilen eine Vorliebe für Krimis!" Damit aus Kunden eine Gemeinschaft wird, bieten sich regelmäßige Veranstaltungen an. Ein Weinhändler, der einen Schwerpunkt auf Weine aus Südeuropa legt, organisierte zum Beispiel eine Don-Quixote-Lesung mit einem Schauspieler, wochenlang immer am ersten Freitag im Monat, am Abend nach Ladenschluss. Die Veranstaltung entwickelte sich zum Stadtteiltreffpunkt, aus dem etliche Freundschaften hervorgingen. Dem Vernehmen nach ist als Nächstes „Der Leopard" des italienischen Schriftstellers Guiseppe Tomasi di Lampedusa dran, begleitet von italienischen Weinen. Lesungen, sortimentsbezogene Kurzseminare (vom Käsekurs bis zur perfekten Schuhpflege), Modenschauen und ähnliche Veranstaltungen sind „analoge" Kennenlern-Plattformen. Wenn Kunden zwei oder drei Mal jährlich in „ihren" Laden kommen, um einen angenehmen Abend zu verbringen, ist das eine ideale Form der Kundenbindung. Ein schwarzes Brett im Eingangsbereich, das von einem Mitarbeiter gepflegt wird, eine Tauschbörse für begehrte Sammelbildchen, die nach Einkaufswert abgegeben werden, sind bekannte, aber kaum ausreichende Maßnahmen für das Stiften eines Gemeinschaftsgefühls.

5. Gute Gastgeber bieten Annehmlichkeiten

Wenn das Stichwort „Gastlichkeit" im Zusammenhang mit dem Handel fällt, wird dieser Punkt meist als Erstes genannt: die Integration von Gastronomie, die Einrichtung von Kaffeebars, Lounge-Bereichen oder zumindest Sitzecken. Das kann durch Kooperation mit Gastronomiebetrieben geschehen, wie in der Münchner Schrannenhalle, eher ein Lebensmitteltempel als ein Ladengeschäft, oder durch eine Zusammenarbeit wie die von REWE und Starbucks, ebenfalls in München.[77] Das Kalkül: Kunden fühlen sich wohl, verweilen länger, kaufen mehr. Auch das Modehaus Garhammer zieht unter anderem mit Restaurant und Café Kunden zum ausgiebigen Stöbern in die bayerische Provinz.[78] Und Mark Rauschen, Mit-Geschäftsführer des Osnabrücker Kaufhauses Lengermann & Trieschmann (L & T) bekennt freimütig: „Gastronomie ist ein Treffpunkt, ein ‚Männerparkplatz'. Und sie bietet einen niedrigschwelligen Einstieg in unser Geschäft. Eine

Kugel Eis oder ein Cappuccino geht immer."[79] So gesehen ist es nicht überraschend, wenn die Exklusivabteilung in einem Frankfurter Textilhaus vor dem Damen-Umkleidebereich Ledersessel drapiert und neben Modezeitschriften dort auch die neuesten Sport-, Outdoor- und Automagazine auslegt. Wenn Frauen die Hauptkäufer sind, müssen die Männer beschäftigt werden, dachte man offenbar auch bei einem großen Einzelhändler für Haushalts- und Spielwaren, Schäffer in Osnabrück, und richtet daher in der hauseigenen „Kochschule" neben Grillkursen, Tapaskursen und vielem mehr am Samstagnachmittag regelmäßig auch Seminare unter dem Titel „Faszination Mann" aus. Das Programm: „Die Damen dürfen sich verwöhnen lassen. Sie kommen um 18:00 Uhr dazu, nachdem die Herren unter Anleitung unseres Profis das Menü zubereitet haben."[80] Wir dürfen raten, wie die Damen die Zeit vom Seminarbeginn um 16:00 Uhr bis zum Dinner zwei Stunden später herumbekommen. Was meine Frau tun würde, weiß ich jedenfalls ziemlich genau. Offenbar gibt es genügend Paare, die das Kombiangebot nutzen und 134 Euro für Kochkurs und Menü zahlen. Interessante Gemeinschaftsangebote für Kunden müssen also kein Zuschussgeschäft sein.

Solche ambitionierten Konzepte belegen die alte Händlerweisheit, dass Geld in die Hand nehmen muss, wer Geld verdienen will. Neben der Integration von Gastrokonzepten gibt es dabei auch den Ansatz, dem Ladenambiente insgesamt eine wohnzimmerartige Wohlfühlatmosphäre zu verleihen, etwa wenn Swisscom in Basel ein „Erlebnis- und Kompetenzcenter" unter dem Motto „Feels Like Home" einrichtet, mit Kaffeebar, Loungebereich sowie Beratungsecke mit Wohnzimmercouch.[81] Was kleine und mittlere Händler sich davon abschauen können: Platz für eine Ruhezone schaffen, dabei im Auge behalten, was die Kernzielgruppe besonders zu schätzen weiß, und Kunden mit kleinen Aufmerksamkeiten verwöhnen. Für die Generationen Y und Z kann das die „Free-Wi-Fi-Zone" mit Wasserspender sein, für ihre Eltern die komfortable Sitzgruppe mit Kaffeeautomat. Schon ein paar Stehtische für den Erfahrungsaustausch können Ihr Geschäft im doppelten Wortsinne beleben. Im Lebensmitteleinzelhandel drängt sich das durch den Bäcker im Eingangsbereich nahezu auf, aber warum gibt es das eigentlich kaum in den Riesenflächen der Möbelhäuser? Ein Verkaufsgespräch, das bei einem gemeinsamen Kaffee startet, könnte vielversprechend enden. Auch der Kassenbereich bietet sich vor allem im Hochpreissegment für eine wohnliche Umgestaltung an. Wieso sollen Kunden hier am Verkaufstresen anstehen wie beim Kleider- oder Möbeldiscounter? Man könnte den Verkauf ja auch an einem schönen Holztisch abschließen und dem Kunden dabei gegenübersitzen. Und manchmal ist es eben besonders schlau, nicht nur an die eigentlichen Käufer, sondern auch an die Begleitperson zu denken. Die Uridee waren die Kinderspielecken und Bälleparadiese. Wieso gibt es eigentlich im Heimwerkermarkt keine gemütliche Sitzecke mit Zeitschriften, z. B. zum Thema Do-it-yourself?

Kunden kauften auch ...: Vom Online-Marketing lernen

Die Handelswelt ist dicht besetzt, und das heißt auch: Mit findigem Wettbewerb haben nicht nur stationäre Händler zu kämpfen, sondern auch ihre Kollegen im Netz. Wer sich online behaupten und beispielsweise nicht von Platzhirschen wie Amazon erdrückt werden will, muss seine Kunden umgarnen – durch Sortiment, Service und nicht zuletzt durch gutes Marketing. Manche Ideen der Online-Händler lassen sich dabei durchaus in die „analoge" Welt übertragen. Gut kopiert ist besser als schlecht probiert!

Werben statt sterben!

Platz 3 der „10 besten Online-Shops in Deutschland" belegte nach einer Kundenbefragung 2018 ein Anbieter, den vermutlich nur Musikliebhaber kennen: das Musikhaus Thomann.[82] Dabei handelt es sich um den weltweit größten Online-Shop für Instrumente, und das erfährt man auch in der Sekunde, in der man die Website öffnet. Dort stellt sich der Anbieter als „Europas größtes Musikhaus" vor.[83] Dieser simple Claim verändert die Wahrnehmung des Shops entscheidend, weckt Vertrauen und animiert zum Weitersurfen. Der Modeshop Zalando setzt ebenfalls auf Größe und platziert den Claim „Europas größte Auswahl an Fashion & Trends" prominent auf seiner Website. Vielversprechender kann man Shoppingfans kaum locken.[84] Ein drittes Beispiel: Shop-Apotheke, nur eine von etlichen Online-Apotheken, präsentiert sich als „Die Online-Apotheke für Deutschland" und ergänzt: „Riesen-Auswahl, starke Marken". Alle drei Online-Shops promoten ihre Leistungsfähigkeit also offensiv. Und das ist aus ihrer Sicht auch gut so, denn eine nicht kommunizierte Leistung ist oft auch eine nicht wahrgenommene Leistung. Aus diesem Grund sind gute Slogans oder Claims, die sich ins Kundengedächtnis eingraben, empfehlenswert.

Gerade in einer Welt der Reizüberflutung ist es wichtig, deutlich zu sagen, wofür man steht.

Wenn ich durch eine beliebige Fußgängerzone laufe, merke ich davon kaum etwas. Die Schaufenster sind häufig wenig aufsehenerregend (vgl. „Ambiente mit Wow-Effekt", S. 91), darüber steht der Name des Geschäfts, und das war's auch schon. So wirbt ein Teehändler in seinem Online-Shop zwar mit „den besten Tees der Welt", wenn ich vor seinem Ladengeschäft stehe, erfahre ich davon nichts.[85] Ein anderer Einzelhändler, der Gewürze und Tees verkauft, diktierte einem Reporter in die Feder, dass er sich jedes Jahr nach Asien aufmache, um neue Teesorten zu entdecken, und dass jeder seiner Tees im Laden auch probiert werden könne.[86] Wenn man vor seinem vollgestopften Schaufenster steht, bleibt einem das allerdings verborgen. Wahrscheinlich steckt in dem Laden weit mehr Expertise als in vielen trendig aufgemachten Online-Teeshops. Wäre nur schön, wenn der Kunde das auch erführe – etwa durch ein Plakat oder eine griffige Unterzeile im Namensschild. Und warum nicht den besonderen Service wie Teeberatung und Probeschluck auf einer Tafel am Eingang annoncieren? Kompetenz und Service offensiv promoten – das gilt auch für andere Handelsbranchen, ob Haushaltswaren, Kleidung, Schuhe, Heimwerkerbedarf, Schmuck oder Bücher. Ein Händler selbst wird es natürlich wissen, wenn sein Traditionshaus in dritter Generation geführt wird und hohe Sachkompetenz sowie jahrzehntelange Erfahrung vorzuweisen hat. Sein Kunde erfährt es womöglich nur, wenn die Tagespresse über ein Firmenjubiläum berichtet. Oder schlimmer noch: wenn es längst zu spät ist und ein Artikel anlässlich der Betriebsschließung erscheint, der wehmütig zurückblickt auf vergangene goldene Zeiten.

Bei all dem gilt die alte Werber-Weisheit, dass man wichtige Dinge nicht oft genug sagen kann. Holen Sie sich für einen griffigen Werbeslogan die Unterstützung eines Profis und sorgen Sie dafür, dass Ihre Kern-Botschaft überall zu lesen ist: vor dem Betreten des Ladens im Schaufenster oder an der Ladenfront, im Ladeninneren, auf den Tüten, in die Sie die Ware verpacken, auf Preistafeln. Und warum nicht auch auf dem Kassenbon und auf der Fußmatte oder dem Läufer im Eingangsbereich? Im Lebensmittelhandel hat sich in den vergangenen Jahren die Erkenntnis durchgesetzt, dass ein gutes Angebot allein nicht ausreicht, sondern dass man seinen Kunden eigene Stärken auch deutlich vermitteln muss, um sich von Wettbewerbern abzugrenzen. Die SPAR Schweiz beispielsweise unterstreicht dabei mit dem Claim „Auf gute Nachbarschaft" ihre regionale Verankerung. Die Handelsgemeinschaft EDEKA hat sich mit „Wir lieben Lebensmittel" ins Kundengedächtnis geschrieben. Und der Discounter Lidl verspricht kurz und knapp: „Lidl lohnt sich". Wie lautet Ihr Kundenversprechen?

Für weitere Werbemaßnahmen sei an Henry Fords bekanntes Bonmot erinnert, er wisse wohl, dass die Hälfte seiner Werbeausgaben zum Fenster hinausgeworfen sei. Er wisse nur nicht, welche Hälfte. Um im Gedächtnis der Kunden präsent zu bleiben, muss man sichtbar sein. Dabei ist nicht alles, was es schon lange gibt, schlecht. Im Lebensmitteleinzelhandel bewährt sich beispielsweise immer noch der klassische Handzettel mit den aktuellen Angeboten. Probieren Sie aus, welche Maßnahmen sich für Sie rechnen, und lassen Sie sich gegebenenfalls von Experten beraten. Tasten Sie sich an die Welt der sozialen Medien heran, wenn Ihre Kunden dort zu Hause sind. In einem Blog oder auf Facebook können Sie Expertentipps geben, inspirierende Fotos veröffentlichen, interessante oder lustige Begegnungen mit Kunden weitererzählen, mit treffenden Bonmots und frechen Zitaten auf sich aufmerksam machen. Verstehen Sie Social Media nicht als Absatzkanal (ein verbreitetes Missverständnis), sondern als Medium, um ein „Grundrauschen" zu erzeugen und sich im Gedächtnis Ihrer Kunden zu verankern. Jüngere Konsumenten tauschen sich heute routinemäßig im Netz über Produkte aus, holen Empfehlungen ein oder präsentieren dort ihre Einkaufsbeute. Wer diese Zielgruppe erreichen will, muss dorthin gehen, wo sie sich tummelt. Bei ihren Eltern oder Großeltern tun Sie sich womöglich mit redaktionellen Beiträgen in der Tagespresse, also klassischer PR-Arbeit, einen größeren Gefallen.

Bei Werbung im engeren Sinne, etwa Anzeigenschaltungen, zeigt die Erfahrung, dass es mit Einmalaktionen nicht getan ist. Deshalb werden Online-Shops nicht müde, werbende Mailings und Newsletter zu versenden. Kunden müssen beispielsweise eine Anzeige im Schnitt sieben Mal gesehen haben, bis sie diese registrieren, so eine Faustregel im Marketing. Wenn das Ihr Budget sprengt, setzen Sie auf Eigeninitiative in Ihrem Einzugsgebiet und informieren Sie Anwohner per Wurfzettel im Briefkasten. Oder gehen Sie Marketingkooperationen mit Händlern ein, deren Sortiment sich mit dem Ihren nicht überschneidet (vgl. den Abschnitt „Gemeinsam stark", S. 114). Lassen Sie nicht zu, dass Ihre Kreativität Konkurs geht und irgendwann Ihr Laden folgt, nur, weil die Online-Konkurrenz beim Werben um Kundenaufmerksamkeit aktiver ist.

Geschickt Kaufanreize schaffen

Wenn Sie auf dem Land aufgewachsen sind, hatte Ihre Großmutter mit hoher Wahrscheinlichkeit den Gartenkalender von Gärtner Pötschke in ihrer Küche hängen. Das Familienunternehmen, das 1912 als Samenhandlung gegründet wurde, hat erfolgreich den Sprung in die Online-Welt geschafft und wirbt auch nach über 100 Jahren weiter mit der vertrauten Strichzeichnung eines vollbärtigen Paradegärtners mit Strohhut. Der Garten-Shop www.poetschke.de erreicht bei seinen Kunden ähnliche Beliebtheitswerte wie Amazon.[87] Das liegt sicher auch daran, dass er sich mit einem breiten Sortiment als Fundgrube für Gartenfreunde erweist. Wer zum Beispiel im Januar 2019 die Pötschke-Seite im Netz besuchte, wurde auf der Eröffnungsseite nicht nur von vertrauenerweckenden Claims empfangen („Fachversand seit 1912" und „Beste Gärtnerqualität"), sondern wurde darüber hinaus in großen Lettern aufgefordert: „GEMÜSESAMEN – NEUHEITEN 2019 – jetzt entdecken!" Wenn sich der Kunde an rosa Rettich, gelben Tomaten und kugeligen Zucchini sattgesehen hatte, konnte er gleich bei Blumensamen-Neuheiten weitermachen oder unter „Inspirationen" stöbern, Pflanzen und Gartenzubehör für ganz unterschiedliche Anlässe entdecken.

Online-Händler setzen auf vielfältige Strategien, Kunden zum Stöbern in ihrem Sortiment zu motivieren und ihre Ware auch zweidimensional so zu präsentieren, dass die Kauflust geweckt wird. Im Kern geht es dabei darum, eine unübersichtliche Warenwelt in verheißungsvolle Kategorien einzuteilen und Kaufentscheidungen zu erleichtern. Aus der Not, nicht alle Kundensinne ansprechen zu können, haben Online-Händler so eine Tugend gemacht. Einige ihrer Strategien lassen sich durchaus auf die Warenpräsentation im stationären Handel übertragen.

1. „Kunden kauften auch" (Gruppierung)

Wo Online-Shops sich auf ausgeklügelte Algorithmen verlassen, können stationäre Händler ihr Warenwirtschaftssystem befragen oder auf Erfahrungswerte zurückgreifen: bei der Gruppierung von Waren, die häufig zusammen gekauft oder auch als Alternative erwogen werden. Unter dem Stichwort „Verbundplatzierung" wurde diese Strategie schon kurz angesprochen. Gemeint ist die Kunst, Waren stationär so zu platzieren, dass dem Kunden mögliche Alternativen oder Ergänzungen schnell ins Auge fallen, also etwa die passenden Tischdecken und Servietten zum jeweiligen Geschirr zu bieten oder den Weißwein zum Spargel. Eigentlich hat der Online-Handel sich die „Kunden kauften auch“- oder „Wird oft zusammen gekauft“-Gruppierungen als Mittel des Querverkaufs vom stationären Handel abgeschaut. Warum also nicht zurückkopieren und die Aufmerksamkeit der Kunden mit einem „Kunden kauften auch“-Aufsteller oder -Plakat augenzwinkernd auf eine umsatzträchtige Warenkombination ziehen? So lassen sich im Gefolge von stark nachgefragten Produkten Zusatzumsätze erzielen.

2. „Unsere Topseller“ (Ranglisten)

Viele Online-Shops werben mit „Highlights“ und „Topsellern“, etwa wenn der Kosmetikversender Flaconi auf seiner Startseite im Januar 2019 „Unsere Highlights 2018“ präsentiert[88]. Das Kaufargument liegt auf der Hand: Viele Käufer können nicht irren, der Artikel muss gut sein. Wir sind Herdentiere, und wer unschlüssig ist, greift hier am ehesten zu. Das funktioniert bei Parfüms genauso wie bei Büchern. Hier hat Amazon das „Bestseller“-Prinzip vom Buchhandel ins Internet kopiert und bis in kleinste Themenkategorien durchdekliniert (mit eigenen Listen von „Astrophysik“ über „Feng Shui“ bis „Zoologie“). Auch stationäre Buchhändler wissen um den Bestseller-Effekt und reservieren weiterhin am Point of Sale ein Regal für die aktuellen Renner, häufig orientiert an der Spiegel-Bestenliste. Möglicherweise bietet sich für Ihr Sortiment auch eine solche „Topseller“-Zusammenstellung an, in dem Sie besonders beliebte Artikel oder Geschenkartikel querbeet präsentieren und Kunden zum Kauf inspirieren. Oder Sie stellen wie Flaconi die meistverkauften Artikel des Jahres zuvor zusammen, die offenbar den Geschmack oder Bedarf besonders vieler Kunden getroffen haben. Brechen Sie die Standardstruktur Ihres Sortiments in diesem begrenzten Bereich auf. Das ist neu, ungewöhnlich und weckt Aufmerksamkeit. Warum sollte es als Blickfang kein Bestseller-Regal für Weine geben, für Krawatten oder für Geschenkartikel?

3. „Gerade eingetroffen“ (Neuheiten)

Kunden assoziieren „neu“ häufig mit „besser“ oder auch mit „exklusiver“. In vielen Online-Shops werden Neuheiten daher prominent platziert. Auch stationär kann ein Tisch oder Ständer unter dem Slogan „Gerade eingetroffen“ oder „Neuheiten“ die Aufmerksamkeit der Kunden wecken. Wie viele Kunden verlassen möglicherweise Ihren Laden, ohne etwas zu kaufen, nur deshalb, weil Sie sich nicht entscheiden können? Mit Hinweisen auf die Beliebtheit oder Neuheit bestimmter Artikel liefern Sie mögliche Entscheidungskriterien. Natürlich werden Sie diesen Platz nicht leichtfertig vergeben, sondern für besonders erfolgs- und umsatzträchtige Ware reservieren.

4. „Nur noch zwei auf Lager"(Verknappung)

„Kaufen! Sie! Jetzt! Schnell!", unter dieser Headline mokierte sich die Frankfurter Allgemeine Sonntagszeitung Anfang 2019 über die Verknappungsstrategie in vielen Online-Shops[89]. Wenn „nur noch 3 Stück auf Lager!" sind, steigert das die Begehrlichkeit einer Ware, genauso wie unser Buchungsfinger zuckt, wenn in einem Hotel angeblich „nur noch 2 Zimmer verfügbar" sind. Psychologen nennen dieses Phänomen „Reaktanz": Wenn unsere Handlungsfreiheit eingeschränkt wird, wächst unweigerlich der Reiz des Verbotenen oder Nichtzugänglichen. So gesehen sollten Sie das Rasenmähen einem Halbwüchsigen am besten verbieten oder am Samstag den Kindern mitteilen, dass Sie am Sonntag auch gern allein mit Ihrer Frau frühstücken. Die Chance ist groß, dass Sie exakt das Gegenteil erreichen, der Rasen gemäht wird und sonntags endlich mal wieder alle rechtzeitig am Frühstückstisch sitzen. Im stationären Handel findet man die Verknappungsstrategie selten, am ehesten noch, wenn im Ausverkauf Restanten losgeschlagen werden sollen. Warum nicht auch stationär eine „letzte Chance auf Top-Designs" bieten oder warnend auf „nur noch 2 Exemplare" hinweisen, und zwar ganz ohne Preisreduktion?

5. „Geschenke für unter 15 Euro" (Preiskategorien)

Bei vielen Versendern kann man Waren unter anderem nach Preiskategorien filtern, und auch das lässt sich stationär als Kaufanreiz einsetzen. Am ehesten hat dies bislang der Textilhandel umgesetzt, etwa mit Ringständern voller „Blusen ab 20 Euro" oder Körben voller Schals mit dem unwiderstehlichen Angebot „Jeder Schal nur 5 Euro". Vorstellbar ist ein Schuhregal „Top-Modelle unter 100 Euro" ebenso wie ein Geschenkregal beim Weinhändler, das nach Preisgruppen sortiert ist und Geschenksets wie Einzelflaschen „unter 15/30/50 Euro" anbietet. Auch das ist Convenience, und die ist im Handel heute bekanntermaßen wichtiger denn je (vgl. „Convenience – Hauptsache bequem!", S. 53).

6. „Fünf Sterne" (Bewertungen)

Viele Kunden konsultieren heute routinemäßig Bewertungen im Netz, bevor sie ein Hotel buchen, ein Restaurant aufsuchen oder auch eine Kaufentscheidung treffen. Einer GfK-Studie aus dem Jahre 2017 zufolge sind es besonders die 20- bis 39-Jährigen, die Bewertungsportale nutzen oder Foren und Blogs zurate ziehen. Noch relevanter als Bewertungen Fremder bleibt allerdings die Meinung von Freunden und Bekannten, also von Menschen, die man kennt.[90] Das bedeutet einerseits, dass jeder Händler gut beraten ist, Internetbewertungen seines Ladens (etwa auf Portalen „Go Local") im Auge zu behalten und zufriedene Kunden zu Statements dort zu ermuntern. Das spricht andererseits dafür, die Bewertungsidee kreativ im Ladengeschäft umzusetzen, etwa wenn Haushaltsgeräte mit erklärenden Bewertungstafeln versehen werden („Diese Waschmaschine bekommt 5 Sterne von unserem Experten!" plus Begründung). Im Buchhandel könnten Kurzrezensionen der Buchhändler die Einkaufsentscheidung erleichtern. Dafür reichen handschriftliche Karten, die mit einem Foto des Empfehlungsgebers versehen sind und einem Raster folgen, auf das sich das Buchhandlungsteam verständigt hat (z. B. mit einer Headline wie „5 Sterne für Top-Unterhaltung", „5 Sterne für atemberaubende Spannung" usw., gefolgt von einer kurzen Inhaltsangabe und einer Empfehlung, für wen dieses Buch besonders geeignet ist).

7. „Angebot der Woche" (Sonderrabatte)

Wie im Kapitel „Tante Emma statt XXL" (S. 82) schon betont: Es ist gefährlich, sich in eine am Ende ruinöse Rabattschlacht zu begeben und ständig breite Sortimentsbestandteile zu verbilligen. Wer Kunden nur über den Preis gewinnt, verliert sie auch über den Preis. Diese Warnung ändert jedoch nichts daran, dass einzelne Lockangebote sich auszahlen, schon deshalb, weil der Kunde häufig noch etwas anderes findet, wenn er schon mal da ist. Oder weil er oder sie das gerade „gesparte" Geld leichten Herzens für einen weiteren Einkauf ausgibt und sich zum neuen, „total günstigen" Pulli ohne schlechtes Gewissen gleich noch die passende Hose gönnt. Online-Shops bieten regelmäßig besondere Einzel-Schnäppchen an, etwa wenn QVC auf der Startseite „Das Tagesangebot" groß herausstellt, Shop-Apotheke die Aufmerksamkeit auf herabgesetzte „Produkte des Monats" lenkt oder Otto den „Deal des Tages" mit einem roten Button anpreist.[91] Warum wollen Sie diese Strategie der Online-Konkurrenz überlassen? Ködern Sie Kunden auf ähnliche

Weise, etwa mit dem „Schnäppchen der Woche", der „Februar-Aktion", dem „Riesling-Fest". Oder auch mit dem Rabattgutschein für Geburtstagskinder (bei Kundenkarten-Inhabern) und ähnlichen Aktionen, mit denen der Online-Handel Käufer zum nächsten Website-Besuch lockt. Auch Exklusivangebote für Inhaber von Kundenkarten können Käufer zum Geldausgeben verführen, etwa, wenn ein stationärer Textilhändler regelmäßig einige wenige Sortimentsbestandteile ausschließlich für „Premium-Kundinnen" mit einer solchen „Premium"-Kundenkarte herabsetzt. Man beachte das Wording: Wer wäre nicht gerne „premium"? Dass jede und jeder eine solche Karte bekommen kann, gerät dabei rasch in Vergessenheit.

Gemeinsam stark: Die richtigen Verbündeten

Viele Einzelhändler nehmen es allzu wörtlich und verstehen sich zugleich als Einzelkämpfer. Doch die Zeiten, in denen das eine gute Idee war, sind vorbei. Wer Verbündete hat, wird zukünftig erfolgreicher sein. Eigentlich liegt es auf der Hand: Wenn eine „Bedrohung" von außen eintritt, ist es klug, die eigenen Reihen zu schließen und sich gegenseitig zu unterstützen. Das betrifft gemeinsame Standortmaßnahmen, aber auch ganz praktische Aktionen zur Umsatzsteigerung, vor allem Marketing-Kooperationen.

Vereint erfolgreicher

In den USA formulierten Sozialpsychologen in den Achtzigerjahren die „Broken-Window-Theorie". Ihre Beobachtung: Wenn in einem Stadtteil zerbrochene Fensterscheiben nicht zügig ersetzt werden, löst dies in einem fragilen Umfeld eine Kettenreaktion aus. Es kommt zu weiterem Vandalismus, Müll wird achtlos weggeworfen, zwielichtige Personen lungern herum, Anwohner meiden das Viertel. Diese Warnung kommt mir immer in den Sinn, wenn ich durch Fußgängerzonen und Ortskerne gehe, in denen die ersten Geschäfte schließen. Es gibt kaum einen tristeren Anblick als leere und verstaubte Schaufenster, in denen womöglich noch achtlos zurückgelassene Gegenstände herumliegen. Häufig beginnt mit der Schließung eines früheren Flaggschiffes, etwa des örtlichen Kaufhauses oder Lebensmittelmarktes, der Niedergang des gesamten Ortes. Ein wichtiger Anziehungspunkt fehlt, weitere Geschäfte kommen in wirtschaftliche Schwierigkeiten, Leerstände häufen sich, und plötzlich wirkt die ganze Ortschaft wie tot oder zumindest im Niedergang begriffen. Wer möchte schon vis-à-vis verlassener Häuser wohnen? Handelspolitik ist auch Gesellschaftspolitik, doch das hat sich noch nicht bis in alle Rathäuser herumgesprochen, wie in Teil I (im Abschnitt „Online-Kollateralschäden", S. 21) schon festgestellt wurde. Eine funktionierende Grundversorgung vor Ort ist ähnlich wichtig wie Schule und Kindergarten, um eine Gemeinde am Leben zu halten.

Das bedeutet, Einzelhändler sind heute mehr denn je aufgerufen, sich in ihrer Kommune zu engagieren und Kontakte zu politischen Handlungsträgern zu knüpfen. Dazu muss man nicht unbedingt selbst für den Gemeinde- oder Stadtrat kandidieren, doch man sollte konsequent Netzwerke pflegen und in den richtigen Vereinen und Grüppchen präsent sein. Wo treffen sich bei Ihnen am Ort die Leute, die etwas zu sagen haben? Im Lions' Club, beim Golf oder im Schützenverein? Beim Unternehmerstammtisch oder auf dem Tennisplatz? Der Einzelhandel muss Entscheidungsträgern verdeutlichen, dass es heute nicht um noch mehr Regulierungen, Einschränkungen, Wegfall von Parkplätzen und zusätzliche Parkscheinautomaten gehen kann, sondern dass es ein Kernanliegen sein muss, wie man eine belebte und attraktive Ortschaft erhält (oder wieder schafft). Es ist absurd, wenn Bürger mit immer höheren Parkgebühren zur Benutzung des manchmal dürftigen öffentlichen Nahverkehrs „erzogen" werden sollen und die Kommune die Eindämmung des Autoverkehrs dann mit überall haltenden Paketzulieferern und leeren Geschäften vor Ort bezahlt.

Lokale Gewerbevereine, in denen sich Händler entlang beliebter städtischer Einkaufsmeilen organisieren oder in denen alle Ladeninhaber eines kleineren Ortes zusammenarbeiten, sollten daher nicht nur über Details wie die Weihnachtsbeleuchtung und deren Kosten diskutieren – auch wenn es ein gefährliches Signal ist, in der Vorweihnachtszeit das Licht ausgehen zu lassen. Leerstände können mit temporären Pop-up-Stores überbrückt werden, die Gründern günstig zur Verfügung gestellt oder anderen Händlern aktiv angeboten werden. Ein aufgeräumtes Schaufenster mit einem motivierenden Plakat („Hier könnte Ihr Laden sein!") dämmt die Tristesse ein. Auch konkrete Vorschläge aufgrund bisheriger Erfahrungswerte sind hilfreich: „Hier fehlt ein Zeitungsladen, Obstgeschäft, Weinladen – oder Ihre Geschäftsidee!" In kleinen Orten kann genossenschaftliches Engagement es ermöglichen, die Grundversorgung mit Lebensmitteln wieder sicherzustellen. Ein Mietzuschuss der Kommune oder Hilfe bei der Anschubfinanzierung sollten dabei in Betracht gezogen werden.

Je attraktiver die Einkaufsmeile um die Ecke und je besser erreichbar sie ist, desto eher kann ein Händler dort die Online-Konkurrenz schlagen. Verschönerungsmaßnahmen vom Blumenkübel bis zur Sitzgelegenheit sind daher nur ein kleiner Teil guter Lobbyarbeit, auch wenn Umfragen ergeben haben, dass solche Details potenziellen Kunden durchaus wichtig sind.[92] Entscheidend ist, dass Gewerbevereine und andere Interessenvertreter des stationären Handels in der Kommune möglichst mit einer Stimme sprechen. Konkrete Maßnahmen zur Belebung der Einkaufsmeilen sind gemeinsame Aktionen wie Straßen- und Stadtteilfeste, verkaufsoffene Sonntage, Mitternachtsshopping sowie die Verständigung auf einheitliche Öffnungszeiten. Auch der Branchenmix muss stimmen: Erlebnishungrige Kunden von heute wollen nicht nur „etwas besorgen", sondern zwischendurch einen Kaffee trinken, vielleicht etwas essen gehen, um dann weiterzushoppen. Neben einem gastronomischen Angebot hilft auch die Präsenz solcher Dienstleistungen dem stationären Handel, bei denen der Online-Handel passen muss. Beispiele: Reinigung, Friseur, Postdienst, Fitnesscenter, Kosmetikerin, Ärztehaus, Nachhilfeeinrichtung. Es wird höchste Zeit, dass stationäre Anbieter sich als Schicksalsgemeinschaft verstehen, die zusammenhalten sollte, statt nebeneinander zu wirtschaften!

Daneben gibt es unter dem Stichwort „Local Commerce" seit einigen Jahren Initiativen, die dem Online-Handel auf seinem eigenen Feld Paroli bieten wollen: durch lokale Internetmarktplätze mit Bestellmöglichkeit und Lieferung der Ware nach Hause. Bei dieser Form der Kooperation, die unter Titeln wie „Mein Heilbronn Shop" oder „Online City Wuppertal" betrieben wird,[93] macht sich inzwischen allerdings Ernüchterung breit. „Viel Lärm um nichts" und „Steigt ab vom toten Pferd!" lauten typische Kommentare von Branchenkennern.[94] Die Gründe liegen auf der Hand: Ein lokaler Web-Shop muss gepflegt werden, und auch das Einstellen (Fotografieren, Beschreiben) sämtlicher Produkte ist für Händler aufwendig. Selbst wenn viele Händler mitmachen und den Shop eifrig pflegen, bleibt die Auswahl naturgemäß um Längen hinter der großer Online-Händler zurück. So ist die Produktpalette im Local Commerce überschaubar, anderswo im Netz ist es oft billiger, und viele Kunden wissen nicht einmal, dass es in ihrer Region so einen lokalen Online-Shop gibt. Die zum Teil angebotene Lieferung nach Hause am selben Tag („Same Day Delivery") allein wiegt diese Schwächen offenbar nicht auf. Eine Händlerbefragung der Hochschule Koblenz ergab, dass die Mehrheit der Händler durch die Teilnahme an einer solchen Initiative weder online mehr verkaufte noch eine höhere Besucherzahl im Laden zu verzeichnen hatte.[95]

Damit erinnern solche Plattformen und ihre Promoter an Don Quixote, der tapfer gegen Windmühlen kämpft. Statt sich im Kampf gegen Online-Riesen zu verschleißen ist der stationäre Handel vermutlich besser beraten, seine ureigenen Stärken auszuspielen und stetig zu optimieren: Service, Beratung, Erlebnisqualität. Man kann es nicht oft genug wiederholen: In Zukunft wird der mit einer Ware verbundene Service ein immer stärkeres Argument sein, hier zu kaufen und nicht dort. Zum Service stationärer Händler kann es dann auch gehören, einen gemeinsamen Lieferdienst einzurichten, wenn vor Ort Bedarf dafür besteht, etwa aufgrund der stetig alternden und weniger mobilen Bevölkerung. Über Plattformen wie „Rent a Rentner"[96] oder den Nebenjob für ältere Schüler und Studenten lässt sich so etwas gemeinsam mit überschaubarem Budget organisieren. Kleine Initiativen, die Kundenbedürfnisse passgenau erfüllen, sind oft wirkungsvoller als große Pläne, die nur halbherzig umgesetzt werden! Zum unmittelbar Machbaren und Wirksamen gehört dabei auch cleveres Cross-Marketing.

Geschäfte auf Gegenseitigkeit

„Joint Venture Marketing" nennt man in den USA Marketing-Kooperationen zwischen Geschäftspartnern mit dem gemeinsamen Ziel der Umsatzsteigerung. Christian Görtz erklärt die Grundidee am Beispiel der „Hochzeitsmafia". Wer heiratet, kauft oft ein Brautkleid, lässt den angeblich schönsten Tag im Leben von einem Fotografen oder Videofilmer festhalten, mietet einen Saal und will seine Gäste mit einer opulenten Hochzeitstorte überraschen. Da ist es für die Kundin eine echte Hilfe, wenn das gewählte Hotel ein Brautmodengeschäft empfiehlt. Und wie praktisch, wenn es in diesem Geschäft gleich eine Empfehlung für einen Friseur gibt, der auf festliche Frisuren spezialisiert ist, verbunden mit einem an der Kasse ausliegenden Coupon, der 20 Prozent Rabatt auf das Styling gewährt. Die Beispielfotos im Brautmodengeschäft sind von einem Hochzeitsfotografen gemacht, der damit wirkungsvoll auf sich aufmerksam macht. An der Kasse der Boutique liegt außerdem ein Flyer aus, mit dem Konditor und Florist für perfekt aufeinander abgestimmte Torten und Dekorationen werben.[97] Damit ist die Hochzeitsgang komplett, und der Bräutigam muss nur noch nicken. Etwas anderes bleibt ihm auch kaum übrig …

Marketingkooperationen sind gelebte Win-win-Beziehungen. Sie zielen darauf, dass Händler und/oder Dienstleister sich durch Empfehlung, Werbung oder Querverkauf gegenseitig neue Kunden bescheren. Das kann auf unterschiedliche Art und Weise geschehen. Einige Anregungen:

- Empfehlungen („Cross-Referencing“): Händler, deren Angebote sich an dieselbe Zielgruppe wenden, empfehlen sich gegenseitig – der Weinhändler den Käseladen, die Boutique das Schuhgeschäft usw. Mögliche Instrumente sind das Auslegen von Flyern, das Verteilen von Rabattgutscheinen des Partners sowie Beiträge und Empfehlungen in den Social Media.
- Geschenke (Zugaben) und Gutscheine: Händler A verteilt Proben von Händler B und umgekehrt. Oder: Mit einer Kundenkarte von Händler A bekommt man bei Händler B in diesem Monat 10 Prozent Rabatt. Wer bei Händler A Waren im Wert von über 100 Euro kauft, erhält einen 10-Euro-Gutschein für den Einkauf bei Händler B und umgekehrt.
- Vertriebskooperationen: Händler A nimmt einige Produkte von Händler B ins Sortiment (eventuell auf Kommissionsbasis). Das funktioniert manchmal auch umgekehrt. Im Schuhgeschäft gibt es eine kleine Kollektion passender Handtaschen, im Taschenladen ausgewählte Schuhe, beim Juwelier hochwertige Seidenschals, im Outdoorladen E-Bikes und im Fahrradgeschäft die neueste Outdoor-Mode. Verbunden wird dies jeweils mit Werbung für den Kooperationspartner (Aufsteller, Flyer, Handzettel, Visitenkarten).
- Kooperationswerbung: Rund um ein Thema oder rund um einen Anlass werben mehrere Händler gemeinsam. Beispiele: ein regionaler Flyer oder eine Beilage in der örtlichen Tageszeitung mit den „schönsten Geschenkideen für Weihnachten“. Oder: Unter der Überschrift „Männerspielzeuge“ inseriert ein Heimwerkermarkt die neuesten Riesengrills, ein Autohändler stellt ein neues Modell vor, das Sportgeschäft promotet innovative Fitnessgeräte. Alternativ stellt Händler A ein besonderes Modell aus dem Sortiment von Händler B aus und lässt das Produkt für sich sprechen. Idealerweise gewinnt A damit einen besonderen Hingucker. Beispiele: Der Buchhändler dekoriert einen Büchertisch zum Thema Wein mit Weinkiste und Dekanter aus dem Weinladen nebenan. Das Möbelhaus stellt dem Geschäft

für Männermoden für das Schaufenster einen edlen Ledersessel zur Verfügung und wirbt im Schaufenster des Schreibwarengeschäfts mit einem futuristischen Bürostuhl für sich.
- Sponsoring: Händler A stellt Gewinne für Verlosungen, Gewinnspiele, Treueprämien von Händler B zur Verfügung und umgekehrt. Textilhändler können eine Stilberatung stiften, Weinhändler einen edlen Tropfen, Buchhändler Buchpreise usw. Dabei wird jeweils werbend auf den Sponsor verwiesen. Lebensmittel- und Getränkehändler können Veranstaltungen sponsern oder günstig beliefern und im Gegenzug dort für sich werben.

Klar ist: Für den Abschied vom Einzelkämpfertum brauchen Sie Partner, auf die Sie sich verlassen können. Ein anderer Händler kommt dann für eine Kooperation infrage, wenn seine Zielgruppe sich mit Ihrer überschneidet oder wenn er eine für Sie neue, attraktive Zielgruppe besitzt. Und: Im ersten Schritt ist Geben seliger als Nehmen. Sie werden jemanden vor allem dann für eine Zusammenarbeit gewinnen, wenn Sie ihm Ihrerseits klare Vorteile bieten. Achten Sie auch darauf, wie findig, dynamisch und erfolgreich Ihr Gegenüber ist. Marketingkooperationen setzen darauf, gemeinsam stärker zu werden. Wenn sich Ertrinkende aneinander klammern, geht das selten gut aus.

O2O: Online und Offline – das Beste beider Welten verschmelzen

Die momentane Situation im Handel gleicht einer Expedition ins Unbekannte. Das Internet hat eine neue Welt erschlossen, und noch bevor sich der stationäre Handel vollständig auf die neuen Koordinaten einstellen konnte, haben das mobile Internet und die Allgegenwart des Smartphones die Landkarte erneut verändert. Zukunftsenthusiasten schwärmen vom grenzenlosen „Noline"-Handel, der kompletten Verschmelzung von Online und Offline unter maximaler Nutzung technischer Möglichkeiten. Ob der Kunde all diese Möglichkeiten nutzen möchte, ob alles, was möglich ist, auch Umsätze generiert, und was davon für kleine und mittelständische Händler finanzierbar ist, steht noch in den Sternen. In dieser Übergangsphase, sozusagen in der Halbzeit der Expedition, bewährt sich Pragmatismus: Welche Wege zeichnen aktuelle Studien als vielversprechend und gangbar, auch für Unternehmen jenseits der Handelsriesen und Filialketten, die bereits mit den neuen Möglichkeiten experimentieren?

Grenzenlose Möglichkeiten

Per Smartphone Produkte finden, den günstigsten Anbieter lokalisieren und das Produkt online gleich ordern. Lokal basierte personalisierte Werbung auf das Smartphone gespielt bekommen, etwa den Hinweis: Das Shirt, für das man sich kürzlich im Internet interessiert hat, gibt es gleich um die Ecke zu kaufen. Online von zu Hause aus die Verfügbarkeit von Produkten im Laden überprüfen und dazu eine Information erhalten, wie voll es dort zurzeit ist. Im Internet georderte Ware vor Ort im Laden abholen oder zurückgeben – und umgekehrt: Im Laden aktuell nicht verfügbare Ware in der gewünschten Größe, Farbe, Ausführung gleich vor Ort online bestellen und nach Hause liefern lassen. Interaktive Umkleidekabinen, die passende weitere Modelle anzeigen und zahlreiche weitere Produktinfos bereithalten. Technik, die es ermöglicht, im Laden mit dem Smartphone zum gesuchten Produkt zu navigieren oder über QR-Codes mehr über die Waren zu erfahren. Sich darauf verlassen können, dass online und offline erzielte Treuepunkte kumuliert werden und dass der stationäre Händler die eigene Online-Kaufhistorie kennt, wie auch umgekehrt: Der hauseigene Online-Shop weiß, was offline gekauft wurde, und bietet entsprechende Produkte an. Möglich ist all das, und es verdeutlicht, wie online und offline immer mehr zu einer Einkaufswelt verschmelzen.

Dass das Smartphone dabei eine Schlüsselrolle spielen wird, steht außer Frage. Man muss sich nur im öffentlichen Raum umsehen, um bestätigt zu finden, dass wir längst in einer „Always-on"-Gesellschaft leben: Knapp zwei Drittel der Menschen überbrücken Wartezeiten mit dem Smartphone, jeder Zweite hat es während seiner gesamten wachen Tageszeit eingeschaltet und jeder Dritte nutzt es stündlich. Der mit Smartphones erzielte Online-Umsatz ist in nur zwei Jahren, von 2015 bis 2017, um rund 50 Prozent gewachsen, zulasten des Umsatzes über Tablets, Notebooks und klassische PCs, so der HDE Online-Monitor 2018.[98] Damit lag der Smartphone-Umsatz 2017 zwar erst bei 30 Prozent des gesamten online erzielten Umsatzes, doch diese Entwicklung wird sich rasant fortsetzen. Schauen Sie sich Teenager und (nicht nur) junge Erwachsene an, für die das Telefon längst zum unverzichtbaren Alltagsorganisator geworden ist und die es immer selbstverständlicher finden, dass man damit problemlos immer und überall einkaufen kann. Heißt das, dass jeder kleine Händler jetzt zwingend einen Online-Shop einrichten und alle weiteren technischen Möglichkeiten ausschöpfen muss, um überhaupt eine Zukunft zu haben? Bevor wir uns dieser Frage zuwenden, zunächst ein Überblick über die aktuellen Möglichkeiten, ausgehend von einer Übersicht des Handelsexperten Gerrit Heinemann, die im Folgenden ergänzt wurde.[99]

1. „Web-to-Store-Services"

Hier dient das Netz als Informationsmedium für den stationären Handel, wofür sich auch das Kürzel „ROPO" (Research online, purchase offline) eingebürgert hat. Dieser Kanal wird manchmal übersehen, wenn der Online-Handel als Bedrohung für das stationäre Geschäft gefürchtet und dabei vernachlässigt wird, dass stationäre Umsätze inzwischen häufig online durch Webrecherche des Kunden vorbereitet werden (vgl. auch Teil I und dort den Abschnitt „Online-Angst: Fata Morgana ‚Beratungsklau'", S. 18). Im Einzelnen zählen hierzu:

- Produktsuche im Netz (Produktbewertungen, Preisvergleiche),
- Verfügbarkeitsabfrage, Artikelreservierung im Laden,
- Click & Collect (Bestellung verschiedener Artikel, die gebündelt im Laden abgeholt werden können),
- Online-Vereinbarung eines Beratungstermins,
- Store-Locator (Auffindbarkeit des Ladens per GPS, Smartphone zeigt die nächstgelegene Filiale an),
- Registrierung des Ladens bei Google Places und entsprechende Auffindbarkeit, Präsenz bei Google Shopping zur Auffindbarkeit verfügbarer Waren,
- Registrierung auf Plattformen wie kaufDA.de, die das lokale Warenangebot auf der Basis eingespeister Produktkataloge anzeigen und aktuelle Prospekte digital abbilden.

2. „Store-to-Web-Services"

Dies ist der umgekehrte Weg, vom Laden ins Netz. Das muss nicht unbedingt der berüchtigte „Beratungsklau" sein, zumindest dann nicht, wenn ein Händler auch über eigene Webservices verfügt. Im Idealfall führt die Webpräsenz des stationären Händlers dazu, dass vor Ort nicht getätigte Käufe im Netz beendet werden. Die Instrumente:

- Abbildung des gesamten Sortiments im eigenen Online-Shop, statt dort nur eine beschränkte Artikelauswahl anzubieten,

- die Möglichkeit, im Laden nicht vorhandene Größen oder Modelle gleich vor Ort online zu ordern und nach Hause liefern zu lassen (auch „Endless Aisle“ oder „virtuelle Regalverlängerung“ genannt),
- Rabattcoupons, die der Kunde, der sich im Laden nicht entschließen konnte, später beim Online-Kauf einlösen kann (allerdings mit der Gefahr, den Online-Shop auf diese Weise stärker als beabsichtigt zu pushen),
- ausschließlich online zu ordernde Services wie Anlieferung und Aufbau oder auch Abholung bei Rückgabe (was allerdings Umsätze ebenfalls in den Online-Shop verlagern könnte).

3. „Digital-in-Store-Services“

Hier geht es um digitale Zusatzservices am Point of Sale, die teilweise schon auf dem Vormarsch, teilweise aber noch Zukunftsmusik sind oder bisher allenfalls in aufwendigen Flagship-Stores zur Markenpflege eingesetzt werden, etwa:

- In-Store-Navigation mit dem Smartphone: das Telefon lotst den Kunden zum gesuchten Produkt,
- kontaktloses Bezahlen per Smartphone an der Kasse oder mobiles Bezahlen bei Verkäufern, die mit entsprechenden Tablets ausgerüstet sind,
- komplett kassenlose Stores, in denen registrierte Kunden per Kundenkarte, die an Preisschilder gehalten wird (Albert Heijn), oder per hauseigener App und mittels Sensoren sowie Kameraerfassung (Amazon Go) bezahlen,
- Nutzung des mobilen Internets im Laden für Zusatzinfos und Preisvergleiche (mit dem Risiko, dass der Kunde woanders kauft),
- Umkleidekabinen mit interaktiven Spiegeln oder Zusatzterminals in der Kabine, über die Produktinfos, ähnliche Modelle, ergänzende Styles oder auch Kundenbewertungen abrufbar sind, wobei die Kabine die mitgebrachten Kleidungsstücke über RFID-Chips[100] „erkennt“ und entsprechend reagiert,
- „Beratung“ der Kunden durch Inforoboter, die einfache Fragen wie „Was finde ich wo?“ beantworten und Produktinfos geben können (hier hat Roboterkollege „Pepper“ bereits eine gewisse Berühmtheit erlangt),[101]
- interaktive „Touchscreen“-Schaufenster, mit denen Produkte online geordert werden können, etwa wenn der Laden geschlossen ist oder

bezogen auf ein begrenztes Sortiment (erste Umsetzungen gibt es bereits, beispielsweise in einem kassenlosen Store der Groupe Casino in der Nähe der Champs-Élysées mit Bezahlung per hauseigener App),[102]

- Touchscreens im Laden, mit denen Kunden Produktinformationen, aber auch Anwendungsbeispiele, Alternativen, Kundenmeinungen und Ähnliches abrufen können,
- Einsatz von Augmented Reality als einer digitalen (meist optischen) Realitätserweiterung, z. B. mithilfe der Smartphone-Kamera und einer App, die es erlaubt, gefilmte Produkte (etwa Möbelstücke) in die häusliche Umgebung zu projizieren, oder mittels Terminals am Point of Sale, an denen Produkteigenschaften erläutert oder auch dreidimensional durchgespielt werden können,
- Einsatz von Virtual Reality am Point of Sale, d.h. Erleben von Produkten als „real" mittels eines speziellen Headsets (VR-Brille), eine Anwendung, mit der beispielsweise City-Häuser großer Automarken eine virtuelle Probefahrt direkt im Laden ermöglichen (z. B. Audi City Berlin)[103] und die sich auch für den Möbelhandel, etwa die Küchenplanung anbietet (z. B. bei IKEA schon im Einsatz),[104]
- Stores, die primär oder nur noch als Showrooms fungieren und in denen die gewünschte Ware dann online geordert und dem Kunden nach Hause geliefert wird, mit dem Vorteil der Reduktion teurer innerstädtischer Verkaufs- und Lagerflächen.

Derzeit noch weitgehend Zukunftsmusik sind:

- digitale Preisschilder, die in Verbindung mit erhobenen Kundendaten dynamisches Pricing auch im Laden ermöglichen,
- Verfolgen der Kundenwege, Verweildauer und Verkaufsraten im Laden auf der Basis von Wi-Fi-Tracking-Systemen, also Datenerhebungen und -nutzungen zu Marketingzwecken, wie sie bei Online-Käufen bereits üblich sind,
- kontextbezogene Werbung, die dem Kunden aufgrund seiner Verkaufshistorie und/oder seines aktuellen Verkaufsverhaltens auf das Smartphone gespielt wird (mehr dazu in Teil III).

Nimmt man all das zusammen, zeichnet sich das Bild des Ladens der Zukunft als das eines technisch hochgerüsteten Unternehmens ab, einer Datenerhebungsmaschine, die den Kunden digital vermisst, durch die Verkaufsfläche lotst, über Screens berät und durch Online-Werbung zum Kauf verführt, bevor der Kaufpreis automatisch und natürlich ebenfalls kontaktlos entrichtet wird. Ohne Smartphone geht dabei wenig, und der menschliche Faktor in Form „analoger“ Kontaktaufnahme und persönlicher Ansprache kommt allenfalls am Rande vor (nur noch zur Lösung technischer Probleme?). Der stationäre Handel mutiert in diesem Szenario zum digitalen Shoppingerlebnis in 3D, das man streng genommen auch mit VR-Brille vor dem heimischen Bildschirm haben könnte. Ist das wirklich der Königsweg? Oder sind das vor allem die Allmachtsfantasien technikverliebter Nerds? Auf welche digitalen Services legen Kunden nach derzeitigem Kenntnisstand tatsächlich Wert?

Worauf Kunden aktuell Wert legen

Eine seriöse Antwort auf die Frage, worauf Kunden Wert legen, muss naturgemäß differenziert ausfallen. Jenseits aller Details gelten jedoch zwei Prämissen. Erstens: Wer heute als stationärer Händler nicht im Netz sichtbar ist, wird für einen zunehmend großen Teil potenzieller Kunden völlig unsichtbar, nämlich für all jene, für die die Vorabrecherche im Internet längst Routine ist. Zweitens: In einer Einkaufswelt, in der Produkte immer austauschbarer werden, gewinnt der Service rund um den Einkauf immer mehr Gewicht. David Bosshart, Geschäftsführer des renommierten Gottlieb Duttweiler Institutes (GDI), brachte dies anlässlich des 68. International Retail Summit 2018 auf die griffige Erfolgsformel, das Verhältnis von Produkt zu Service gehe in Richtung 1:2. Mit anderen Worten: Der Service werde doppelt so relevant wie das eigentliche Produkt, was den Erfolg von Subskriptionsmodellen wie Netflix oder auch Amazon Prime erkläre. Schauen wir uns beide Prämissen näher an.

Sichtbarkeit – ohne überzeugende Präsenz im Netz geht es nicht

Jeder stationäre Händler sollte eine moderne, ansprechend gestaltete, für Suchmaschinen wie auch für mobile Endgeräte optimierte Website haben. Bevor Sie mich unter Banalitätsverdacht stellen: Laut einer repräsentativen Umfrage des Branchenverbandes Bitkom war das 2017 noch bei 36 Prozent der stationären Händler nicht der Fall.[105] Damit verzichtet jeder dritte Händler darauf, auch von jenen Kunden gefunden zu werden, die nicht zufällig an seinem Geschäft vorbeilaufen. Um sich diese Online-Abstinenz dauerhaft leisten zu können, muss man schon eine echte Premiumlage und eine große Stammkundschaft haben. Bei der Vorabrecherche im Netz fällt ein solcher Laden entweder ganz raus oder ist nur mit mageren Einträgen in digitalen Verzeichnissen („Gelbe Seiten") präsent. In einer an bunte Bilder gewöhnten Welt ist das wenig wirkungsvoll. Um nur eine Zahl zum „ROPO"-Verhalten zu nennen: Beim Möbelkauf bleibt der stationäre Handel zwar nach wie vor der Hauptvertriebskanal, doch 85 Prozent der Kunden recherchieren einer Umfrage zufolge online, bevor sie sich auf den Weg ins Geschäft machen.[106] Möglicherweise halten Sie es selbst als Kunde ja genauso. Dann wäre es schizophren, die eigene Website zu vernachlässigen.

Was eine „gute" Website ausmacht, damit könnte man viele Seiten füllen. Unter dem Aspekt verkäuferischer Wirksamkeit geht es vor allem um gute Auffindbarkeit im Netz, auf die kompetente Website-Gestalter achten, die sich mit Suchmaschinenoptimierung (SEO „Search Engine Optimization") auskennen. Wie gut Ihr eigener Dienstleister war, können Sie leicht feststellen, indem Sie die eigene Seite unter naheliegenden Stichworten googeln. Wie würde ein Kunde Ihr Angebot suchen? Wenn Sie bei relevanten Sucheingaben nicht unter den ersten zehn Treffern landen, sinkt Ihre Sichtbarkeit im Netz bereits um 99 Prozent.[107] Unter inhaltlichem Aspekt sind Serviceelemente relevant. Nach Öffnungszeiten, Anfahrt, Parkmöglichkeiten oder nächster Haltestelle im ÖPNV sollte der Nutzer nicht lange suchen müssen; auch ein eventuell vorhandener Webshop sollte deutlich verlinkt sein. Neben übersichtlichem Aufbau und freundlicher Anmutung spielt außerdem der gekonnt umgesetzte persönliche Faktor eine wichtige Rolle. Zeigen Sie Gesicht auf Ihrer Seite, laden Sie Kunden persönlich zu sich ein! Stellen Sie Ihr Beratungsteam vor. Geben Sie Interessenten die Möglichkeit, einen persönlichen Termin bei einem Verkäufer ihrer Wahl zu vereinbaren – kurz: Spielen Sie die eigentlichen Stärken des stationären Handels aus! Außerdem können Sie auf besondere Aktionen, attraktive Angebote, neu eingetroffene Waren aufmerksam machen und Kunden Gelegenheit geben, in gewissen Abständen per Mail über solche Events informiert zu werden.

Neben einer klassischen Website erhöht auch eine Präsenz bei Facebook Ihre Sichtbarkeit im Netz. Allerdings will eine solche Seite gepflegt werden. Wenn Ihr letzter Eintrag dort Monate zurückliegt, tun Sie sich damit keinen Gefallen. Wer die Social Media bespielt, muss bereit sein, in einen Dialog mit seinen Kunden einzutreten, und auch das Risiko eingehen, dass ihm nicht jeder Kommentar gefällt, der dort gepostet wird. Haben Sie jemandem, dem Sie diese Form des Kundendialogs anvertrauen können? Wenn nicht, überlegen Sie gut, was Sie zeitlich tatsächlich leisten können und was beim Eintritt in die digitale Welt für Sie Priorität hat. Möglicherweise bietet sich auch eine WhatsApp-Gruppe für interessierte Kunden an, über die Sie auf „Stammkundenrabatte" aufmerksam machen, witzige Storys posten oder dekorativ in Szene gesetzte neue Produkte per Foto promoten können. Warum nicht als Lebensmittelhändler den „Hausgemachten Strudel für den Sonntagskaffee jetzt zum halben Preis" offerieren? Oder als Boutique wöchentlich ein paar begehrenswerte neue Outfits im Foto präsentieren? Solange Sie Ihre Kunden nicht überladen und solange Ihre Kunden einen echten Nutzen sehen, ist dies ein sehr einfacher Weg persönlicher Kundenbindung.

Bleibt die Frage, ob jeder stationäre Händler heute einen Online-Shop braucht. So herrschen bei Händlern oft die Sorge vor zu hohen Kosten ohne nennenswerten Mehrverkauf sowie die Befürchtung, verschiedene Vertriebskanäle könnten sich kannibalisieren. E-Commerce-Befürworter argumentieren, ein Online-Shop erhöhe zugleich die Sichtbarkeit des Anbieters im Netz und stärke auch die Umsätze am stationären Point of Sale. Mittelfristig sei es verfehlt, Online-Umsätze und Offline-Umsätze auseinanderzudividieren, da Online-Käufe offline vorbereitet würden und umgekehrt. Auch der Branchenverband für Informationswirtschaft und Telekommunikation Bitkom positioniert sich in der Shop-Frage eindeutig und zeichnet (kaum überraschend) eine digitale Erfolgsgeschichte:

So hätte in einer repräsentativen Umfrage unter 530 Händlern im Groß- und Einzelhandel jeder Zweite seinen Online-Umsatz mit 30 Prozent des Gesamtumsatzes angegeben, jeder Vierte mit 30 bis 50 Prozent, jeder Zehnte sogar mit mehr als 50 Prozent.[108] Dem kleinen Händler um die Ecke nützt die allgemeine Statistik allerdings wenig, denn sie vernachlässigt, dass das Gros der Online-Umsätze bislang nicht im Facheinzelhandel und oder in Fachmärkten erzielt wird, sondern über größere Anbieter wie Warenhäuser und die bekannten Online-Riesen von Amazon bis Zalando.[109] Nüchtern ergibt sich daraus das typische Henne-Ei-Problem: Ist der Online-Umsatz im Fachhandel bisher so niedrig, weil vergleichsweise wenige Händler über Online-Shops verfügen (laut Handelsjournal sind es etwa 25 Prozent)?[110] Oder sind kleinere Händler zu Recht zurückhaltend bei der Einrichtung eines Online-Shops, weil es sich für sie nicht wirklich lohnen würde? Schließlich liegt der Gedanke nahe, dass online-affine Kunden der weit größeren Auswahl wegen lieber in den großen Online-Shops stöbern. Auch die Beobachtung des HDE, der Online-Umsatz von Händlern mit „stationärer DNA" wachse inzwischen etwas schneller als der von Händlern reiner Online-Herkunft, hilft da nicht wirklich weiter.[111] Zumindest im Food-Bereich bleiben die Online-

Umsätze bezogen auf den Gesamtumsatz im Promillebereich, so meine Beobachtung im internationalen Vergleich.

Im Zweifelsfall lohnt es sich, den oft zu Unrecht geschmähten gesunden Menschenverstand zu bemühen. Biete ich als Händler Produkte mit einer gewissen Exklusivität – regionale Besonderheiten, in begrenzter Stückzahl gefertigte Produkte, exklusives Design abseits des Mainstreams – erschließt mir das World Wide Web eine potenziell weltweite Zielgruppe, immer vorausgesetzt, meine Produkte finden Anklang und mein (Online-) Marketing stimmt. Stehe ich dagegen mit meinem Sortiment in Konkurrenz zu den großen Online-Shops, will der Schritt ins Netz gut überlegt sein. Warum sollten Kunden dann bei mir ordern? Allenfalls könnte eine lokale „Same Day Delivery" ein Vorteil sein, aber auch dies verursacht wieder Kosten. Das alles deckt sich mit der Einschätzung der Geschäftsführer des großen Osnabrücker Mode- und Sporthauses L&T, Thomas Ganter und Mark Rauschen, die einräumen: „Im Online-Handel wären wir verglichen mit Amazon und Zalando nur ein Zwerg." Ihre Schlussfolgerung: „Es gibt kaum einen Sortimentsbestandteil, der nicht umfangreich und stark im Netz vertreten ist. So war es für uns vor fünf bis sechs Jahren die einzig richtige Entscheidung, nicht in den E-Commerce zu investieren. Heute [2018] werden wir wegen der Entscheidung gefeiert, deutlich ins stationäre Erlebnis zu investieren." Auch das ist ein bedenkenswerter Hinweis: Bevor die stationären Hausaufgaben nicht gemacht sind, sollte man vorsichtig sein, sich einen weiteren Vertriebskanal zuzulegen. Denn: Ein schlecht laufender (schlecht geführter?) Laden wird auch durch einen Webshop nicht auf wundersame Weise gerettet.[112] In einem Satz zusammengefasst: Als kleiner oder mittelständischer Händler brauchen Sie unbedingt eine gute Website, aber nicht zwingend einen Webshop.

Ob Sie einen dritten Weg einschlagen und sich mit dem Gegner verbünden – sprich: Ihre Waren über Amazon Marketplace vertreiben – ist ebenfalls kaum pauschal zu beantworten. Inzwischen wachsen die Marketplace-Umsätze des Online-Riesen stärker als die originären Amazon-Umsätze[113], was unterstreicht, dass der Marktplatz ein Erfolg ist – zumindest für Amazon. Denn natürlich gibt es auch Klagen von Händlern über die Geschäftspraktiken Amazons, wie Lamprecht (2018) betont. Neben einem aktuellen Handbuch zum Thema (Fries/Bruns 2019) bietet das Digitalmagazin etailment in verschiedenen Artikeln eine erste Orientierung zum Verkauf über Amazon, was die Entscheidungsfindung erleichtern könnte.[114]

Digitale Services – was sich Kunden wirklich wünschen

Nicht alles, was machbar ist, wird auch vom Kunden geschätzt, und nicht alles, was neu ist, hat zwangsläufig Erfolg. Ein Beispiel aus unserem Dorf: Ein Pizzabäcker hat immer wieder versucht, die Pizza per Drohne zuzustellen. Die Pizza kam immer wieder zurück, die Drohne kam abhanden. Und nicht ohne Grund wurde das Beispiel des komplett digitalisierten Jeansladens in Seattle an den Anfang dieses Buches gestellt (vgl. „Online erfolglos: zwei Beispiele", S. 10). Der Pressehype war groß, mancher sah hier das Modell für den stationären Handel der Zukunft. Wenig später wurde der Laden geschlossen. In einer Übergangsphase gilt es, wachsam, experimentierfreudig und aufgeschlossen zu sein – und gleichzeitig einen kühlen Kopf zu bewahren. Schauen wir uns an, was nach derzeitigem Kenntnisstand echte Kundenbedürfnisse trifft.

Besonders ausführlich ging dieser Frage eine Studie nach, die die Universität St. Gallen 2018 in Zusammenarbeit mit der Swiss Retail Federation erstellte (vgl. die folgende Tabelle). Dafür wurden in der Deutschschweiz insgesamt 1000 Konsumenten befragt, wie sie bestimmte digitale Services unter den Gesichtspunkten „persönliche Relevanz", „wahrgenommene Attraktivität", „Nutzungsintention", „wahrgenommene Sicherheit", „Motivation für den Ladenbesuch", „Weiterempfehlungsabsicht" und „Zahlungsbereitschaft" einstuften. Der Mittelwert sämtlicher Einschätzungen auf einer siebenstufigen Skala ergab die folgende Hitliste digitaler Services (mit 1 = minimal möglicher Wert, 7 = maximal möglicher Wert).

Rang	Digitaler Service	Verkaufsphase	Wert
1	Wunschbaum (Per Touchscreen kann der Händler am Point of Sale auf fehlende Produkte aufmerksam gemacht werden. Auch Eingabe neuer Produktwünsche.)	Vorkaufphase & Kaufphase	4,3
2	Local Inventory Ad's (Bei Produktsuche im Internet erhält der Kunde automatisch Informationen zu stationären Händlern in der Umgebung, die das Produkt führen, sowie zu deren Öffnungszeiten usw.)	Vorkaufphase	4,3
3	Online-Bestandsabfrage (Der Kunde kann online abfragen, ob ein bestimmter Laden das gewünschte Produkt vorrätig hat, außerdem Produktinfos und Reservierungsmöglichkeit.)	Vorkaufphase	4,2

4	Scan & Go-Kassen (Preis der Waren wird vom Kunden selbst per Smartphone eingescannt, Bezahlung der Gesamtsumme am Kassenautomaten oder an einer Bedienkasse – das Ein- und Ausladen der Ware am Kassenförderband entfällt.)	Kaufphase	4,1
5	Virtual Reality (VR): Eigene neue Welt (Mittels einer Virtual-Reality-Brille können Produkte wie das neue Auto oder die geplante Küche dreidimensional erlebt und Produktvarianten durchgespielt werden.)	Kaufphase	4,1
6	Pick-up-Abholstationen (Online bestellte und bezahlte Lebensmittel können rund um die Uhr an einer Packstation per Eingabe des Bestellcodes abgeholt werden.)	Nachkaufphase	4,0
7	Code-Check (Barcode am Produkt gibt nach Scan mit dem Smartphone Inhaltsstoffe, Einstufung auf Nährstoffampel und Verträglichkeit für Allergiker an.)	Kaufphase	3,9
8	Instore-Navigation (Eine App, die den Kunden im Laden zum gesuchten Produkt lotst – „Google Maps im Laden".)	Kaufphase	3,6
9	Infinity Shopping Shelf (Virtuelle Erweiterung des Ladensortiments durch die Möglichkeit zur Online-Bestellung nicht vorhandener Produkte, auch Endless Aisle genannt. Lieferung der bestellten Ware nach Hause.)	Kaufphase	3,6
10	Phygitale Filiale (Vollautomatischer, rund um die Uhr geöffneter Mini-Supermarkt von ca. 20 m^2 ohne Personal. Zugang und Bezahlung über eine Smartphone-App.)	Kaufphase	3,4
11	Scan-Produkterkennung (Eine App erkennt mit der Smartphone-Kamera eingescannte Produkte, zeigt, wo es diese zu kaufen gibt, und bietet gleich eine Bestellmöglichkeit.)	Vorkaufphase & Kauf	3,4
12	Geofencing (Standortabhängige Einspielung von Werbung auf das Smartphone: Sobald der Kunde sich einem Laden nähert, wird er per GPS geortet und erhält Hinweise auf Neuigkeiten, Aktionen, Coupons usw.)	Vorkaufphase	3,4
13	Virtual Reality: Zusatzinformationen erleben (Per Smartphone-App können an verschiedenen Stationen im Laden Zusatzinfos [Animationen] zu Produkten abgerufen werden. Dieses Abrufen wird mit Treuepunkten belohnt.)	Kaufphase	3,4
14	Interaktives Shopping-Window (Schaufenster als überdimensionaler Touchscreen, mit dem das Angebot eingesehen und bestellt werden kann.)	Kaufphase	3,1

15	Chatbot (Ein digitaler Verkaufsassistent beantwortet Kundenfragen und macht Produktvorschläge.)	Vorkaufphase	3,1
16	RFID-Kassen (Der Kunde aktiviert vor Betreten des Ladens per Gesichtserkennung eine Bezahlfunktion. Beim Verlassen werden die mit RFID-Etiketten ausgestatteten Waren in seiner Einkaufstasche beim Passieren der Kasse „in maximal 15 Sekunden“ automatisch abgerechnet“.)	Kaufphase	2,9
17	Augmented Reality: Orientieren und Navigieren: [115] (Mittels einer „Hololens“-Brille erhält der Träger durch einen Avatar Produkterläuterungen und andere Infos zu seinem jeweiligen Gesichtsfeld.)	Kaufphase	2,9
18	Biometrische Bezahlung (Bezahlung per Fingerabdruck oder Gesichtserkennung. Die biometrischen Daten sind mit Adress- und Kontodaten verknüpft.)	Kaufphase	2,8

Beliebtheit digitaler Services (Quelle: Rudolph/Nagengast 2018, S. 72) [116]

Wie Sie sehen, haben sich die Handelsforscher aus St. Gallen noch einige neue Anwendungen einfallen lassen, wie etwa einen „Wunschbaum“, den „phygitalen“ (aus der Verschmelzung von „physikalischen“ und „digitalen“ Merkmalen entstehenden) 24/7-Mini-Supermarkt sowie die Verbindung des Click & Collect-Service (im Netz bestellen, im Laden abholen) mit dem Prinzip der Packstationen. Was bei der Bewertung der verschiedenen Services ins Auge fällt: Selbst die Spitzenplätze erreichen nur moderate Scores von knapp über 4 Punkte. Wenn Sie mich fragen: Begeisterung sieht anders aus! Auch ist die Spanne zwischen den attraktivsten und den am wenigsten attraktiven Angeboten nicht besonders groß: Sie beträgt gerade einmal 1,5 Punkte. Mit Vorsicht zu genießen sind solche Zahlen ohnehin: Nicht alles, was Kunden bei Umfragen interessant finden, setzen sie auch tatsächlich um. Die Schlussfolgerung, „der“ Kunde (bzw. eine große Mehrheit) giere förmlich nach digitalen Zusatzservices im stationären Handel und nur so sei der Laden zu retten, lässt sich aus diesen Ergebnissen jedenfalls nicht ziehen. Wie in allen Umfragen ist das Interesse an einer digitalen Aufrüstung bei den Jüngeren (unter Dreißigjährigen) etwas größer als im Durchschnitt der Bevölkerung. Doch zwischen Jung und Alt liegen nicht Welten, sondern in der St. Gallener Untersuchung in der Regel etwa 0,5 bis 0,6 Score-Punkte.

In der Tendenz decken sich die Schweizer Ergebnisse mit anderen Studien, etwa von PWC (2018) und Ayden Retail (2018). Auch hier kristallisieren sich neben dem Self-Check-out, den ich schon im Abschnitt „Kundenschreck: Die Kassenschlange“ behandelt habe, vor allem die Online-Bestandsabfrage sowie der Click & Collect-Service als attraktiv heraus.[117] So gesehen ist es auch ohne eigenen Webshop für Händler eine Überlegung wert, das eigene Sortiment (tages-)aktuell im Internet zu präsentieren und dem Kunden eine Reservierungsmöglichkeit zur Selbstabholung anzubieten. Sehr aufwendig ohne eigenen Online-Shop, aber machbar. Wenn die stationären Hausaufgaben gemacht sind und Kapazität vorhanden ist, könnte der nächste Schritt sein, über Click & Collect nachzudenken. Mit einem Abholservice für online bestellte Ware experimentieren bereits etliche Händler, auch im Lebensmittelbereich, allerdings ohne dass sich dieser Dienst bisher als Umsatzturbo erwiesen hätte. Möglicherweise liegt das auch an Kinderkrankheiten, die es noch abzustellen gilt. Aus Kundensicht ist „online bestellen, im Laden abholen“ dann attraktiv,

- wenn es tatsächlich Zeit spart (das Abholen und auch das Bezahlen also sehr fix gehen),
- wenn der Service wenig (am besten gar nichts) zusätzlich kostet,
- wenn die Ware mit überschaubarem Vorlauf (am besten am selben Tag) zur Verfügung steht und
- wenn das Online-Angebot nicht kleiner ist als das stationäre (also kein Rumpfsortiment bildet).

Wer Click & Collect einrichten will, sollte sich daher im Klaren sein, dass er eine zusätzliche Prozesskette installiert, die wie am Schnürchen klappen muss, damit der digitale Schuss nicht nach hinten losgeht. Kunden erwarten einfache Bezahlvorgänge, ob online oder am Point of Sale, Abholung ohne Wartezeiten an einem eigens installierten Schalter, ein zugleich zuverlässiges und flexibles System, das auch kurzfristige Nachbestellungen handeln kann. An diesem Anspruch scheiterte selbst eine bekannte Drogeriemarktkette, die Kunden mit unhandlichen Paketen und uninformierten Verkäufern irritierte, oder ein großer Lebensmittelhändler, der online nur ein eingeschränktes Sortiment bot. Wer glaube, „das bisschen Abholerei ließe sich ohne großen Aufwand in die bisherigen Filialkonzepte stopfen, ohne dafür investieren oder umbauen zu müssen“, irre sich, kommentierte der Supermarktblog 2017.[118] Das trifft zweifellos zu und entlarvt die Hoffnung auf schnellen Zusatzumsatz als Seifenblase. Click & Collect ist serviceintensiv im Sinne von Bossharts 2-zu-1-Regel. Und dabei haben wir über Besonderheiten des Lebensmittelhandels wie Kühlkette und stoßempfindliche Ware noch gar nicht geredet. Es ist daher ratsam, aus den Fehlern des Wettbewerbs zu lernen und sich gerade als kleiner oder mittelständischer Händler logistische Kompetenz einzukaufen.

Ein Beispiel ist eine Biomarktkette im Raum Stuttgart mit elf Filialen, die mit einem externen Softwareanbieter und Food-Spezialisten zur Einrichtung des E-Shops und zur Belieferung der Kunden zusammenarbeitet, den Service dadurch kostendeckend anbietet und mittelfristig auf Umsatzzuwächse durch weitere institutionelle Kunden (Firmen, Büros, Kitas) setzt.[119] Damit ist der Bio-Anbieter ein Beweis dafür, dass nicht nur die Großen intelligente Multichannel-Lösungen umsetzen können. Auch ein REWE-Markt im bayerischen Gerolzhofen hat die Click & Collect-Idee kundenorientiert weitergedacht, indem er Nutzer mit zwei Extraparkplätzen in der ersten Reihe, rascher Abholung an der Info-Kasse ködert und die Bereitstellung der Ware binnen drei Stunden garantiert.[120] Auf diese Weise können lokale Einzelhändler durch Express-Service ihren Standortvorteil ausspielen und Kunden binden, die dann möglichst auch den nächsten „echten" Einkauf in „ihrem" Markt tätigen – oder ohnehin noch ein paar andere Dinge einkaufen, wenn sie erst einmal vor Ort sind.

Im Non-Food-Bereich kann auch die unkomplizierte Abwicklung von Retouren diesem Zweck dienen. Es kann durchaus ein lohnendes Geschäft sein, Online-Bestellungen am Point of Sale zurückzunehmen oder umzutauschen, wenn der Laden so attraktiv und die Beratung so gut ist, dass Kunde oder Kundin mit einigen zusätzlichen Tüten den Ort des Geschehens verlässt.

Online ködern, offline zubeißen könnte also die Zukunftsmaxime lauten. Es wird mittelfristig beides brauchen, das „Sowohl-als-auch" statt des „Entweder-oder". Kunden sind und waren immer unterschiedlich. Es gibt die Trendsetter und die Traditionalisten, die Genuss-Shopper und die Fokussierten, auf Effizienz bedachten, die jungen Familien mit chronischer Zeitknappheit und großem Wocheneinkauf, die Impulsiven, die Desinteressierten, die Allesnutzer, dazu mehr und mehr Senioren mit Online-Kompetenz und mehr und mehr Vertreter der Generation Smartphone, die ins kaufkräftige Berufsalter kommen. Sie alle gilt es online anzusprechen, wenn das Sortiment es erfordert, die geweckten Erwartungen dann aber auch offline zu erfüllen. Das wiederum spricht für ein durchdachtes, schrittweises Vorgehen mit klarem Fokus: Wem muss ich was online bieten, damit ich offline nicht nur überlebe, sondern dauerhaft Erfolg habe?

Roadmap für mehr Erfolg im stationären Handeln – fünf Erfolgsrezepte

Mein Fazit am Ende dieser Strategiesammlung wird Sie nicht überraschen: Eine einfache, rasche Patentlösung für den stationären Handel existiert nicht. Zu unterschiedlich sind Produkte, Zielgruppen, Wettbewerbsumfeld. Aber es gibt eine Reihe von Stellschrauben, deren Überprüfung sich für jeden Händler lohnt. Die abschließenden Unternehmenschecklisten unterstützen Sie dabei, den Handlungsbedarf in Ihrem Geschäft zu ermitteln und zu priorisieren. Beginnen Sie mit den drängendsten Baustellen und gehen Sie dann Schritt für Schritt weiter. Kurz: Arbeiten Sie ab sofort nach dem bewährten Erfolgskonzept kontinuierlich *an* Ihrem Unternehmen, statt nur *in* Ihrem Unternehmen.

1. Servicewüsten bewässern

Umsatzkiller Nummer 1 ist schlechter Service. Wer seine Kunden heute nicht umgarnt, treibt Sie zur Konkurrenz oder ins Internet. Wie gut ist der Service bei Ihnen am Point of Sale? Kreuzen Sie an, auf einer Skala von -2 („trifft gar nicht zu“) über 0 („teils, teils“) bis +2 („trifft fast immer zu“).

Human Touch: Unsere Verkäufer/innen gehen sehr freundlich auf alle Kunden zu.

-2	-1	0	+1	+2

Beratungskompetenz: Unsere Verkäufer/innen sind sämtlich sachkompetente Lotsen durch das Angebot und beraten mit Kundengespür zielgruppenorientiert.

-2	-1	0	+1	+2

Teamklima: Bei uns arbeitet man gerne. Mitarbeiter/innen untereinander und Mitarbeiter und Führung kommen gut miteinander aus.

-2	-1	0	+1	+2

Kassenbereich: Wir vermeiden lange Schlangen und arbeiten täglich daran, unseren Kunden das Bezahlen so einfach und bequem wie möglich zu machen.

-2	-1	0	+1	+2

Öffnungszeiten: Wir bieten unseren Kunden erweiterte Öffnungszeiten (ständig oder als Einzelaktion), um den Einkauf bei uns attraktiver zu machen.

-2	-1	0	+1	+2

Convenience allgemein: Wir bieten unseren Kunden interessante Services, ersparen ihnen dadurch Mehraufwand in Form von zusätzlichen Wegen, Zeit usw. oder bieten ihnen einen Zusatznutzen, den es online nicht gibt.

-2	-1	0	+1	+2

Ihre Einschätzung (Addition sämtlicher Werte) ______________________

Glückwunsch, wenn hier in der Addition ein positiver Wert steht. Sie sind bereits auf einem guten Weg. Liegt Ihr Wert allerdings unter dem Gefrierpunkt, ist der Service Ihre erste und wichtigste Baustelle. Der menschliche Faktor ist das eigentliche Zusatzplus des stationären Handels. Wer ihn negativ gestaltet, schafft sich selbst ab. Das bedeutet auch: Wenn Sie hier sparen, sparen Sie am falschen Ende. Der erste Euro sollte immer in den POS (Point of Sale) – und dort vor allem ins Personal – investiert werden, der zweite dann in Marketing und Werbung. Idealerweise zaubern Sie und Ihre Verkäufer/innen den Kunden ein Lächeln ins Gesicht.

Wenn Sie unsicher sind, wie gut Ihr Service tatsächlich ist, versuchen Sie, Ihren Laden mit den Augen eines Kunden zu sehen, oder beauftragen Sie ein „Mystery Shopping" durch einen Handelsprofi. Alternativ bitten Sie Kollegen, denen Sie ein gutes Urteil zutrauen, um Testkäufe und ungeschöntes Feedback. Prüfen Sie, ob in den sozialen Medien Urteile über Sie vorliegen und wie diese aussehen. Geben Sie Kunden mit einem anonymen Fragebogen Gelegenheit zu Bewertung und Verbesserungsvorschlägen. Belohnen Sie das Mitmachen mit einem kleinen Gutschein oder Geschenk und nehmen Sie Kritik ernst.

Was Sie sofort tun können:
Leben Sie Ihren Mitarbeitern guten Kundenservice vor, gewähren Sie Handlungsspielräume (z.B. Kulanz bei Reklamationen), belohnen Sie gute Verkäufer/innen materiell (Umsatzbeteiligung) wie immateriell (Anerkennung).
Ihr Ziel: Kunden und ihre Bedürfnisse erkennbar und spürbar in den Mittelpunkt stellen.

2. Sinne bedienen, Emotionen wecken
Der Versorgungseinkauf tritt längst hinter dem Erlebniseinkauf zurück: Einkaufen ist zur Freizeitbeschäftigung geworden. Geschätzt 70 Prozent aller Käufe sind Impulskäufe. Ist ein Besuch bei Ihnen geeignet, positive Emotionen wie Neugierde, Zufriedenheit, Freude und Spaß zu wecken? Wieder reicht die Skala von -2 („trifft gar nicht zu") über 0 („teils, teils") bis +2 („trifft fast immer zu").

Fassade und Eingangsbereich: Schon von Weitem wirkt unser Laden gepflegt und freundlich, er lädt zum Eintreten ein.

-2	-1	0	+1	+2

Schaufenster: Unser Schaufenster wird von uns bewusst als Werbefläche eingesetzt, immer wieder originell dekoriert und animiert daher viele Kunden zum Stehenbleiben.

-2	-1	0	+1	+2

Im Shop: Temperatur, Licht, Farbe, Materialien, Hintergrundmusik, Breite der Gänge sowie Ladenmobiliar sind so gewählt, dass unsere Kunden sich spontan wohlfühlen.

-2	-1	0	+1	+2

Ladenaufbau: Wir laden durch eine ausgewogene Balance von Übersicht und Überraschungseffekten Kunden zum Verweilen und Stöbern ein. Denn je länger ein Kunde verweilt, desto mehr kauft er.

-2	-1	0	+1	+2

Sortiment: Wir beschränken uns nicht auf das Standardsortiment, das der Kunde überall bekommt, sondern führen und bewerben daneben exklusive Produkte (etwa regionale oder von kleinen Herstellern produzierte Artikel) und/oder schnüren für Kunden regelmäßig interessante Produktpakete unter Gesichtspunkten wie z. B. Convenience, Ersparnis oder Erlebnis.

-2	-1	0	+1	+2

Zugaben und Rabatte: Wir setzen dosiert Zugaben und (anlassbezogene) Rabatte ein, um unseren Kunden weitere positive Einkaufserlebnisse zu verschaffen.

-2	-1	0	+1	+2

Ihre Einschätzung (Addition sämtlicher Werte) ____________________

Auch hier gilt: Wenn der Additionswert negativ ist, besteht Handlungsbedarf. Wer Ihren Laden betritt, sollte aufatmen und sich wohlfühlen. Welche Sinne Ihrer Kunden Sie dabei wie ansprechen, hängt von Ihrer Zielgruppe und deren Vorlieben ab. Verlassen Sie die Durchschnittsfalle, setzen Sie bei Ambiente wie Sortiment ein klares Konzept um – seien Sie bodenständig und traditionell, frech und bunt oder stylisch und gediegen. Nur eines sollten Sie nicht sein: beliebig.

Was Sie sofort tun können:
Beseitigen Sie alles, was einen einladenden Auftritt Ihres Ladens trübt – vom Laub vor der Tür und Schmutz an der Fassade über das immer gleiche Schaufenster bis zu vollgestellten Gängen. Überlegen Sie, wie Sie mit überschaubarem Budget Ihr Geschäft attraktiver gestalten können, etwa durch einen neuen Innenanstrich, frische Läufer im Eingangsbereich oder neue Dekorationselemente.
Ihr Ziel: Den Point of Purchase für den Kunden zum Point of Pleasure machen.

3. Überraschungen bieten

Wer sich in einer wettbewerbsstarken, reizüberfluteten Einkaufswelt durchsetzen will, muss starke Signale senden, Stoff zum Weitererzählen liefern, im Laden „Instagram-Momente" schaffen – kurz: Er muss in Bewegung bleiben und regelmäßig etwas Neues bieten. Denn nur das Neue und Ungewöhnliche zieht die Aufmerksamkeit auf sich. Wie ist Ihr Laden in diesem Punkt aufgestellt? Wieder reicht die Skala von -2 („trifft gar nicht zu") über 0 („teils, teils") bis +2 („trifft fast immer zu").

Abwechslung ist Trumpf: Wir überlegen regelmäßig, wodurch wir Kunden positiv überraschen (begeistern) können. Wir wollen Kundenerwartungen nicht nur erfüllen, sondern immer wieder übertreffen.

-2	-1	0	+1	+2

Hingucker bieten: Sowohl im Schaufenster als auch im Laden gelingen uns immer wieder ungewöhnliche und verblüffende Dekorationen.

-2	-1	0	+1	+2

Aktionen planen: Wir haben einen Jahresplan, in dem spannende Aktionen im Jahresverlauf festgelegt und Verantwortliche bestimmt sind. Das können z. B. jahreszeitlich attraktive Produktpakete, anlassbezogene Zugaben, sortimentsbezogene Seminare, kleine Ausstellungen oder Cross-Marketing-Aktionen in Zusammenarbeit mit Partnern sein.

-2	-1	0	+1	+2

Flexibilität: Wir sind offen und experimentierfreudig und probieren regelmäßig etwas Neues aus. Und wenn eine Idee nicht funktioniert oder wenig bewirkt, verabschieden wir uns konsequent wieder davon.

-2	-1	0	+1	+2

Außergewöhnliche Aufmerksamkeit: Menschen sehnen sich danach, wahrgenommen zu werden. Kleine Gesten gegenüber dem Kunden wirken deshalb stärker nach als spektakuläre Inszenierungen. Das ist uns bewusst und danach handeln wir.

-2	-1	0	+1	+2

Fantasie und Findigkeit: Köpfchen ist wichtiger als Budget. Wir sind ständig auf der Suche nach Anregungen aus anderen Branchen, anderen Orten und Regionen, die wir kreativ abwandeln.

-2	-1	0	+1	+2

Ihre Einschätzung (Addition sämtlicher Werte) ____________________

Kunden suchen beim „Shoppen“ Erlebnisse. Ein negativer Wert auf der Überraschungsskala sollte Ihnen daher zu denken geben. Ein gutes Kundenerlebnis bedeutet dabei nicht zwangsläufig eine spektakuläre Inszenierung, wie sie Flagship-Stores bekannter Marken, Konzernfilialen in Toplagen oder lokale Platzhirsche stemmen können. Im Zweifelsfall wiegen „Human Touch“ und kleine Überraschungen schwerer als teure Effekte. Spektakuläres Design nutzt sich ab, menschliche Aufmerksamkeit nicht. Sie wirkt immer wieder neu.

Was Sie sofort tun können:

Sammeln Sie mit Ihrem Team Ideen zur Kundenüberraschung, legen Sie einen Wochen- und Jahresplan fest und bestimmen Sie Zuständigkeiten. Halten Sie schriftlich fest, was gut ankommt und was nicht.

Ihr Ziel: Spannend bleiben und so Mehrwert gegenüber dem Online-Handel bieten.

4. Digitale Erfolgsstrategien adaptieren

Erfolgreiche Online-Händler arbeiten unablässig daran, ihren Kunden das Einkaufen noch angenehmer zu machen und wirksame Verkaufsimpulse zu setzen. Sie wachsen auch deswegen, weil sie sich auf gutes Marketing verstehen und Kunden immer geschickter durch ihre Produktwelt lotsen. Einige ihrer Strategien lassen sich auf den stationären Handel adaptieren. Was davon haben Sie schon umgesetzt? Wieder folgt Ihre Selbsteinschätzung einer Skala von -2 („trifft gar nicht zu“) über 0 („teils, teils“) bis +2 („trifft fast immer zu“).

Communities – Gemeinschaft stiften: Wir möchten, dass Kunden sich uns verbunden fühlen und zu Stammkunden werden. Den sozialen Medien im Netz setzen wir dabei „analogen“ Gemeinschaftssinn entgegen. Dazu verankern wir uns in unserem Umfeld und bieten unseren Kunden Gastfreundschaft und persönlichen Austausch.

-2	-1	0	+1	+2

Claim – Hervorheben, wofür man steht: Was uns besonders auszeichnet, haben wir in einem griffigen Claim zusammengefasst, den wir offensiv kommunizieren (z. B. im Schaufenster, auf Handzetteln, auf Einkaufstaschen).

-2	-1	0	+1	+2

Werben – Betonen, was man leistet: Unsere Services, Angebote, Aktionen bewerben wir deutlich sichtbar, z. B. durch Plakate, Aufsteller vor dem Laden, Handzettel. Wir sind immer wieder spannend – und erzählen das auch weiter.

-2	-1	0	+1	+2

Fünf Sterne – Bewertungen und Empfehlungen: Fachberater und Verkäufer stellen sich offensiv hinter unsere Produkte. Highlights versehen wir mit persönlichen Bewertungen oder Empfehlungskarten.

-2	-1	0	+1	+2

Bestseller und Highlights – Sortimentsaufbau mal anders: Wir verstehen das Kundenbedürfnis nach Orientierung in einer vielfältigen Warenwelt. Wir reservieren daher einen Teil unserer Verkaufsfläche für neuartige Präsentationsformen wie z. B. „Topseller 2018“, „Highlight des Monats“, „Käufer von X kauften auch Y“, „15 Geschenke unter 15 Euro“.

-2	-1	0	+1	+2

O2O – digitale Strategien integrieren: Wir beobachten aufmerksam, welche digitalen Services Kunden sich zunehmend wünschen und wie „digital“ unsere Zielgruppe unterwegs ist. Wir verfügen über eine persönlich ansprechende mobile Website. Weitere Schritte wie Online-Verfügbarkeitsabfrage, Click & Collect oder Self-Check-out gehen wir mit Bedacht an.

-2	-1	0	+1	+2

Ihre Einschätzung (Addition sämtlicher Werte) ______________________

Wenn die Konkurrenz sprintet, darf man selbst nicht schlendern. Gerade die Großen im Online-Geschäft – allen voran Amazon – zeichnen sich durch hohe Dynamik aus. Auch unter Punkt 4 sollten Sie daher auf einen positiven Additionswert kommen. Sorgen Sie dafür, dass man Sie in Ihrem lokalen Umfeld kennt und schätzt. Formulieren Sie Ihre Stärken, anstatt darauf zu hoffen, Ihre Kunden wüssten schon, was Sie an Ihnen haben. Schaffen Sie in Ihrem Sortiment durch neuartige Formen der Präsentation immer wieder Kaufanregungen.

Was Sie sofort tun können:
Sich über jeden Kunden freuen, der Ihren Laden betritt, und ihm das auch zeigen. Ihre besonderen Services auflisten und aushängen. Ein Bestseller-Regal bestücken.
Ihr Ziel: Neue Kunden anziehen und bestehende Kunden zu Stammkunden machen. Kunden möchten gerührt werden, nicht geschüttelt!

5. Mutig neue Wege gehen statt digitale Riesen fürchten
Generell gilt: Jammern, sich sorgen oder gar Resignation, all das raubt Ihnen Energie und bringt Sie keinen Schritt weiter. Investieren Sie Ihre Energie lieber in positive Aktionen, handeln Sie. Findige Händler waren dem Wettbewerb schon immer eine Nasenlänge voraus. Dafür braucht es vor allem eines: Mut. Im Folgenden daher abschließend ein (augenzwinkerndes) Mut-Barometer.

Wann haben Sie zum letzten Mal etwas zum allerersten Mal getan – also geschäftlich etwas völlig Neues ausprobiert?

-2	Ich habe wirklich Besseres zu tun!
-1	Keine Ahnung, da muss ich lange nachdenken
0	Vor ein, zwei Jahren
+1	Vor zwei, drei Monaten
+2	Letzte Woche

Was machen Sie anders als stationäre Wettbewerber?

-2	Nichts, warum auch?
-1	Wir orientieren uns an erfolgreichen Mitbewerbern
0	Das betrifft eher Kleinigkeiten
+1	Wir haben ein besonderes Zusatzplus, und zwar …

+2 Wir gehen konsequent immer wieder eigene Wege

Wann haben Schaufenster, Sortiment, Deko oder Aktionen zuletzt für Aufsehen, vielleicht sogar für Debatten gesorgt?

-2 Noch nie, das streben wir auch gar nicht an
-1 Wir halten den Branchenstandard
0 Es gibt schon mal Kundenlob, aber eher selten
+1 Wir hatten in den letzten Jahren zwei, drei Highlights
+2 Das passiert regelmäßig alle paar Monate.

Wie sorgen Sie für ein gutes Teamklima – getreu der Erfahrung, dass Mitarbeiter Kunden überwiegend so behandeln, wie sie selbst vom Chef behandelt werden?

-2 Es gibt das übliche Gehalt, das muss reichen
-1 Wir bemühen uns um Fairness
0 Wir fördern gute Leute mit Geld und Eigenverantwortung
+1 Ich habe ein offenes Ohr für meine Mitarbeiter
+2 Unsere Zusammenarbeit ist von Wertschätzung geprägt und auf Augenhöhe

Wie häufig überdenken und optimieren Sie Ihr Sortiment?

-2 Eher selten
-1 Gelegentlich greife ich Vorschläge von Lieferanten auf
0 Wir haben regelmäßig Aktionsware
+1 Wir führen einige regionale und/oder individuelle Produkte
+2 Wir sind immer auf der Suche nach dem Besonderen

Wann haben Sie sich zuletzt von etwas verabschiedet, an dem Sie nur noch aus alter Gewohnheit festhalten – Ladenhüter im Sortiment, umständliche Prozesse, Mitarbeiter, die Kunden vertreiben usw.?

-2 Noch nie
-1 Das ist schon länger her
0 Wenn es nicht anders geht, greife ich schon durch
+1 Ich ziehe einmal im Jahr Bilanz und stelle Mängel ab

+2 Wir wollen uns stetig verbessern und handeln sofort, wenn wir Möglichkeiten dazu sehen

Ihr „Mut-Score" (Addition sämtlicher Werte)______________________

Ihre Mutbilanz fällt negativ aus? Dann wird es Sie beruhigen, dass Psychologen Mut als eine Fähigkeit beschreiben, die sich trainieren lässt wie ein Muskel. Am besten fangen Sie gleich damit an. Denn Sie wissen so gut wie ich: Das Glück ist mit dem Tüchtigen!

Was Sie sofort tun können:
Wählen Sie aus den Anregungen der vergangenen Kapitel mindestens zwei aus, die für Sie passen. Und beginnen Sie mit der Umsetzung. Jetzt!
Ihr Ziel: Ein Laden, der läuft – weil Sie ihn zu etwas Besonderem machen.

TEIL III
DER HANDEL IM JAHR 2030
Eine Prognose

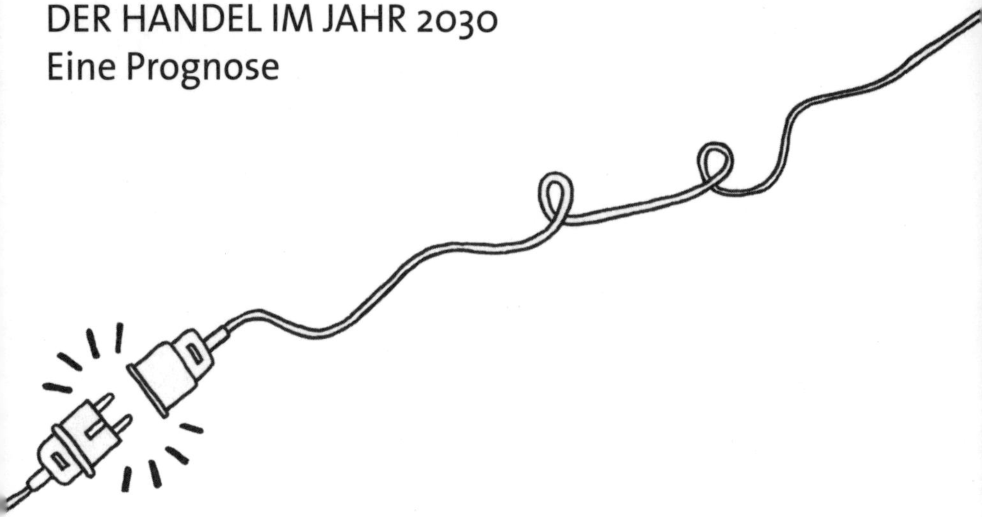

„Ein Experte ist ein Mann, der hinterher genau sagen kann, warum seine Prognose nicht gestimmt hat", spottete einst Winston Churchill. Wie werden wir in zehn Jahren einkaufen? Wer sich vergegenwärtigt, wie radikal sich die Einkaufswelt im vergangenen Jahrzehnt gewandelt hat, wird zu gewagten Thesen verführt. Zehn Jahre sind in dieser Branche mehr als ein Lichtjahr. Konsum-, Lebens- und Einkaufsgewohnheiten ändern sich disruptiv. Auf der anderen Seite leben Totgesagte oft besonders lang: Das Fernsehen hat das Kino nicht abgeschafft, die Fotografie nicht die Malerei, das E-Book nicht das „Holz-Buch". Stolze 96 Prozent aller Bücher wurden auch 2018 in Deutschland noch ganz altmodisch auf gedrucktem Papier gelesen, allen Amazon-Kampagnen für den Kindle zum Trotz.[1] Und auch der Online-Handel wird den stationären Handel nicht komplett verdrängen. Läden wird es immer geben. Es fragt sich nur, welche, mit welchem Sortiment, welchen Serviceleistungen und welcher Ausstattung. Werden wir von Robotern bedient und von Drohnen beliefert? Sparen wir uns die Umkleidekabine, weil unser Avatar die Hose für uns anprobiert? Ordert die Waschmaschine eigenständig neues Waschmittel und der Kühlschrank bestellt Milch? In Ermangelung einer Glaskugel und vor dem Hintergrund der Warnung Churchills lesen Sie zum Abschluss des Buches einige plausible Hypothesen auf der Basis sich abzeichnender Trends.

1. Express-Einkauf in einer Express-Welt

Kunden sind per se ungeduldig und werden immer ungeduldiger. Die stetig wachsende Vielfalt der Möglichkeiten, Medien und anderen Angeboten frisst Zeit. Der Laden konkurriert nicht nur mit dem Wettbewerber, ob online oder stationär, sondern mit Wellnessangebot und Billigflieger, Netflix und Computerspiel. Daher gilt: Je schneller, desto besser – jedenfalls wenn es um den Bedarfseinkauf geht. Während das lustvolle „Shoppen" immer mehr den Regeln des Entertainments folgt und ebenso ausgiebig wie aufwendig zelebriert wird, wendet der Kunde für die (Nach-)Beschaffung von Gebrauchsartikeln so wenig Zeit wie eben möglich auf. Wer schnell hilft, hilft daher doppelt. Schon heute hat sich die niederländische Kette Albert Heijn in ihren „AH to go-Shops" den „Einkauf in 20 Sekunden" zum Ziel gesetzt. Convenience Stores an Bahnhöfen, Flughäfen oder anderen Verkehrsknotenpunkten liefern dort den Tagesbedarf in großzügig-übersichtlicher Aufreihung und ersparen dem Kunden mit einer Bezahl-App das Anstehen an der Kasse. Geschäftsführer Jan-Willem Dockheer sagt: „Das Einkaufen bei uns soll sich für die Kunden so anfühlen, als würden sie zum eigenen Kühlschrank gehen."[2]

2030 reihen sich nur noch Nostalgiker und Technikfeinde in die Kassenschlange ein. Und immer mehr Menschen delegieren das Nachordern von Gebrauchsartikeln gleich komplett an Maschinen, die automatisch bestellen, wenn ein Vorrat zur Neige geht (vgl. These 6 „Smart Home – Maschinen kaufen selbstständig ein", S. 150). Es wird daher Zeit, die Begrifflichkeit „Stationärer Handel" zu überdenken. Medizinisch ist „stationär" ein längerer Aufenthalt, hingegen wird ambulant schnell geholfen. Wir sind auf dem Weg zum „Ambulanten Handel". Die Nase vorn hat, wer da mithält – bei der Technik, aber auch beim kompromisslos serviceorientieren Personal.

2. 24/7 geöffnet

Wir werden uns langsam, aber sicher an „amerikanische Verhältnisse" gewöhnen. Bestimmte Branchen haben jetzt schon die 24/7-Woche ausgerufen, in allen anderen ist mehr Flexibilität gefragt. Wenn die Frequenz stimmt, stimmt auch die Kasse. Beispiel: Die Heiligen Drei Könige haben nicht nur Weihrauch, Gold und Myrrhe gebracht, sondern auch reichlich Schnee – jedenfalls am 6. Jänner 2019 vor meiner Haustür. Unsere Schneefräse gab ausgerechnet an diesem Sonntag den Geist auf. Was meinen Sie, was hätte ich für eine Ersatzfräse alles gegeben? Der Handel muss lernen, bedarfsorientiert zur Verfügung zu stehen. Die Schneefälle haben sich tagelang abgezeichnet und waren nicht nur erwartet, sondern sogar offiziell angekündigt. Deshalb war es auch kein „Wintereinbruch" – der Winter kam ganz legal mit Voranmeldung durch die Vordertüre. Hätte am Sonntag beim Baumarkt ein Bereitschaftsdienst geöffnet gehabt, Fräsen verliehen, Probefahrten vereinbart, Schaufeln günstig angeboten in Kombination mit Streusalz oder Vogelfutter – was auch immer, Hauptsache klug kombiniert –, die Umsätze wären preisunsensibel in die Höhe geschnellt.

Wer glaubt, nur Kalendereffekte könnten Umsatz garantieren, liegt falsch. Der Feiertagskalender mit Silvester, Ostern, Weihnachten ist allenfalls das Pflichtprogramm. In Zukunft wird es auf die Kür ankommen. Wir werden uns auf neue Arbeitszeitmodelle, Service-on-Demand (dann, wenn der Kunde ihn am meisten braucht) und Rund-um-die-Uhr-Dienste einstellen müssen, denn die Ansprüche der Kunden, die damit aufgewachsen sind, im Netz jederzeit mit einem Klick alles zu ordern, sind nicht mit denen ihrer genügsamen Großeltern zu vergleichen. So gesehen wird der Handel zum „Pflegeberuf" – wir müssen unsere Kunden mehr und mehr pflegen!

3. Neue Geschäftsmodelle: Flatrates, Abos, Leasing

Die Telekommunikation macht es vor: Wähle deinen Tarif und ich sage dir, wie lange du telefonieren kannst. Das heißt für den Handel: Wähle dein Paket und du kaufst so lange ein – im Verhältnis natürlich viel günstiger –, bis dein Guthaben aufgebraucht ist. Pakete werden geschnürt für Schnäppchenjäger, Hedonisten, Gourmets usw. Statt Freiminuten gibt es Ware oder Bares in Form von Rabatten. Warum sollte der Handel nicht hinbekommen, was Bio-Bauernhöfe mit der abonnierten Gemüsekiste schon vor Jahren praktizierten? In Wien gibt es bereits den ersten Flatrate-Supermarkt, wenn auch primär zu Marktforschungszwecken: Zu welchem von maximal 20 gewährten Artikel innerhalb des Sortiments greifen Kunden im Rahmen ihres kostenpflichtigen Monatsabos? 1000 Mitgliedschaften zum Preis von 9,99 Euro waren binnen zwei Wochen weg; eine Warteliste musste eingerichtet werden.[3] Warum dieses Modell nicht ausdehnen und von der Schnäppchenmentalität vieler Kunden profitieren?

Dass Mitgliedschaften, die Kunden Vorteile bringen und sie gleichzeitig an einen Anbieter binden, hervorragend funktionieren, hat Amazon vorgemacht. 2018 gab Jeff Bezos die Zahl der weltweiten Mitglieder von „Amazon Prime" mit 100 Millionen an.[4] Hochgerechnet auf den aktuellen Monatspreis von 7,99 Euro nähme Amazon demnach jährlich allein fast eine Milliarde Abo-Gebühren ein – ganz zu schweigen von den Umsätzen, die generiert werden, weil Kunden für ihre knapp acht Euro den größtmöglichen Benefit erzielen wollen. Denkbar ist außerdem, dass sich das Privatleasing von Geräten vom Notebook bis zum Kühlschrank durchsetzt oder auch Lock-in-Systeme wie schon heute beim Drucker, der erst über die nötigen Patronen Gewinne erzeugt: „Ich kann mir vorstellen, dass mein Kühlschrank in Zukunft gratis ist, ich dafür aber zwölf Monate meine Lebensmittel exklusiv über eine Firma beziehen muss", spekuliert beispielsweise der Investor Michael Schuster.[5] Mit einer wachsenden Anzahl von Menschen, die umweltbewusster und ressourcenschonender konsumieren, könnten sich Mietmodelle auch in nichttechnischen Bereichen durchsetzen, etwa bei Bekleidung. Schon heute kann man Abendkleider oder Jeans leasen, warum nicht auch Kinderwagen, Fahrräder oder Espressomaschinen?[6] Vom Handel verlangt das die Erweiterung des bisherigen Abverkaufsmodells – sonst werden andere das Geschäft machen.

4. Optimierte Sortimente und Kühlschrankzustellung

Es gilt als ausgemacht, dass angesichts weiter steigender Lager- und Immobilienkosten viele Geschäfte zu Showrooms mutieren. Auf kleiner Fläche kann man Waren anfassen und ausprobieren, ob Möbel oder Mode. Die gewünschte Farbe und Größe wird vor Ort online vom Kunden geordert und ihm bequem nach Hause geliefert. Nicht am Point of Sale vorhandene Produktvarianten erlebt er realitätsecht mit Virtual-Reality-Brillen. Für diese Vorhersage muss man kein Prophet sein: Im Möbelhandel wird dies schon praktiziert. Selbst frühere reine Online-Player wie Home24 setzen mit der Eröffnung von Showrooms auf die enge Verzahnung von online und offline. Für den sofortigen Gebrauch bieten Geschäfte, die Showroom und Retail kombinieren, allenfalls Schnelldreher (stark nachgefragte Artikel) an. In einer vorgelagerten Wertschöpfungskette werden die Langsamdreher am Point of Sale bestellt. Das „Vergnügen der Auswahl" wie eine mittlerweile vom Markt verschwundene Bauhauskette früher warb, ist endgültig Geschichte. Kunden kaufen zu mindestens 80 Prozent immer den gleichen Warenkorb, vor allem bei Lebensmitteln, und auch die Showrooms anderer Branchen werden nur die gängigsten Artikel ausstellen. Dabei gilt: Verhalten und Gewohnheiten sind relativ stabil und werden in Zukunft durch immer höhere Rechenkapazitäten und perfektionierte Datenanalyse (im Sinne von

„Smart Data"-Erhebungen mit Mehrwert) noch vorhersehbarer. Parallel wird auch die Zustellung nach Hause weiter perfektioniert, sodass der Kunde nicht anwesend sein muss, um die Ware in Empfang zu nehmen. Das könnte vor allem die Spielregeln im Lebensmittelmarkt ändern und auch hier die bisher geringen Online-Quoten steigern.

Wohin die Reise geht, zeigt die Übernahme des Start-ups Ring durch Amazon 2018.[7] Ring ist eine Türglocke mit Kamera. Via Smartphone sieht der Kunde von überall auf der Welt, wer vor seiner Haustür steht und kann die Türe öffnen – oder auch nicht. Es wird nicht mehr lange dauern, bis Ring ein bestelltes Amazon-Paket erkennt und den Boten selbstständig hereinlässt. In Finnland und Schweden werden Einkäufe bereits direkt in den Kühlschrank in der Küche geräumt. Der Zugang lässt sich via Code regeln. So kommt der Händler zum Kühlschrank und vice versa der Kunde zum Händler in den rund um die Uhr geöffneten vollautomatisierten Supermarkt. Beides wird bereits erprobt und könnte sich bald auch hierzulande verbreiten. Beispielsweise experimentiert Edeka in Zusammenarbeit mit dem Haushaltsservice Cary mit Smartlocks, die authentifizierte Boten ins Haus lassen, wenn keiner da ist.[8] Bisher sind die hiesigen Kunden mehrheitlich eher skeptisch. Aber sind Sie sicher, dass Ihre Kinder oder Enkel das nicht viel lockerer sehen?

5. Die Renaissance des Automaten

Wussten Sie, dass es bereits 1887 Schokoladenautomaten der Firma Stollwerck gab? Und vor über 100 Jahren Bücherautomaten? Der Reclam Verlag nahm ab 1912 nach und nach 2000 Geräte in Betrieb und stellte sie überall dort auf, wo er Leselust vermutete: auf Bahnhöfen, in Krankenhäusern oder Kasernen. Der Verkauf verlief erfolgreich, und auch Stollwerck betrieb 1893 die stolze Zahl von 15 000 Automaten. Bei Reclam beendeten angeblich die Reparaturkosten das Experiment. Inzwischen dürfte die Technik ausgereifter sein, und heute werden in China sogar lebende Krabben im Automaten angeboten.[9] „Vending Machines" nennt man die Geräte dort. Hierzulande ist das Modell interessant für häufig nachgefragte Artikel, die nicht geeignet sind, Tierschützer auf den Plan zu rufen, beispielsweise Schnelldreher, die man früher beim Nachbarn auslieh, wenn die eigene Vorratskammer nichts mehr hergab: von Eiern bis Milch, von Butter bis Zucker. Vorstellbar sind auch Convenience-Artikel wie komplette Zutaten für Waffeln, Spaghetti mit Pesto oder auch Snacks, Bedarfsartikel wie rezeptfreie Medikamente, Regenschirme, Technikzubehör. Bisher ist das Automatengeschäft eher eine Nische für

Direktvermarkter (etwa Bauern, die bereits heute Milchautomaten aufstellen) und wenige Einzelprodukte wie Getränke oder Zigaretten.

Zukünftig könnten Retailer ein Basissortiment per Automat zur Verfügung stellen und damit einen zentralen Vorteil der Online-Welt (24/7 geöffnet) mit einem zentralen Vorteil des stationären Handels (sofortige Verfügbarkeit) kombinieren. Auf diese Karte setzt zumindest das österreichische Start-up „AUTÓMAT" mit einem Hardware-Baukasten und einer cloudbasierten Software.[10] Auch der in St. Gallen ersonnene „phygitale" Supermarkt (vgl. Teil II „O2O: Online und Offline – das Beste beider Welten verschmelzen", S. 120) ist schließlich nichts anderes als ein überdimensionierter begehbarer Automat. Dabei werden die meisten „Verkaufsmaschinen" vermutlich ergänzende Verkaufsstellen sein und dort Umsätze sichern, wo persönliche Betreuung oder Präsenz betriebswirtschaftlich nicht sinnvoll ist.

6. Smart Home – Maschinen kaufen selbstständig ein

Die Convenience-Skala ist nach oben offen. Online bestellen? Alexa beauftragen? Finja Carolin Kütz, Unternehmensberaterin und heute Leiterin des „Transformation Office" der Unicredit-Gruppe, ist auch das noch zu umständlich. In einem Statement zum Handel 2030 setzt sie darauf, dass der Einkauf von Standardprodukten sich „ganz von selbst" erledigt, weil intelligente Schränke oder Kühlschränke dann Putzmittel, Kosmetik, Lebensmittel automatisch nachbestellen.[11] Nun werden die Segnungen eines „Smart Home" seit Jahren angepriesen, ohne dass dies zu einem Riesenhype geführt hätte. Doch allmählich ändert sich das. Digitale Shoppingassistenten könnten so nur eine Zwischenstation und später eine Ergänzung sein auf dem Weg zur weiteren Automatisierung des Einkaufens. „Alexa, bestelle mir bei SPAR 250 g frischen Lachs – hole diesen um 18.00 Uhr ab auf dem Nachhauseweg vom Büro", solche Anweisungen werden in naher Zukunft Alltag sein. Einer repräsentativen Umfrage von TNS Infratest im Auftrag von QVC zufolge können sich schon heute 42 Prozent der Deutschen gut oder sehr gut vorstellen, „digitale Assistenten, die automatisch die günstigsten Angebote zusammenstellen", zu nutzen. Immerhin 32 Prozent sehen „automatische Bestellungen, wenn ein Produkt zu Hause ausgeht (z. B. Drucker bestellt bei Bedarf selbst Druckerpatrone)" ebenfalls positiv.[12]

Erfahrungsgemäß wird fast alles, was funktioniert – und vor allem: was einfach und bequem ist – auch genutzt. Ein beträchtlicher Teil der Kunden dürfte sich daher an reine „Machine-to-Machine-Kommunikation“ und vollautomatisierten Einkauf inklusive Drohnenlieferung in den Windfang oder die hauseigene Paketbox gewöhnen. Internet of Things (IOT) an allen Ecken und Enden. Nur die Schachtel aufmachen muss Mensch dann noch selbst, sofern das nicht ein Haushaltsroboter für ihn erledigt. Für all jene, die weniger an Geldmangel als an Zeitmangel leiden, sind solche „denkenden Maschinen“ sehr verführerisch. Wer weiterhin Herr des Geschehens bleiben will, wird die automatischen Helfer um Erlaubnis bitten lassen oder auf Assistenzsysteme wie Echo Dot und Dash Buttons setzen. Zwar wurde der aktuelle Amazon Dash Button im Januar 2019 vom Oberlandesgericht München wegen des intransparenten Bestellverfahrens verboten, aber Amazon wird sicher einen Weg finden, weiterhin Knöpfe zu betreiben, mit denen Waschpulver, Katzenfutter, Kaffee und andere Verbrauchsprodukte sekundenschnell durch einfaches Drücken geordert werden können. Zudem experimentieren auch andere Unternehmen mit ähnlichen Systemen.[13]

7. Eine neue bunte Verkaufslandschaft und Service 4.0

Wie sieht die Einkaufslandschaft in zehn Jahren aus? Schwer vorstellbar, dass große Plattformen wie Amazon oder Alibaba an Einfluss verlieren. Vermutlich werden sie ein noch größeres Stück vom Kuchen unter sich aufteilen, gleichzeitig aber auch findigen kleinen Händlern die Möglichkeit bieten, neue Zielgruppen zu erschließen und ihr stationäres Geschäft online zu erweitern. Je mehr die Digital Natives Verantwortung übernehmen, desto mehr wird die in Teilen des klassischen Handels grassierende Digitalallergie verschwinden. In den Ortszentren wird es stationär vor allem Spezialisten mit attraktiven Angeboten geben, die den Erlebnishunger, die Lebensphilosophie und die Werte oder auch die Luxusansprüche ihrer Kunden befriedigen – durch Produkte, die bio und nachhaltig, regional oder handwerklich perfekt, individualisiert oder besonders rar sind. Für das Besondere werden Kunden weiterhin gerne das Haus verlassen, das Gewöhnliche erledigen sie dagegen häufig online oder delegieren es an smarte Maschinen. Der Lifestyle-Supermarkt Ekoplaza in Amsterdam ist schon heute ein gelungenes Vorbild für Läden der neuen Art, mit Raum zum Verweilen und Bio-Produkten.[14] Neben ungewöhnlichen Sortimenten locken Lounge-Bereiche und vielfältige Gastroangebote die Kunden, die immer seltener selbst kochen, weil es an Zeit oder auch an Kenntnissen mangelt. Anbieter verbünden sich miteinander, statt sich als Konkurrenten zu verstehen: Was ich nicht habe, bekommst du über die Straße. Gemischtwarenläden mit

08/15-Angeboten haben es dagegen schwer, Anziehungskraft zu entfalten. Sie überleben nur, wenn sie durch Niedrigpreise, außergewöhnlich gute Beratung oder attraktive Zusatzservices punkten.

Gerade für den Lebensmitteleinzelhandel sind solche Services eine vielversprechende und leider oft vertane Chance. In den Neunzigerjahren gab es am Point of Sale noch Schuhputzautomaten und Kopierer, Fotos konnten entwickelt und Kleider in die Reinigung gegeben werden. Wie sieht die Service-4.0-Welt aus? Welche Dienstleistungen suchen Kunden im Jahre 2030? Steht in den Märkten ein 3-D-Drucker, mit dem der Kunde gegen Gebühr das Gewünschte ausdrucken kann? Sind Fitness-Checks und darauf abgestimmte Ernährungspläne der Renner? Oder Blutanalysen durch Medizinroboter, nach denen der Kunde mit Diätempfehlungen und digitaler Einkaufsliste für den angeschlossenen Laden ausgerüstet wird? Sehr wahrscheinlich gibt es vor der Tür Schnellladestationen für Elektroautos, sodass Kunden während des Einkaufs bequem Strom tanken können. Der Mode- und Textilhandel könnte analog mit Farb- und Typberatung und anschließender Maßkonfektionierung der in jeder Hinsicht perfekt passenden Kleidungsstücke Kund(inn)en in die Innenstädte locken. Und nicht nur für Frauen im doppelten Sinne anziehend wären Bodyscans und Avatare. Wahrscheinlich gewöhnen wir uns schnell daran, bequem im Sessel zu sitzen und einer nur für uns bestimmten virtuellen Modenschau zuzusehen, bei der unser digitaler Zwilling Kleidung präsentiert, die wir gleich vor Ort erwerben können. An der Perfektionierung der Körperscans arbeiten bereits Start-ups wie twinster®, die die Scanning-Technologie mit einer App als Einkaufshilfe verbinden (showmysize).[15]

8. Verkäufer organisieren perfekte Einkaufserlebnisse – oder sie werden durch Roboter ersetzt

Ganz ehrlich: Hin und wieder würde ich mir mehr natürliche Intelligenz wünschen. Ob da die künstliche wirklich die Lösung ist? Bislang werden Roboter wie „Pepper", die einfache Auskünfte geben und Kunden zum richtigen Regalplatz lotsen, noch als Werbegag belächelt. Doch die technischen Gehilfen werden immer besser werden, immer komplexere Fragen beantworten können und immer „menschlicher" reagieren – den zu erwartenden Fortschritten in der Künstlichen Intelligenz (KI) und den exponentiell wachsenden Rechenkapazitäten sei Dank. Und wenn im Online-Chat die Maschine schon heute so empathisch reagiert, dass viele einen menschlichen Ansprechpartner vermuten, werden das die Roboter am Point of Sale auch in Windeseile lernen. Ich bin mir sicher: Viele Kunden werden einen freundlichen Roboter einem gleichgültigen oder abwesenden Verkäufer vorziehen. In San Francisco wurde mir anlässlich einer Silicon-Valley-Study-Tour der Kaffee im Bistro schon 2018 von einer „Robotin“ serviert, und das war keine unangenehme Erfahrung. Roboter können daneben nach Ladenschluss den Füllstand der Regale prüfen und für automatischen Nachschub sorgen, sie werden nicht krank und brauchen keine Ruhepausen. Während also Routineauskünfte und Routineaufgaben zunehmend an humanoide Automaten delegiert werden, sind „echte“, menschliche Verkäufer nur noch da gefragt, wo eine Leistung nicht digitalisiert werden kann. Der Verkäufer der Zukunft ist daher eine Mischung aus Coach und Entertainer, er gestaltet Kundenerlebnisse statt nur Waren abzuverkaufen.

Diese Aufwertung des Berufs setzt eine andere Ausbildung und eine andere Rekrutierungsphilosophie voraus: Wer heute noch als Animateur im Ferienclub arbeitet, ist zukünftig vielleicht die Idealbesetzung für das Sportgeschäft. Im Lebensmittelhandel begeistert ein Sommelier in der Weinabteilung, und eine Ernährungswissenschaftlerin oder begeisterte Köchin ist die perfekte Kundenberaterin von Obst und Gemüse bis Fleisch und Käse. Textilhändler, die auf der Höhe der Zeit sind, geben ihre Abteilung für junge Mode in die Hände von Influencern. Wer eine intensive persönliche Beratung wünscht, fordert als Kunde per Knopfdruck Unterstützung an oder vereinbart einen Termin mit den Superverkäufern der Zukunft; wer nur rasch sachliche Auskünfte möchte, bekommt sie beim stets diensteifrigen Humanoiden. Wobei eines klar ist: Den Erlebnisverkäufern der Zukunft muss man auch finanziell mehr bieten. Parallel dazu arbeitet auch die Unternehmungsführung beständig an der Optimierung des Kundenerlebnisses. Den „Customer Experience Manager“ sieht das Portal Gehalt.de ebenso wie den „Kaufmann im E-Commerce“ als zukunftssicheren Trendberuf.[16]

9. Die Fragmentierung der Zielgruppen und das Individuum als Maß aller (Werbe-)Dinge

Ich gestehe: Marketingmanager lieben Schubladen – klare Zielgruppen mit eindeutigen Erwartungen, die der Handel dann passgenau erfüllen kann. Dabei hat sich längst herumgesprochen, dass diese heile Marketingwelt nicht mehr existiert. Mit simplen Schablonen kommen wir nicht mehr weiter, weil sich Kunden nicht mehr in Schablonen pressen lassen. Das musste auch die österreichische Handelskette ADEG erfahren, die schon 2003 ihren ersten „50 plus"-Supermarkt eröffnete, mit rutschfesten Böden, Rollator-Einkaufswagen und Leselupen.[17] Sogar an Blutdruckmessgeräte an der Kasse hatte man gedacht, aber nicht daran, dass viele vermeintliche „Senioren" sich den wenig schmeichelnden Schuh nicht anziehen würden. Schließlich gibt es genügend Mittfünfziger, die für den nächsten Marathon trainieren und es im Lifestyle locker mit Vierzigjährigen aufnehmen. Nach einigen Jahren wurde das 50plus-Konzept stillschweigend beerdigt.

Klare Zielgruppen lösen sich auf und denkfaule Stigmatisierungen führen zur Kundenabstimmung mit den Füßen. Facebook kennt 60 Geschlechter von „androgyn" bis „Zwitter". Wie viele Kundengruppen – oder besser – Kundenbedürfnisse kennen Sie? Der realen Vielfalt kommt man weder mit modischen Marketingfloskeln noch mit Generationenkonzepten von X bis Z bei, die eine ganze Altersgruppe tollkühn über denselben Kamm scheren. Auch die Unterstellung linearen Verbraucherverhaltens (der Kunde kauft zur gleichen Zeit wie letztes Jahr auch dieses Jahr wieder das Gleiche) kann sich als fataler Fehler erweisen. Der Fragmentierung der Zielgruppen entsprechen vielfältige Ladenkonzepte. Möglicherweise wird es in Zukunft wieder schmucklose Hardcore-Discounter mit reduziertem Angebot für sparsame Kunden geben, Anbieter mit handverlesenen Produkten für Nachhaltigkeitsbewusste, die einen Supermarkt mit angeschlossener Aquakultur und Bio-Gewächshaus schätzen, daneben Gourmettempel in spektakulärer Architektur mit hochpreisigen Verkostungen. Start-ups wie Goodbag, die eine mit NFC-Chip[18] ausgestattete Mehrwegtasche entwickelt haben, die Umweltschutz mit Rabatten belohnt, oder markta, die eine Plattform für digitale Bauernmärkte mit regionalen Produkten vertreiben, zeugen von Gespür für unterschiedliche Kundenbedürfnisse.[19] Sie werden noch viele Nachfolger mit vielfältigen Angeboten haben. Durchsetzen wird sich schlicht, was funktioniert. Erfolgreiche Ladenbetreiber der Zukunft werden experimentierfreudig sein müssen, um die richtigen Duftmarken zu setzen.

Wir leben schon jetzt im Zeitalter der Individualisierung. Dieser Trend wird sich verstärken, bei Produkten ebenso wie bei personalisierter Werbung. Die technischen Möglichkeiten der schnellen Lieferung individualisierter Produkte sind längst da oder zeichnen sich zumindest ab, „Losgröße 1" (de facto eine Sonderanfertigung) wird in der Industrie seit Jahren diskutiert und teilweise schon praktiziert.[20] Schon heute werden, wenn auch mit langen Vorlaufzeiten, Möbel oder Autos individuell nach Kundenwunsch gefertigt. In Zukunft kann das auch bei Kleidung, Schuhen, technischen Geräten, sogar bei Lebensmitteln und Kosmetik der Fall sein, nur eben dank ausgefeilter Logistik und Technologie in Windeseile und nicht mit Tagen oder gar Monaten Vorlauf. Das MyMuesli-Modell wird Schule machen und perfektioniert und auf Sneaker und Jeans, Parfums oder Cremes übertragen. Gleichzeitig wird der Kunde in seinem Konsumverhalten immer perfekter digital vermessen und analysiert. Auch wenn Big-Data-Analysen nur so gut sind wie die Programmierer, die sie anlegen, und die Analysten, die sie auswerten, werden individuelle Konsumprognosen aufgrund von Datenerhebungen stetig besser – auch weil Konsumenten immer weniger Berührungsängste zeigen. „Für Produkte, die zu 100 Prozent zu mir passen, bin ich auch bereit, meine Daten herzugeben", sagten 2016 in einer repräsentativen Umfrage von TNS Infratest schon 49 Prozent der Männer und 33 Prozent der Frauen.[21] Und auch die Technik gibt Marketingmanagern immer perfektere Instrumente an die Hand. Konsumenten, die dies zulassen, bekommen in der Nähe von Läden passende Werbung aufs Smartphone gespielt. Im Laden setzt sich dies mit Einspielungen auf der Basis der individuellen Verkaufshistorie fort. Mit dem Kunden sprechende Paletten mögen heute noch wie ein Kuriosum wirken, sind aber bereits in Erprobung.[22] Vielleicht wundern wir uns in 10 bis 15 Jahren, wenn das Supermarktregal stumm bleibt.

Werbebildschirme, die erkennen, wer vorbeigeht (Mann oder Frau? Einzelner oder Gruppe? Welches ungefähre Alter?), Passanten passgenau ansprechen und entsprechende Anzeigen einblenden, gibt es ebenfalls bereits.[23] Sie weisen mit beeindruckender Treffsicherheit Pärchen aufs nächste Café hin, junge Frauen auf Kosmetik oder Mode und Männer auf einen neuen Rasierer. Auch bei SPAR in der Schweiz werden wir früher oder später experimentieren mit einem Bildanalysesystem, das Kunden erkennt und auf der Basis von Blickkontakt, Verweildauer und weiteren Kriterien genau jene Werbung platziert, die den Kunden sehr wahrscheinlich interessiert. Streuverluste werden zukünftig immer mehr in die Mottenkiste des Marketings verbannt und Kunden werden sich daran gewöhnen – und es in 20 oder 30 Jahren vielleicht sogar erwarten – dass ein Schaufenster oder eine Werbetafel ihre geheimen Wünsche präziser kennt als mancher Lebenspartner.

10. Alle Kanäle fließen zusammen

Während wir heute noch in O2O-Kategorien denken, über „ROPO" (Research online, Purchase offline) diskutieren oder über „Showrooming“ als umgekehrten Weg (Offline ansehen, online kaufen), werden sich diese Kategorien in Zukunft mehr und mehr verwischen. Für die Gesamtbilanz ist es am Ende sekundär, ob ein Kauf online oder offline angetriggert wurde und wo er bezahlt wird: Hauptsache, der Kunde kauft. Vielleicht noch nicht in zehn, aber spätestens in 20 Jahren werden Kunden nicht nur im Internet, sondern auch am Point of Sale umfassende Datenspuren hinterlassen, die kanalübergreifend ausgetauscht werden: Der Online-Shop weiß, was mich am Point of Sale interessierte, und der Verkäufer im Laden, ob Mensch oder Roboter, kann meine Online-Verkaufshistorie aufrufen und mir passgenaue Produktvorschläge machen. Kundenbindungssysteme wie Treuepunkte oder Rabatte funktionieren hier wie dort. Schon sehr lange kann ich am Point of Sale Ware online bestellen und nach Hause liefern lassen oder online bestellte Ware im Laden begutachten und kaufen. Die Warenzustellung ist perfektioniert worden durch automatische Schlösser und selbstfahrende Fahrzeuge oder Drohnen. Allerdings werden wir für diesen Service in Zukunft möglicherweise bezahlen müssen, sodass mancher Kunde sich dann doch lieber in den Laden aufmacht.

Größere Geschäfte sind mit digitaler Technik ausgerüstet, die dem Kunden nützt und seinen Einkauf bequemer macht, von intelligenten Umkleidekabinen, deren Spiegel mir Produktinformationen geben, Accessoires vorschlagen oder wissen, ob eine andere Größe oder Farbe vorrätig ist, bis hin zu elektronischen Preisschildern. Die ersten dieser Schilder gibt es heute schon – die Digitalanzeige statt des üblichen Preisetiketts. Künftig scanne ich dieses Etikett, werde erkannt und erhalte Mengenrabatt, weil ich dieses Produkt schon öfter gekauft habe. Bei einem neuen Produkt erhalte ich vielleicht einen Probierpreis. Es findet ein Dialog zwischen Produkt und Käufer statt, und das in Echtzeit. Das ist nicht zu verwechseln mit dem Dynamic Pricing von heute, das durch elektronische Etiketten allerdings auch vom Internet in den stationären Laden schwappt. Vielleicht wird das Feierabendbier im Supermarkt dann kurz vor Feierabend ein paar Cent teurer.

Der Dialog zwischen Laden und Kunde beginnt jedoch nicht erst beim Preis. Habe ich vorher zugestimmt, werde ich beim Betreten des Verkaufsraumes mittels Gesichtserkennung erkannt. Im Hintergrund werden all meine Kundendaten aufgerufen, letzte Einkäufe aufgespielt. Habe ich auch das in meinem Serviceprofil angeklickt, werde ich sogar mit Namen via Lautsprecheranlage begrüßt. Trage ich Bluetooth-Kopfhörer, läuft meine Lieblingsmusik, unterbrochen von kurzen Werbehinweisen, die aus meiner Verkaufshistorie abgeleitet werden. Mir kommen genau jene Produkte aufs Ohr, die für mich relevant sind oder sein könnten. Natürlich kann ich mich aus all dem auch ausklinken und mich am Point of Sale ungestört auf Entdeckungsreise begeben. Dabei helfen mir Touchscreens, die durch kurzes Anklicken zum Lotsen werden, und Produktinformationen, die mir im Rahmen eines Augmented-Reality-Devices angezeigt werden, sobald ich meine Smartphone-Kamera auf ein T-Shirt, eine Hose oder ein Sofa richte: Herstellungsort, Ökobilanz, garantiert keine Kinderarbeit usw. Wenn ich das möchte, kann ich als Kunde mit dem Handy durch den Laden navigieren und mich digital informieren lassen. Aber all die Technik wird meinen Hunger nach echten, analogen Erlebnissen und menschlichen Begegnungen nicht stillen, im Gegenteil: Händler, die es verstehen, mich neugierig zu machen, zu begeistern, in einen interessanten Dialog zu verwickeln, zum Schlendern und Erleben am Point of Sale einzuladen, können auch zukünftig auf meinen Besuch zählen!

In Summe bedeutet all das: Wer als Händler die Digitalisierung vernachlässigt, wird in naher Zukunft Probleme bekommen. Wer sie glorifiziert und die Alleinstellungsmerkmale des persönlichen Verkaufs preisgibt, auch. Gut gerüstet für die Zukunft sind jene Händler, die die Chancen der Digitalisierung mit Bedacht nutzen und dabei die wirklichen Bedürfnisse ihrer Kunden nicht aus den Augen verlieren. Ich hoffe, dass die Anregungen in diesem Buch dazu beitragen und den Blick für die Vielfalt der Möglichkeiten am Point of Sale schärfen.

TEIL IV
ALLES NACHHALTIG ODER WAS?
Wie der stationäre Handel bei Kunden Punkte sammeln kann

In den ersten drei Kapiteln ging es mir um eine klassische Handelsbetrachtung. In welchen Bereichen ist online schlagbar, wovor haben die Online-Riesen Angst und wie kann der stationäre Händler voll Zuversicht in die Zukunft blicken. Diese Betrachtungen habe ich mit einem Ausblick abgerundet, in welche Richtung bewegt sich der Handel bis ins Jahr 2030.

In dieser erweiterten Auflage füge ich nun ein viertes Kapitel hinzu, das einem sehr wichtigen Thema – der Nachhaltigkeit – gewidmet ist. Welches Geschäftsmodell ist nachhaltiger? Spielt es in der Konsumentenwahrnehmung überhaupt eine Rolle und vor allem: Ist es dem Konsumenten bewusst, wie er durch sein Einkaufsverhalten generell Nachhaltigkeit beeinflussen kann?

Ausgehend von einer Nachhaltigkeits-Definition leite ich über in eine Nachhaltigkeits-Diskussion der Systeme im Vergleich. Ergänzend dazu – analog der Roadmap auf Seite 134 – eine Standortbestimmung aus Sicht des Händlers und Konsumenten. Zum Schluss offeriere ich noch Lösungsvorschläge, wie durch geschickte Verbindung von offline und online, Nachhaltigkeit und Zukunftsfähigkeit friedlich vereint werden können.

Dabei geht es mir um einen rudimentären Vergleich der einzelnen Wertschöpfungsketten. Welcher Teil ist besonders nachhaltig – oder eben nicht. Es ist nicht möglich, alle Aspekte wie Produktherkunft, Produktionsbedingungen, Plagiat oder Original und Ernährung, um nur einige zu nennen, abzubilden. Diese werden an gegebener Stelle nur erwähnt.

Nachhaltigkeit – gegründet 1713

Das Thema Nachhaltigkeit ist an Vielfalt kaum zu überbieten und die Idee reicht bis 1713 zurück: „Sie beschreibt den forstwirtschaftlichen Grundsatz, dass nur so viel an Holz eingeschlagen werden sollte, wie durch Neupflanzung an Bäumen nachwächst."[1] Im Jahr 2019 geht es nicht mehr um Holz alleine. Das Problem sitzt viel tiefer und nachhaltige Entwicklung kann unter anderem als Earth Overshoot Day gemessen werden.

Der Earth Overshoot Day (auch „Erdüberlastungstag" genannt – und immer seltener auch „Ecological Debt Day", „Welterschöpfungstag", „Weltüberlastungstag" oder „Ökoschuldentag") ist in einer jährlichen Kampagne der Organisation Global Footprint Network der Tag des laufenden Jahres, an dem die menschliche Nachfrage nach nachwachsenden Rohstoffen das Angebot und die Kapazität der Erde zur Reproduktion dieser Ressourcen in diesem Jahr übersteigt. Der Earth Overshoot Day ist ein Aktionstag.

Das jeweilige Datum wird berechnet, indem der globale ökologische Fußabdruck (die menschliche Nachfrage an biologischen Ressourcen innerhalb des betreffenden Jahres) in ein Verhältnis zur gesamten globalen Biokapazität (die Menge der weltweiten Regeneration von biologischen Ressourcen innerhalb desselben Jahres) gesetzt wird; analog wird die jeweilige jährliche Ressourceninanspruchnahme auf eine entsprechende Anzahl Erden hochgerechnet. Das Ziel der Kampagne ist es, die Begrenztheit und Endlichkeit der natürlichen Ressourcen und der Erde ins Bewusstsein der Menschen zu rücken und aufzuzeigen, wie das Datum in die Zukunft geschoben werden kann („#MoveTheDate").[2]

Kurz zusammengefasst: Wir reden hier von dem Tag, an dem die Erde ihre für das Kalenderjahr „budgetierten" ökologischen Ressourcen aufgebraucht hat. Und dieser Tag rückt immer näher in Richtung Ostern statt Weihnachten. In Österreich datierte dieser Tag 2017 noch am 11. April[3], 2019 – also nur zwei Jahre später – am 9. April[4].

Earth Overshoot Day anders ausgedrückt: „Wie viele Erden bräuchten wir, wenn alle Leute der Welt so leben würden wie die Bewohner in der Schweiz (3,1 Erden) oder in Deutschland (5,2 Erden). Spitzenreiter ist Australien mit einem Verbrauch von 5,2 Erden[5].

Abschließend eine Definition, was Zukunftsfähigkeit und Nachhaltigkeit ist, vom Deutschen Rat für nachhaltige Entwicklung:

„Nachhaltige Entwicklung heißt, Umweltgesichtspunkte gleichberechtigt mit sozialen und wirtschaftlichen Gesichtspunkten zu berücksichtigen. Zukunftsfähig wirtschaften bedeutet also: Wir müssen unseren Kindern und Enkelkindern ein intaktes ökologisches, soziales und ökonomisches Gefüge hinterlassen. Das eine ist ohne das andere nicht zu haben."[6]

Auf den ersten Blick entsteht der Eindruck, dass der Online-Handel unmöglich nachhaltig sein kann. Auf den zweiten Blick leider auch. Immer gesehen unter dem Aspekt Transport, Verpackung und Retoure als Haupt-Nachhaltigkeitstreiber. Ausnahmen bestätigen die Regel, wie folgende Beispiele zeigen.

- Beim Online-Einkauf ganz nebenbei Gutes bewirken: https://www.smarticular.net/online-shopping-einkaufen-spenden-charity-schulengel/
- Die besten Online-Shops ohne Plastik: https://www.codecheck.info/news/Die-besten-Onlineshops-ohne-Plastik-29020[7]
- Fünf „Zero Waste"-Online-Shops im deutschsprachigen Raum: https://madamezehn.com/2018/12/06/5-zero-waste-onlineshops

Diese Entwicklung geht in die richtige Richtung, ist aber noch nicht mehrheitsfähig. Beginnen wir einmal mit meiner persönlichen Einschätzung der Reihe nach, aufbauend an den einzelnen Stufen der Supply-Chain.

Der Bestellvorgang – klick mich, ich bin heiß

Erfolgt ja meistens von zu Hause aus – oder vom Büro – und braucht manchmal außer guten Nerven, wenn der gewünschte Artikel nicht auf Anhieb gefunden wird oder vorrätig ist, keine weitere Energie. Trotzdem werden sehr viele Bestellvorgänge abgebrochen. Die sieben häufigsten Gründe für Warenkorbabbrüche laut einer Umfrage 2017 beim Online-Kauf sind: hohe Versandkosten (57%), unpassende Zahlungsmethode (53%), Kundenkonto anlegen (39%), Produkt war woanders billiger (33%), letzte Kaufmotivation fehlte (25%), Versanddauer (24%) und langer, umständlicher Kaufprozess. Unter 20% der Befragten sahen in technischen Problemen, fehlender Vertrauenswürdigkeit, fehlenden Produktinformationen und erfolgloser Suche nach Online-Rabattcodes weitere Gründe, den Kauf abzubrechen. Hier spielt sich Nachhaltigkeit in den eigenen vier Wänden ab. Lohnen sich die Suchkosten? Wie viele persönliche Daten von mir muss ich bekannt geben? Ist Transparenz gegeben? Datenmissbrauch? Die Antworten auf diese Fragen muss jeder Konsument für sich alleine finden. Der Bestellvorgang von zuhause aus ist zwar sehr nachhaltig, denn er verschwendet keine Ressourcen, hat keinen Transport ins Geschäft, keine Parkplatzsuche usw., allerdings werden 32% aller Online-Bestellungen von mobilen Geräten (Smartphone oder Tablet) aus mit steigender Tendenz getätigt. Da mobile Bestellungen häufiger nur ein einzelnes Produkt betreffen, wächst dadurch die Anzahl der Pakete mit nur einem Artikel.[8] Diese Entwicklung wiederum ist gut für die Paketdienste, aber schlecht für die Umwelt. Hätte man dagegen in der Innenstadt oder vor dem Einkaufszentrum geparkt, hätte man einige Besorgungen zusammengefasst.

Die Bezahlung – pay and pray

Haben Sie es bis in den Warenkorb geschafft, brauchen Sie nur noch das richtige Zahlungsmittel wählen, dann ist es erledigt. Sie bezahlen also im Voraus aufgrund einer Produktbeschreibung und hoffen auf pünktliche Lieferung. Dass die Online-Riesen steuerlich anders – um nicht zu sagen bevorzugt – behandelt werden, kostet alleine den Mitgliedsländern der EU Steuereinnahmen von 70 Milliarden Euro[9]. Und das bei publizierten Quartalsgewinnen in Milliardenhöhe dieser Konzerne. Sind fehlende Steuereinnahmen nachhaltig? Irgendwer zahlt dieses Delta und irgendwo fehlt es an diesem Geld. Warum sich eine Digitalsteuer nicht durchsetzen kann, verstehe ich nicht. Wäre dies der erste Schritt für eine Steuerharmonisierung im Vergleich mit dem stationären Handel.

Die Bestellverarbeitung – trial and error

Zuerst werden die Bestelldaten natürlich verarbeitet und archiviert, verdichtet und analysiert. Glaubt man den gängigen Prognosen, werden bis 2020 20 Zetabytes an Speichervolumen benötigt. Um sich das besser vorstellen zu können, gibt es einen Vergleich: So entsprechen 20 Zetabytes der Chinesischen Mauer (2.400 km lang) tapeziert mit 128 GB-iPads. Was das mit Nachhaltigkeit zu tun hat? Die Rechner und Prozessoren geben Wärme ab und müssen gekühlt werden, damit die Rechnerleistung nicht zusammenbricht. Unabhängig von Temperatur und Klima kommt es aber dennoch immer wieder vor, dass Tausende von digitalen Bestellvorgängen abhanden kommen. Soviel zur technischen Zuverlässigkeit. Dass die Bestellungen größtenteils dann von Robotern in den Lagerhallen bearbeitet werden, lässt zusätzliche Fragen zur Arbeitsplatzsicherung und den -bedingungen aufkommen. Zumal die menschlichen Kollegen gerade zur Weihnachtszeit doch immer öfter in den Streik treten – u. a. aufgrund fehlender Kollektivverträge und schlechter Bezahlung.

Der Zustellprozess – Grüße vom Ganzjahres-Nikolaus

Logistisch gesehen eine Meisterleistung, was hier geboten wird. Zustellgenauigkeit und -pünktlichkeit sind kaum zu toppen. Da könnte man echt neidisch werden als einfacher Retailer. Immer vorausgesetzt, es klappt beim ersten Zustellversuch. Ansonsten braucht es geduldige Nachbarn, die das Paket entgegennehmen. Allerdings – wieso neidisch? Beim Offline-Einkauf gehört das Produkt sofort dem Kunden. Er hat es dort nach seinen Bedürfnissen getestet und ausgesucht und kann es in den meisten Fällen sofort mit nach Hause nehmen. Er bestimmt den Zeitpunkt, das Was und Wie selbst. An die wild parkenden Zustellautos hat man sich schon gewöhnt. Es kommt natürlich auch vor, dass die Ware nicht zum gewünschten Zeitpunkt eintrifft wie angekündigt. Selbst schon leider und öfters bei unseren Kindern erlebt. Genau dann, wenn man es gebraucht hätte, trifft es nicht ein. Ob es ein Kleidungsstück für die Klassenfahrt oder ein Objektiv für einen Filmauftrag am Wochenende gewesen ist, bis hin zu Lieferschwierigkeiten von Accessoires. Familienfrieden dahin, Kauferlebnis das nie mehr eines werden kann und endlose Diskussionen: Hätte ich doch nur offline gekauft. Was nutzt mir bereits bezahlte Ware, wenn sie nicht ankommt? Da nutzen auch ausgeklügelte Sendungsverfolgungen nichts.

Der Moment der Wahrheit

Der Augenblick, wo die Endorphine verrücktspielen. Es ist da, das Objekt der Begierde. Sobald Sie den Kampf gegen das Füllmaterial gewonnen haben, liegt es in Plastik verpackt vor Ihnen, das hoffentlich passende „must have". Egal was Sie bestellen und wieviel – so meine Erfahrung – der Verpackungsanteil steht in keinem Verhältnis zum Produkt. Nicht auf den Wert bezogen, sondern Verpackung als Produkt-, Transportschutz und Füllmaterial in den verschiedensten Varianten. Der Spaß hört dann meistens auf, wenn es um die artgerechte Entsorgung des Ganzen geht. Der Online-Händler delegiert die Entsorgungsfunktion an den Konsumenten und damit auch ein großes Stück Nachhaltigkeit. Stationär ist nachhaltiger: Jedes Einkaufserlebnis ist individuell, und meistens erinnert man sich noch gerne daran, wo man das Produkt und warum man es gekauft hat. Online ist es immer nur ein Paket vor der Haustüre. Genormt, uniform und unsexy.

Apropos Plastik: Im Schnitt produziert jeder Deutsche rund 37 Kilogramm Plastikmüll pro Jahr, laut einer Studie des Kölner Instituts der deutschen Wirtschaft.[10] Die unabhängige Produktcheck-Plattform Code-Check führt dazu weiter aus: Rund zehn Millionen Tonnen Abfälle verschmutzen jedes Jahr die Meere – 75% davon ist Kunststoff. Die Folgen: Meeresvögel und Fische halten die Abfälle für Nahrung und fressen sie. Das Plastik verstopft ihren Verdauungstrakt solange, bis sie sterben.

Auch Mikroplastik gelangt in die Mägen der Tiere – und wird so ein Teil der Nahrungskette und landet über Fische, Muscheln oder Garnelen irgendwann auf unseren Tellern. Was dann passiert, weiß keiner. Möglich wäre, dass Allergien und Entzündungen zunehmen, so eine Tiefseeforscherin in der Zeit.[11] Hier ist der stationäre Händler klar im Vorteil. Nicht nur die Entsorgung der Verpackung vor Ort wird übernommen, es wird zum Teil auch Verpackung vermieden. Denn als reiner Transportschutz kann diese auch an den Händler zurückgebracht und wiederverwendet werden.

Gänzlich auf Verpackung verzichten Läden aus der Nachbarschaft (https://www.plastikfreier.com): vom Selbstversuch zum plastikfreien Leben lautet der Claim. Angeboten werden neben Wattestäbchen aus Bambus auch Zahnbürsten aus Holz oder Trinkhalme aus Glas. Es wird nicht nur auf Plastik als Rohstoff, sondern auch auf Verpackung verzichtet. Kunden „füllen" ihre gewünschten Lebensmittel vor Ort aus Glasbehältern selbst ab in eine mitgebrachte, wiederverwendbare Verpackung.[12]

Auch im klassischen Lebensmittelhandel sind die Bemühungen groß – neben Plastikfreiheit, Zuckerreduktion und Verzicht auf Palmöl –, Verpackungen aus anderen Materialien zu verwenden. Bei Obst und Gemüse gibt es wiederverwendbare und vor allem waschbare Beutel, und an der Fleischtheke kann man seine eigene Verpackung mitbringen. Somit ist der stationäre Händler mehr als einen Klick schneller und nachhaltiger als die Online-Kollegen.

Händler werden sich spezialisieren – nur biologisch, wie zum Beispiel Ekoplaza in Amsterdam (www.ekoplaza.nl), ein sehr gut frequentierter Laden. Dort wird dem Kunden vermittelt, wie viele Produkte im Laden bereits plastikfrei sind, große Plakate weisen darauf hin. Ähnlich landmarkt – ebenfalls in Amsterdam – (www.landmarkt.nl). Eine alte Gärtnerei wurde umfunktioniert (nicht umgebaut – Fußböden und Bewässerung sind geblieben) zu einem kollektiven Abverkaufsladen. Verschiedene regionale Anbieter haben sich zu einer Community vereint und bieten Früchte und Gemüse an, eine echte Bäckerei gibt es im Eingangsbereich. Und alles von lokalen Anbietern, kombiniert mit nationalen und ganz wenig internationalen Produkten des täglichen Bedarfs.

Die geplante Retoure – Return to sender

Der Handel ist durch die Multiangebote berühmt geworden: Nimm 3, zahl 2. Online lautet die Devise: Bestell 3, schicke zwei zurück. Dieses Bestellverhalten – ich rede bewusst nicht von Kaufverhalten – hat der

Schweiz den Titel „Größter Exporteur von Schuhen" in der Statistik eingebracht, wie der Tagesanzeiger[13] berichtete:

„Die Schuhindustrie in der Schweiz läuft extrem gut und die Exportzahlen könnten nicht besser sein. Innert zehn Jahren haben sich die Schuhexporte laut Zahlen der Eidg. Zollverwaltung (EVZ) auf rund 324 Millionen Franken mehr als verdoppelt. Allein im August zogen die Exporte um 20,6 Prozent an. Doch die Statistik trügt. (...) Dennoch scheint es, als habe die Schweizer Schuhindustrie in den letzten zehn Jahren eine Renaissance erlebt. Zumindest was die Verkäufe im Ausland angeht. 2004 exportierte die Schweiz Schuhe im Wert von 159 Millionen Franken. Inzwischen sind es mehr als doppelt so viel. (...) Dennoch können Exportzuwächse von Nischenanbietern alleine das gesamte Ausfuhrplus nicht erklären. Sogar nach dem Frankenschock (Anmerkung: 15.1.2015) stiegen die Ausfuhren weiter an. Von Januar bis Juli wurden 33,4 Prozent mehr Schuhe als im Vorjahr exportiert."

Konsumenten als Exporteure

Ein Blick in die Zusammensetzung der Exporte verrät, dass die steigenden Exportzahlen und die geschwächte Wettbewerbsfähigkeit nicht im Widerspruch stehen: Denn ein maßgeblicher Teil der exportierten Schuhe stammt gar nicht von Schweizer Schuhherstellern. Es handelt sich dabei um Retouren – also Schuhe, die erst bestellt und dann wieder zurückgeschickt wurden.

Dieser „Zalando-Effekt" verfälscht die Export-Statistik der Schweiz. Verschiedene Studien haben ergeben – so der Handels- und Dienstleistungsverband (hds) –, dass jeder Zweite mehrere Artikel bestellt, bereits mit dem Vorsatz, die nicht passende Ware zurückzusenden.[14]

Die ungeplante Retoure – oder der Online-Kater

Es kann ja passieren, dass der erhaltene Artikel nicht passt oder gefällt. Dann heißt es „Return to Sender". Sie können von Glück reden, wenn der Originalkarton samt Füllmaterial noch in der Garage liegt und noch versandtauglich ist. Dann machen Sie sich auf den Weg zum Postamt und werden zum Teil der Wertschöpfungskette. Auch wenn in den meisten Fällen das Porto der Empfänger bezahlt, die Etiketten und Retourscheine vorgedruckt sind, es kostet Zeit. Und wenn nicht gerade eine Aufgabestelle in Fuß- oder Fahrradnähe ist, auch noch Sprit. Kleinere Postaufgabestellen sind mittlerweile überlastet von den Massen an Retouren. „Pro Jahr schicken deutsche Online-Kunden rund 280 Millionen Pakete zurück. Was passiert mit der gebrauchten Ware? Innenansichten eines irrwitzigen Systems“[15], schreibt der Stern in seiner Ausgabe vom 6. Juni 2019. Ein kleiner Auszug daraus:

- 47 Millionen Online-Shopper in Deutschland
- Retourschein zum kostenlosen Rückversand ist Alltag und Routine
- 5,5 Milliarden Euro Kosten entstehen den Händlern pro Jahr
- Portokosten sind bereits im Artikel eingepreist
- 487 Millionen Artikel wurden in Deutschland 2018 retourniert
- 238.000 Tonnen CO_2 wurde dabei durch Retouren erzeugt
- 17,4 Milliarden Euro hat Marktführer Amazon 2018 in Deutschland erwirtschaftet

Spätestens jetzt müsste klar sein, dass stationäre Händler nachhaltiger sind als der Online-Handel. Nachhaltiges Einkaufen gibt es eben (fast) nur beim lokalen Händler vor Ort. Kurze Transportwege, regionale Produkte, wenig Verpackungsmaterial und eine dialogfähige Transparenz beim Einkauf in Echtzeit. Was will man mehr? Herkunft hat Zukunft.

Mit Blick auf diese Entwicklung – insbesondere auf die Schuhexporte – ist die von der Schweiz Anfang 2019 eingeführte Mehrwertsteuer auf Online-Pakete aus dem Ausland verständlich. Mich würde auch nicht wundern, wenn Regulatoren zunehmend Abgaben für Plastikmüll ins Visier nehmen. Online kommt hier weiter in die Zwickmühle.

Return to Sender – die Ware ist wieder beim Absender

Wie bereits erwähnt, schicken Online-Kunden alleine in Deutschland 280 Millionen Pakete pro Jahr – das ist jedes 6. Paket – zurück. Die Ware wird teilweise der Vernichtung zugeführt, da auspacken, einlagern und weiterverkaufen viel teurer kommt als die Vernichtung. Die massenhaften Retouren sind ein Umweltproblem. „Die Menge an Verpackungsmaterial und Ware, die im Müll landet, steige bedrohlich“, sagt Greenpeace-Expertin Viola Wohlgemuth. „Unser Konsum vernichtet immer mehr Ressourcen und heizt die Klimakrise an.“[16] Die Qualitätskontrolle und Ursachenforschung der Retouren sind zu aufwendig. Dies mag eine Ursache für das besondere Einkaufserlebnis unserer Tochter (siehe Seite 16) gewesen sein. Auch ein Bekannter hat eine Stehlampe erhalten mit der Reklamationsbeschreibung des „Vorgängers“. Von Anzügen mit Ballkarten im Sakko oder Ballkleidern mit Schweißflecken habe ich schon gehört. Die Mehrfachnutzung wäre zwar nachhaltig, hier aber missverstanden. Auch wenn Ware noch reparabel ist, wird dies nicht in Deutschland gemacht. Es gibt darauf spezialisierte Unternehmen, welche die Ware nach Polen oder Tschechien schicken, weil dort die Lohnkosten billiger sind. Somit reisen manche Produkte um die halbe Welt, bevor sie einen Abnehmer finden.[17] Nachhaltigkeitsbeitrag: nahezu am Gefrierpunkt.

Vertrauen und Sicherheit – Transparenz schafft Nachhaltigkeit

Spontan würde man fragen, was hat das mit Nachhaltigkeit zu tun? Ist es nicht so, dass wir loyaler und öfter einkaufen, wenn wir uns vertrauensvoll behandelt fühlen und wissen, man bemüht sich um einen sicheren Umgang mit unseren Daten? Preissicherheit und -transparenz gegeben sind? Wie gläsern der Kunde wirklich ist, ist den wenigsten Konsumenten wirklich bewusst. Algorithmen bestimmen den Trennungsschmerz des Geldes – neudeutsch „dynamic pricing" genannt. Werbung orientiert sich an unserem Surfverhalten und wird genau dann ausgespielt, wenn das System Kaufbereitschaft erkennt. Datenhacking und -missbrauch sind keine Ausnahme mehr – mit dem Effekt, dass die Daten allesamt „exportiert" sind, schließlich stehen die betreffenden Server auf einem anderen Kontinent als Europa.

Und dann noch das Kleingedruckte im Online-Business. „Fünf Stunden für das Kleingedruckte", berichtet das Schweizer Verbrauchermagazin K-Tipp im Januar 2019[18]. Für die AGB eines Samsung-Handys lesen Sie 73.000 Wörter, bei beliebten Apps nochmals 80.000 Wörter als Vertragstext. „Der alte Mann und das Meer" kommt hingegen mit 27.000 Wörtern aus. Die AGB, die bestimmt keiner liest, sind zwar Vertragsgrundlage, aber es ist kein Wunder, dass sich die Rechtssprechung nicht einig ist, ob zu lange Vertragsbedingungen unzumutbar und darum ungültig sind.

Handschlag 2.0 im stationären Handel wird immer wichtiger. Ganz ohne vor dem Verkauf den Kunden AGB unterschreiben zu lassen. Eintreten, einkaufen, zahlen und gehen – so einfach wäre es.

„Die britische Telecomfirma Pruple wollte zeigen, wie unbesehen Kunden Vertragsbedingungen akzeptieren und vollzog 2017 ein Experiment. Sie schmuggelte 2017 eine Klausel in das Kleingedruckte. Die Benutzer von Gratis-WLAN auf einem Festival verpflichteten sich darin, 1.000 Stunden gemeinnützige Putzarbeit zu leisten. Über 22.000 Kunden akzeptierten den Vertrag. Nur ein einziger Besucher bemerkte den ‚Fehler'".[19] Ein Seitenhieb auf die Unbekümmertheit, wie AGB online einfach abgenickt und -geklickt werden. Stationär ist einfacher – und die große Chance. Online wird immer umfangreicher und komplizierter.

Glaubwürdigkeit und Vertrauen gibt es fast nur stationär – und das nimmt zu und wird honoriert und bezahlt. Oft tappt man in die Online-Falle und kauft ein Angebot, welches alles andere als ein Schnäppchen ist und hat damit wieder einen vermeidbaren Versandzyklus in Gang gesetzt. Mit „Nur noch 5 am Lager" oder „3 prüfen gerade das gleiche Angebot" – also Verknappungsmarketing in Reinkultur – wird die Kaufentscheidung mit einem Klick erzwungen. Bevor ich den Kauf oder Super-Deal jemand anderem, den ich nicht einmal kenne und wahrscheinlich auch niemals persönlich kennenlernen werde, gönne, schlage ich lieber selber zu und kaufe. Frei nach der Definition von Werbung: Man kauft Dinge die man nicht braucht, mit Geld, das man nicht hat, um Leuten zu imponieren, die man nicht mag – in diesem Falle nicht einmal kennt.

K-Tipp hat anlässlich des Black-Friday 2018 300 Angebote von sieben Verkäufern mit den Preisen am Jahreswechsel verglichen. Resultat: 79 waren günstiger (in 37 Fällen sogar beim gleichen Händler), 61 Produkte waren gleich teuer.[20]

Darum muss sich der stationäre Handel neu positionieren: So existieren in Zukunft entweder hybride Formate (die alles anbieten) oder artenreine Konzepte (Spezialisten im Sortiment). Wichtig ist die Bereitschaft zur Veränderung – neu denken – Entlernen. Statt Singles-Day, Black-Friday und Cyber-Monday lieber einen „No-Rabatt-Day". Künftig ist wichtig, nicht nur zu verkaufen, sondern zu beRATEN. Personal muss in REICHweite sein – dann hat der Kunde etwas davon. Ein Zitat von David Bowie: „Morgen gehört denen, die es kommen hören."

Zertifikate und Gutachten – wie zum Beispiel klimaneutral produziert, Bio-Qualität, ohne Kinderarbeit, zuckerreduziert, palmölfrei usw. – sind online weniger „gefordert" als offline. Diese vertrauensbildende Maßnahme ist stationär ein Trumpf, den es nicht zu unterschätzen gilt.

Gesellschaft beginnt vor der Haustür – oder in welcher wollen Sie leben?
Ich weiß nicht, wie es Ihnen geht, aber ich habe noch nie einen Radiospot eines Online-Riesen gehört, ein Stelleninserat in der Tageszeitung gelesen oder auf dem örtlichen Fußballplatz eine Bandenwerbung gesehen. In diesem Punkt ist der stationäre Händler sicher nachhaltiger und gesellschaftsorientierter. Dieser lebt im Ort, bildet Lehrlinge aus, schafft und sichert Arbeitsplätze, zahlt Steuern und nimmt am gesellschaftlichen Leben in vielen Formen teil. Das hat seinen Preis. Jetzt und kurzfristig gesehen zahlt diesen im Moment der stationäre Händler durch sinkende

Umsätze und fehlende Kunden. Langfristig gesehen zahlt aber der Kunde drauf. Die billigen Online-Verlockungen blenden diese Schattenseite aus. Diese Kaufentscheidungen sind teure Wechselkurse für ein kurzes Glück. Langfristig gesehen zahlt der Kunde diesen Mehrpreis. Und dies gilt es ins Bewusstsein des Konsumenten zu rücken. Wenn Lehrstellen fehlen, den Vereinen die Sponsoren abhandenkommen und Innenstädte veröden, ist der Kunde dafür mitverantwortlich. Im Allgäu gab es eine Kampagne „Lass den Klick in deiner Stadt“[21], die mit diesem klaren Signal an den Konsumenten ein Bewusstsein für dessen Regionalität schuf. Dieser braucht kein Mitleidsmarketing, keine Belehrungen und erhobene Zeigefinger. Er ist mündig genug, um über seine eigene Zukunft entscheiden zu können. Der Kunde muss gar nichts – er hat das Recht, so zu sein, wie er ist und hat die Wahl. Allerdings trägt er im Wesentlichen mit seiner Kaufentscheidung dazu bei, wo künftig Wertschöpfung entsteht. In diesem Sinne liegt die gesellschaftliche Verantwortung auch beim mündigen Konsumenten.

Aspekt der Markenführung

Traditionen, Preise, Freundschaften und Marken haben Bestand, solange sie gepflegt werden. Deshalb verstehe ich den Weg der Marken ins Netz auf fremde Plattformen (Marketplace) nicht ganz. Es ist legitim und liegt im unternehmerischen Denken, das Distributionsnetz auszuweiten. Offensichtlich liegen andere Einstandspreise und Kalkulationsmodelle vor. Ansonsten sind die zum Teil immensen Preisunterschiede nicht zu erklären. Der stationäre Handel muss mit höheren Einstandspreisen kalkulieren beim gleichen Produkt wie eine Online-Plattform. Ich würde es als „Online-Diskontierung“ bezeichnen. Während der stationäre Handel meistens das ganze Sortiment einer Marke führt, werden online oft nur die Leader angeboten. Und wie im richtigen Offline-Leben, führt dies zu Preis- und Margenerosion – alles wird billiger und der Handel verdient weniger. Die Umsätze rauschen in den Keller. Hier müssen Marken mehr Preispflege betreiben und klarere Grenzen setzen. Nicht jedes Produkt muss online erhältlich sein. Oder Markenartikler machen dem Handel attraktivere Einstandspreise und denken über „Ausgleichszahlungen“ nach. Ein Produkt verkauft man nicht zweimal. Ein gewagter Vorschlag, ich weiß. Darüber ganz laut nachdenken sollten die Markenartikler dennoch.

Nachhaltigkeit aus Kundensicht

Abschließend – bevor ich zu möglichen Lösungen überleite und Fragen zur Nachhaltigkeit anhand von Checklisten aufwerfe – hat der Kunde das Wort. Wie sieht er denn die Nachhaltigkeit im Online-Handel? Auszüge aus einer Studie (Befragung von 1.017 Online-Käufern) der ifh in Köln[22]:

- 60 Prozent sind grundsätzlich an sozialen und ökologischen Problemen interessiert.
- 36 Prozent der Befragten achten auf sozial oder ökologisch unangebrachte Verhaltensweisen.
- Kundennahe Nachhaltigkeitskriterien wie Kundenservice oder das Angebot langlebiger und nicht gesundheitsschädigender Produkte sind relevant.
- Arbeitsbedingungen der Mitarbeiter eines Online-Shops weisen eine vergleichsweise niedrigere Bedeutung für die Befragten auf.
- Für 9 von 10 Befragten sind „keine irreführenden" Versprechen wichtig.
- 85 Prozent der Befragten möchten, dass gesundheitsgefährdende Artikel aus dem Sortiment genommen werden.
- Rund 80 Prozent der Konsumenten finden es wichtig, dass in einem Online-Shop langlebige Produkte beworben werden.

Profilierung durch Nachhaltigkeit bei Versand und Sortiment
Weitere Ergebnisse aus der Studie:

- Online-Handel könne per se nicht nachhaltig sein.
- 87 Prozent der Konsumenten befürworten die Nutzung von gebrauchten Versandkartons.
- 63 Prozent finden den Hinweis gut, dass die Bestellung des gleichen Artikels in mehreren Größen oder Farben die Umwelt belastet.
- 60 Prozent sprechen sich für Anreize aus, wenn sie bestellte Produkte nicht retournieren.

Lösungen für mehr Nachhaltigkeit, …

… dass ist nahezu ein gordischer Knoten, den es aber zu entwirren gilt. In diesem Kapitel wurden schon viele Möglichkeiten angedacht, wie zum Beispiel:

- Steuern auf Verpackungsmaterial oder Entsorgungsbeitrag des Online-Handels,
- Steuerharmonisierung zwischen Online- und Offline-Handel,
- Anreize für weniger Retouren schaffen,
- Transparenz schaffen hinsichtlich Retouren-Anzahl, Umgang mit diesen, Beschaffungsmärkte und CO_2-Bilanz.

Diese Ansätze können aber nicht vom stationären Handel beeinflusst werden, hier sind Lösungen auf politischer Ebene gefragt. Aus diesem Grund konzentriere ich mich nachfolgend auf zwei konkrete Lösungsmöglichkeiten, wie online und offline verbunden werden können zu Gunsten der Nachhaltigkeit.

Erhöhung der Kundenloyalität im stationären Handel

Der Handel ist sich nicht sicher, in welche Richtung bzw. was er digitalisieren soll und noch viel schlimmer: Der Begriff der Digitalisierung ist nicht klar definiert. Viele verstehen etwas darunter – aber leider viele nichts davon. Diese Lücke gilt es zu schließen.

Deshalb plädiere ich für eine Win-win-win-Situation. Stärkung des örtlichen Handels, Kundentreue honorieren und Nachhaltigkeit leben.

Idee 1: Erfolgreiche und nachhaltige Gemeinschaftswerbung

Ein junges, mir persönlich bekanntes und in Vorarlberg situiertes Unternehmen[23], hat eine Lösung entwickelt, welche kleinen bis mittelständischen Unternehmen einen schmerzfreien Einstieg in die Digitalisierung ermöglicht.

Loja, der Name der Lösung, ist eine digitale Plattform, von der sowohl Kunden als auch Unternehmen partizipieren. Das Konzept dahinter ist einfach: Kunden werden in Form von Bonuspunkten für deren Kundentreue honoriert. Diese Punkte können gegen flexible Angebote und Rabattaktionen eingetauscht werden. Dabei handelt es sich um eine Multi-Branchen-Karte, das heißt, es können bei unterschiedlichen Unternehmen Punkte gesammelt und eingelöst werden. Dadurch entsteht eine enge Kundenbindung.

Loja versucht, die Vorteile von Offline- und Online-Welt zu verknüpfen. Die Vorteile der stationären Händler wurden im Buch bereits mehrfach erläutert. Versuchen wir nun die möglichen Vorteile von „Online" zu erläutern. Wenn sich ein Unternehmen auf Loja registriert, wird es direkt auf der Plattform gelistet und erhält somit eine eigene Online-Präsenz. Dies kann unglaublich förderlich in der Neukundenakquise sein, vorausgesetzt, mehrere Unternehmen in der Umgebung sind auf Loja vertreten. Je mehr Händler und Gastronomen auf der Plattform vertreten sind, desto mehr Konsumenten werden die Plattform nutzen und ziehen somit Kunden an, weil der Kunde in seinem Wohnort ein breit gefächertes Angebot vorfindet, bei denen er überall Vorteile genießt. „Gemeinsam sind wir stark" – psychologisch sehr wertvoll, da der

Kunde ein gutes Gefühl hat, nachhaltig einzukaufen. Fast wie Pokémon go – nur mit echtem Mehrwert.

Einen weiteren Vorteil bietet der digitale Kommunikationskanal. Unternehmen haben die Möglichkeit, ihren Kunden eine Push-Notification direkt auf das Smartphone zu senden. Der Nutzen ist sehr groß. Die direkte Benachrichtigung auf das Smartphone ist sehr günstig, in Echtzeit und zielgerichtet einsetzbar. Beispiele für konkrete Kundenansprache sind:

1. Produktlancierungen: „Hallo liebe Kunden! Die neuen Fußballschuhe von Nike sind angekommen! Erhältlich in den Größen 41 bis 48!"
2. Kompensation von umsatzschwachen Zeiten: Der Friseur: „Reservieren Sie noch heute ein Termin und erhalten 20 Prozent auf einen Haarschnitt" oder beim Metzger: „Heute ist ideales Grillwetter! Komm vorbei und hol dir dein Steak zum halben Preis!"
3. Allgemeine Info: „Wir sind ab jetzt in der Sommerpause", „Neue Kollektion eingetroffen.", „Wir räumen das Lager."
4. Hinweis auf Events: „Vergesst nicht unsere Weinverkostung morgen!", „Heute Abend Kochkurs – Wir freuen uns auf Sie."

Das Smartphone ist der ständige Begleiter und genießt regelmäßig die volle Aufmerksamkeit der Nutzer. Übertreiben sollte man es allerdings nicht: Der Kunde kann jederzeit die Benachrichtigungen je nach Interessenslage und Angebot abschalten. So schützt dieses System die Konsumenten vor nervigen Spam. Der Händler kann spontan und unkompliziert die ihm wichtigen Botschaften an seine Kunden senden. Auch unterschiedliche Botschaften an verschiedene Kunden. Schneller kann auf geänderte (Ab-)Verkaufssituationen nicht reagiert werden.

Und was hat die Nachhaltigkeit davon?
Durch die digitale und zielgruppengenaue Benachrichtigung spart man nicht nur Geld, sondern auch Papier. Des Weiteren kann man auf unflexible Stempelkarten oder Plastikkundenkarten verzichten, die bei den Kunden inflationär und als Herdentiere in seiner Geldbörse schlummern oder meistens noch zu Hause auf dem Küchentisch vergessen werden.

Außerdem kann auf dieser Dienstleistungsplattform weder gekauft noch bezahlt werden. Der Kunde muss sich im Laden blicken lassen, wenn er etwas will. Dies führt zwangsläufig zu mehr Kundenfrequenz im Laden. Das Bedürfnis kann vor Ort und im Ort befriedigt werden – ohne unnötigen Bestell- oder Transportaufwand. Da es vom Kunden gewollt ist – sonst wäre er ja nicht im Geschäft – sind Rücksendungen nicht der Fall.

Kosten und Aufwand halten sich in Grenzen
Innerhalb von 20 Minuten kann man sich auf der Website als Unternehmer registrieren und die nötigen Konfigurationen durchführen. Man muss sich keine zusätzlichen Geräte anschaffen und es gibt auch keine sonstigen initialen Kosten. Die Eintrittsbarriere in die Digitalisierung ist für den Händler sehr gering. Das Risiko ist schätzbar, da nach einer gratis Testphase jederzeit gekündigt werden kann.

Richtig eingesetzt, kann diese digitale Kundenbindungs-Plattform eine höchst interessante Einstiegsmöglichkeit sein. Treue Kunden bekommen individuelle Angebote, die sie gegen ihre gesammelten Treuepunkte eintauschen können. Auf der anderen Seite profitieren lokale Unternehmer von einem hochgradig effizienten Kommunikationskanal, Neukundenakquise und von treuen Kunden bei geringen Initialkosten. Der Händler bestimmt den Content selbst und ist für die Kundenfrequenz mit attraktiven Angeboten und Dienstleistungen verantwortlich. Vor allem können unterschiedliche Zielgruppen mit einem Tool angesprochen werden (Millennials, Generation Y). Trial and error sind möglich.

Vor allem die junge, digitale Generation kann über die heutigen Kanäle angesprochen werden. Zudem bleibt das Geschäft stationär!

Idee 2: Und es hat Klick gemacht
Die Idee aus dem Allgäu „Lass den Klick in deiner Stadt" – auf Seite 168 kurz beschrieben – hat es mir angetan, finde ich die Formulierung doch sehr treffend. Ich möchte zusammen mit sehr gut befreundeten Marketing-Spezialisten eine Idee lancieren, die sich insbesondere im Weihnachtsgeschäft gut umsetzen lässt:

Zu Weihnachten steigen die Online-Umsätze rasant in die Höhe. Also genau der richtige Zeitpunkt, um den Konsumenten etwas für mein Thema zu sensibilisieren. Sie fragen sich wie?

Viele Männer – allen voran ich – sind mit dem Einpacken der Weihnachtsgeschenke überfordert. Welche Farbe hat das Papier? Einmal zu groß, dann zu klein? Masche fehlt? Klebstoff klebt dort, wo er nicht soll.

Ist doch naheliegend, wenn zu jedem Einkauf eine Geschenkverpackung als Service für den Kunden gratis zum Einkauf dazugegeben wird. Convenience pur. Nichts Neues denken Sie jetzt. Es geht aber nicht um irgendeine Verpackung, sondern um eine standardisierte mit Magnet-Klick-Verschluss: Drei Größen (A4, A3 und A2) in drei unterschiedlichen Stärken (3, 5 und 10 cm) in weihnachtlichen Standardfarben (rot und grün). Durch die spezielle Machart werden diese dem Handel „flach“ angeliefert. Somit entsteht wenig Lagerplatz und es ist mit einem Griff „aufgestellt“. Es gibt wenig Aufwand für das Verkaufspersonal, aber in Zukunft eben auch für den Kunden.

Der Kunde sucht sich „seine“ Verpackung aus, die Verkäuferin packt ein und – jetzt kommt der Clou – mit einem Klick umschließt die Verpackung das erworbene, ausgesuchte Geschenk. Und um diesen Klick geht es. Diesen gilt es, emotional zu verkaufen. Die Verpackung ist wiederverwendbar, stabil und somit lange haltbar. Vor allem aber spart man sich die Entsorgung, und auch die Lagerung zu Hause ist platzsparend, da faltbar. Wie ein kleines Überraschungsei: Nachhaltigkeit und Bewusstseinsbildung mit einem Klick. „Und es hat klick gemacht.“

Wie steht's mit Ihrer Nachhaltigkeits-Bilanz?

Checken Sie einmal ab, wie „kompatibel“ Ihr Geschäftsmodell mit Nachhaltigkeit ist.[24]

Egal, um welche Bereiche es geht – ob Marketing, Personal, Rechnungswesen, Beschaffung oder Verkauf –, Nachhaltigkeit findet überall ihre Existenz.

Der Einfachheit halber geht es nur um JA / NEIN-Antworten. Überwiegt das NEIN, besteht Handlungsbedarf. Nun zum Quick-Scan:

1) Wissen Sie von allen verkauften Produkten, wo und unter welchen Bedingungen diese produziert wurden?
2) Weiß Ihr Kunde auch davon durch Aushänge im Geschäft oder erfährt er davon im Verkaufsgespräch?
3) Sind die verwendeten Drucksorten im Geschäft (Briefpapier, Plakate usw.) aus Recyclingpapier?
4) Trennen Sie in Ihrem Geschäft den Müll korrekt nach Plastik, Karton, Glas und anderen Materialien?
5) Setzen Sie umwelt- und gesundheitsverträgliche Reinigungsmittel ein, um Ihr Geschäft auf Vordermann zu bringen?
6) Unterstützt Ihr Geschäft gemeinnützige Organisationen in irgendeiner Form (Sachspenden, Barzuwendungen usw.)?
7) Bevorzugen Sie, wenn irgendwie möglich, regionale Lieferanten aus der Region?
8) Verfügt Ihr Laden über einen barrierefreien Zugang, um einkaufen so einfach wie möglich zu machen?
9) Bieten Sie einen Reparatur-, Rücknahme- oder Tauschservice an, um die Nutzung der verkauften Produkte zu verlängern?

10) Ist Ihr Geschäftslokal mit öffentlichen Verkehrsmitteln gut zu erreichen oder stehen genügend Parkplätze (mit Elektroladestation) zur Verfügung?
11) Stehen Ihren Mitarbeitern Möglichkeiten offen, sich intern oder extern weiterzubilden?
12) Sind die Arbeitsplätze Ihrer Mitarbeiter nach ergonomischen Kriterien ausgestattet?
13) Können sich Ihre Mitarbeiter die Arbeitszeit weitgehend frei und unkompliziert einteilen?
14) Gibt es für Kunden und Mitarbeiter (kostenlose) Getränke für die Dauer des Einkaufs- bzw. während der Arbeitszeit?
15) Offerieren Sie einen Einpack- und Geschenkservice für Ihre Kunden?

Je mehr Sie mit NEIN antworten, desto größer das Chancenpotenzial für Ihr Geschäftsmodell. Achten Sie vor allem auch auf einen einladenden und nachhaltigen Außenauftritt – und der beginnt schon beim Parkplatz. Kürzlich war ich in einem Geschäft und schon der Parkplatz beim Eingang war „ausladend“: Kein Willkommensschild, dafür aber jede Menge Gebote und Verbote: „Parken ausschließlich und nur für Kunden des Geschäftes XY für die Dauer des Einkaufes. Bei Nichtbeachtung kostenpflichtige Abschleppung. Bereich ist videoüberwacht.“ Nachhaltig ausladend nenne ich das. Solche Auftritte sind keine Seltenheit und ermuntern den Kunden geradezu, online einzukaufen. Da gibt es so etwas nicht.

Kümmern Sie sich nachhaltig auch um Ihr Personal – als bester Kopierschutz überhaupt. Die Konkurrenz kann Ihr Geschäftsmodell kopieren, Preise reduzieren aber kompetentes und fachkundiges Personal ist einmalig und an den Standort gebunden. Das Verkaufspersonal ist in der Hauptsache umsatzverantwortlich. Und wenn Sie keines mehr finden, sperren Sie den Laden zu. Passiert in meiner Nachbarstadt: Eine über Jahre etablierte Metzgerei hat die Geschäftsschließung mit großen Plakaten angekündigt. „Da wir kein geeignetes Personal mehr finden, müssen wir leider per Ende August unsere Türen schließen.“ Schöne Aussichten sind das.

Fit in die Zukunft – So geht Verkaufen heute

Als finale grande noch einige Gedanken, wo nach meiner Einschätzung die größten Chancen für den stationären Händler – und mündigen Konsumenten – liegen:

Ambulanter statt stationärer Händler:
Kunden möchten gepflegt und nicht behandelt werden. Je besser uns das gelingt, desto erfolgreicher werden wir sein. Der Kunde muss es aber auch wollen und zulassen.

Gemeinschaftsanbieter statt Einzelhändler:
Probleme gemeinsam lösen und nicht als Einzelkämpfer, bringt Kunden und den Ladenbesitzern Vorteile: Zum Beispiel können sich größere Einkaufsmengen (Bürobedarf, Hausmeisterdienste etc.) oder eine gemeinsame Lagerhaltung monetär auswirken, oder die Vereinheitlichung der Kassensysteme erleichtert den Einkauf des Kunden. Und schließlich sollte man ein geschäftsübergreifendes Cross-Selling in Betracht ziehen – warum empfiehlt man sich den Kunden nicht gegenseitig?

Bedingungslos statt bedienungslos:
Gut geschultes Personal ist das A&O im Verkauf. Lieber mehr Bedienung, aber weniger Bedingung. Kunden möchten gerührt, nicht geschüttelt werden. Nicht jeder Einkauf muss an eine Bedingung geknüpft werden. Wahre Größe entscheidet sich in Kleinigkeiten. Allerdings sollten diese Gesten vom Kunden auch nicht schamlos ausgenutzt werden. Wobei Schnäppchenjäger nie aussterben werden.
Mit-Arbeiter statt Ab-Arbeiter:
Der Person, welche dem Kunden in die Augen schaut, mehr Verantwortung übertragen. Probleme schnell und unbürokratisch lösen. Am besten ist es, den Kunden in die Lösung einzubeziehen – auf Augenhöhe. „Was haben Sie sich vorgestellt?"

Wertschöpfung durch Wertschätzung:
Wenn Mitarbeiter anständig bezahlt und fair behandelt werden, spürt das der Kunde – ob Sie wollen oder nicht. Team in Lösungen integrieren und mitgestalten lassen. Oder spricht etwas dagegen, wenn die Auszubildenden einmal ihre eigene Playlist im Laden zum Besten geben – als etwas andere Hintergrundbeschallung? Oder plakatieren Sie Ihre Leistungsbilanz im Schaufenster: Jährlich bilden wir vier Lehrlinge aus, unterstützen den örtlichen Fußballclub und allgemeine Aktivitäten in der Gemeinde, wie z. B. Faschingsumzug, Frauenkränzchen, Bücherbasar. Tue Gutes und sprich darüber.

Vom Fragenden zum VerANTWORTenden:
Verkaufspersonal mit Kompetenz ausstatten, um den Umsatz im Geschäft zu lassen. Schnell und zügig den „Sack zumachen“ können – ohne Schelte vom Chef, der das Geschäft vielleicht gern selbst gemacht oder einen anderen Preis ohne Draufgabe gegeben hätte. Das schätzt der Kunde, wenn Entscheider vor ihm stehen und Anliegen nicht verzögert werden, nur um kleine Schnitzer zu vermeiden.

Umsatz kommt von umsetzen
Ganz ohne Schmerz wird es nicht gehen. Es kostet immer etwas – Geld, Kunden oder Umsatz. Automatisch wird es nur noch abends dunkel. Es gilt, jeden Tag die Herausforderung anzunehmen, die Kundengunst zu gewinnen. Probieren, probieren und nochmals probieren – bis es der Kunde merkt und mit Umsatz honoriert.

Herkunft hat Zukunft
Je bewusster es dem mündigen Konsumenten ist, wie wichtig ein funktionierendes Handelssystem vor Ort ist, desto schneller kommen wir wieder auf die Erfolgsspur. Ohne Kunden läuft nichts. Dies wird eines der zentralen Themen der Zukunft sein, Kundenbewusstsein zu schaffen. Gleichsam auch Betroffenheit, dass sein EinkaufsVERHALTEN maßgeblich über Erfolg und Misserfolg entscheidet. Denkt der Kunde über sein Verhalten nach, wo Wertschöpfung entsteht und ist sich der Konsequenzen bewusst, lässt er sicher mit sich reden.

Ich wünsche Ihnen nachhaltigen Erfolg – bei allem, was Sie tun.

Ihr Wolfgang Frick
Frastanz, im August 2019

Anmerkungen nach Buchteilen

I. Klassischer Handel in der Defensive? (S. 9)

1 Salden et al., S. 12.
2 Grötsch 2013.
3 Quelle: https://www.telecom-handel.de/point-of-sale/ecommerce/tausende-onlinehaendler-stehen-offenbar-insolvenz-1111377.html?ganzseitig=1
4 Vgl. https://www.trustedshops.de/blog/hilfe-der-online-shop-ist-pleite-das-muessen-sie-jetzt-wissen/
5 Quellen: Hochreutener 2018, S. 28 und S. 40, Kroker 2018, https://www.cio.de/a/der-online-boom-spaltet-den-deutschen-einzelhandel,3562792 (21.09.207), https://futurezone.at/digital-life/boomender-online-handel-sorgt-weiterhin-fuer-ladensterben/217.794.954.
6 HDE Handelsmonitor 2018, S. 6.
7 Ebd., S. 2, 16, 18.
8 Ebd., S. 4.
9 Handelsblatt vom 18.09.2018, im Internet unter https://www.handelsblatt.com/unternehmen/handel-konsumgueter/online-modehaendler-zalando-senkt-umsatz-und-gewinnerwartungen/23078922.html?ticket=ST-2856638-rIfd2nfUouaZ6s771LeB-ap2
10 Vgl. Kroker 2018.
11 Salden et al., S. 16.
12 ibi research 2018, S. 27.
13 Zit. n. Heinemann 2017, S. 63.
14 Vgl. Goebel 2017, S. 21 f.
15 Vgl. PwC 2015.
16 https://www.chip.de/news/Amazon-eroeffnet-ersten-Store-in-Berlin-Kunden-schwaermen-fuer-mich-ist-er-verzichtbar_153695252.html
17 Reink 2017, S. 15.
18 Sax 2017, Einleitung.
19 Budras 2017.
20 Minkmar 2018, S. 37.
21 Vgl. https://www.amazon.jobs/de/working/working-amazon
22 In der Ankündigung seiner 68. Handelstagung im September 2018, die dem „New Age of Retail" gewidmet ist.
23 Zit. n. Gassmann 2015.
24 Vgl. www.mgretail2020.de
25 Vgl. Heinemann 2017, S. 154.
26 Salden et al. 2017, S. 18.
27 Vgl. Bergmann 2015.
28 Ramge 2016.
29 Vgl. Demandowsky 2010.
30 Vgl. Stein 2013.
31 Ramge 2016.
32 Boller et al. 2018.
33 Vgl. Hielscher 2017, S. 28 f.
34 Vgl. Stein 2013.
35 Frick 2016, S. 131.
36 Quelle: https://de.statista.com/statistik/daten/studie/75292/umfrage/nettoumsatz-von-amazoncom-seit-2004/
37 Quelle: https://de.statista.com/statistik/daten/studie/188776/umfrage/bruttoinlandsprodukt-bip-in-den-eu-laendern/
38 Ivengar/Lepper 2000.

39 Quelle: statista.
40 Vgl. www.geileweine.de
41 Vgl. www.klotzli.com
42 Vgl. https://t3n.de/news/amazon-umsaetze-zahlen-umsatz-2016-795362/
43 Im Internet ist der Annual Report unter http://phx.corporate-ir.net/phoenix.zhtml?c=97664&p=irol-reportsannual zu finden.
44 Ebd., S. 2.
45 Heide et al. 2018.
46 Kolbrück/Sanz Grossón 2018. S. 7 ff.
47 Vgl. https://www.aboutamazon.de/%C3%BCber-amazon/20-jahre-amazon-de-nach-7-306-tagen-ist-immer-noch-tag-1

II. Erfolgsstrategien für stationäre Händler (S. 37)

1 Simko 2018. An der Umfrage nahmen die Mitarbeiter der Telekom und des EHI Retail Institutes teil.
2 PwC 2018, S. 10 f.
3 IFH Köln 2017.
4 Roland Berger 2015, S. 2, 12 f.
5 Meldung vom 15.03.2018; im Netz unter www.20min.ch
6 Vgl. Frederick Herzberg, Bernard Mausner, Barbara Bloch Snyderman: The Motivation to Work. 2. Auflage. Wiley, New York 1959.
7 Amann 2010.
8 Zit. n. Young 2018, S. 23.
9 Vgl. Roland Berger 2015.
10 „Kare contra Ikea", Quelle: https://www.moebelmarkt.de/beitrag/kare-contra-ikea-schraubst-du-noch-oder-wohnst-du-schon
11 Vgl. https://www.computerbild.de/artikel/cb-News-Internet-Amazon-Dash-Button-Verbot-16267325.html
12 Quelle: https://www.goodreads.com/quotes/7565147-start-with-the-customer-and-work-backward
13 Vgl. https://www.bcrt.de/41-0-Reisepraxis-Frankfurt.html
14 Ayden Retail Report Europa 2018, S. 24.
15 Vgl. https://www.landsend.de/de_DE/Unsere-Garantie/co/mobile-ks-garantie.html
16 Vgl. KPMG 2015, S. 24.
17 Vgl. https://handelsjournal.de/2018/06/05/markt/akrempel/shoppen-per-app/
18 Vgl. PWC 2018, S. 3, 18.
19 Adyen Retail Report 2018, S. 5, 9, 21.
20 Vgl. Simko 2018.
21 Adyen Retail Report Europa 2018, S. 24.
22 Vgl. PwC 2018, S. 15. 59 % der Kunden würden eine solche Anzeige begrüßen.
23 Vgl. Prengel 2018.
24 PwC 2018, S. 7.
25 Vgl. Pakalski 2018.
26 Quelle: https://www.chip.de/video/Albert-Heijn-eroeffnet-ersten-kassenlosen-Supermarkt-in-Europa-Video_150132175.html
27 Quelle: https://www.stores-shops.de/neueroeffnungen/detail/Controller/Article/groupe-casino-eroeffnet-kassenlosen-store-in-paris.html
28 Quelle: https://www.mediamarktsaturn.com/press/press-releases/saturn-express-%E2%80%93-bilanz-zum-pilotprojekt-innsbruck-85-prozent-der-kunden
29 Vgl. das Unternehmensporträt des Schindlerhofs von Kals (2017).
30 PwC 2018, S. 8.
31 Vgl. https://www.mallofswitzerland.ch/de/surfen

32 Luzerner Zeitung vom 04.06.2018: „Mall of Switzerland – alles nur ein Hype?“; im Internet unter https://www.luzernerzeitung.ch/zentralschweiz/luzern/mall-of-switzerland-alles-nur-ein-hype-ld.1026034
33 Gemessen wurde der Identitätsindex durch die Wirtschaftsberatung FehrAdvice. Download der Ergebnisse im Internet unter https://fehradvice.com/identitaet/
34 Vgl. https://www.qz-online.de/qualitaets-management/qm-basics/kunden/kundenmanagement/artikel/kundenanforderungen-kano-modell-168360.html
35 Vgl. https://www.kuriose-feiertage.de
36 Plakat im Vorfeld der Debatte um die Novellierung des deutschen Ladenschlussgesetzes, Quelle: wikipedia, Artikel „Ladenöffnungszeit“ (Zugriff am 16.12.2018).
37 Quelle: Umfrage von telbes in Zusammenarbeit mit dem Händlerbund, Download im Internet unter https://www.haendlerbund.de/images/downloads/shopping-zeiten-onlinehandel.jpg
38 Quelle: https://www.einzelhandel.de/presse/zahlenfaktengrafiken/1022-konjunktur/11390-umsatz-nach-wochentagen
39 https://www.5vor12reisen.at
40 Vgl. Kläsgen 2017.
41 Zit. n. Stern TV „Warum die Debatte um verkaufsoffene Sonntage so brisant ist“; im Internet unter https://www.stern.de/tv/ladenoeffnung-in-der-weihnachts-zeit--warum-die-debatte-um-verkaufsoffene-sonntage-so-brisant-ist-7765752.html
42 Quelle: statista (Meldung vom 30.05.2017 „Ältere sind gegen Ladenöffnung am Sonntag“; im Internet unter https://de.statista.com/infografik/9589/umfrage-sollten-geschaefte-sonntags-geoeffnet-haben/
43 Vgl. PwC 2018, S. 7.
44 Quelle: Roisch 2017.
45 Quelle: wikipedia, Artikel „Einzelhandel“ (Zugriff am 18.12.2018)
46 Hösch (2018), S. 28.
47 Vgl. https://www.happysocks.com/de/all/gifts/gift-boxes
48 § 26 Tabaksteuergesetz, der „Zugaben bei Tabakwaren“ in Deutschland verbietet, gilt hier offenbar nicht.
49 http://zeitzumhandeln.de. Zitiert nach Sußebach 2015.
50 Vgl. https://www.mueller.de/aktuelles/aktionen/rabattcoupon/
51 Beispiel für eine Aktion von Shop-Apotheke.com. Zu den Konditionen des Bonusprogramms vgl. https://www.shop-apotheke.com/redpoints/details/
52 Vgl. https://www.oliverwyman.de/media-center/2018/nov/umfrage-black-friday-viel-rabatt-wenig-profit.html
53 Eine Liste der Jahrestage finden Sie im Netz unter https://de.wikipedia.org/wiki/Liste_von_Gedenk-_und_Aktionstagen
54 Roland Berger Strategie Consultants 2015, S. 12 (Mehrfachantworten waren möglich).
55 Vgl. https://www.spar.at/themenwelten/young-urban
56 Vgl. das Unternehmensporträt von Jonas 2018.
57 Vgl. https://linie.com/explore-linie-aquavit/
58 Vgl. https://de.moleskine.com/de/company
59 Wala 2016, S. 171 ff.
60 Vgl. https://www.manufactum.de/herstellerportraets-c199727/
61 Wahl 2014 (Bd. 1), S. 23
62 Vgl. Wahl 2014 und Wahl 2018.
63 Vgl. https://henriwillig.com/de/kasegeschafte/amsterdam/leidsestraat/
64 Vgl. https://www.pinterest.de/gutzi1704/schaufenster/
65 Vgl. z. B. https://www.faz.net/aktuell/rhein-main/neues-aus-dem-frankfurter-geschaeftsleben-15710201/neu-in-der-neuen-altstadt-15711034.html und http://

www.fr.de/frankfurt/stadtteile/frankfurt-ost/neue-altstadt-in-frankfurt-giraffe-sorgt-fuer-aerger-in-der-altstadt-a-1551841
66 Vgl. https://www.kochhaus.de/
67 Vgl. https://www.solebox.com/ und die dort vorgestellten Stores.
68 Vgl. Mikunda 2018, S. 55, 91 ff., 107 ff.
69 Vgl. Wahl 2014 a) und b), 2018.
70 Vgl. https://einzelhandel.de/veranstaltungenpreise/storesoftheyear
71 Ansehen können Sie sich das unter https://www.youtube.com/watch?v=A-eDipnjLeA („Burberry opens on Regent Street").
72 Machner 2012.
73 Naumann o.J.
74 Vgl. Mikunda 2015.
75 Gültekin 2018, S. 11.
76 Vgl. z. B. „Tante Emma lebt!"; im Internet unter https://www.sr.de/sr/home/nachrichten/panorama/tante_emma_wahlen100.html
77 Barth-Gillhaus o.J.
78 Vgl. https://www.garhammer.de/de/unternehmen/gastronomie/
79 Vgl. Chwallek 2018, S. 17.
80 Vgl. https://kochschule.schaeffer24.de/ und den dortigen Link „Kursprogramm".
81 Handel heute 4/2018 und https://www.umdasch.com/de/Referenzen/2930-House-of-Swisscom-Basel
82 Vgl. https://www.basicthinking.de/blog/2018/05/13/beste-online-shops/
83 Vgl. https://www.thomann.de/de/index.html
84 Vgl. https://www.zalando.de
85 Vgl. https://stores.teegschwendner.de/frankfurt-fressgass/
86 Vgl. http://www.fr.de/frankfurt/tee-und-gewuerzhaus-schnorr-auf-den-spuren-des-besonderen-geschmacks-a-1303668
87 Vgl. https://www.basicthinking.de/blog/2018/05/13/beste-online-shops/
88 Vgl. https://www.flaconi.de/
89 Balzter 2019, S. 31.
90 Vgl. https://www.greven.de/images/Pressemitteilungen_/2017/170208_Greven_GfK_Studie_Bewertungen.pdf
91 Vgl. https://www.qvc.de/, https://www.shop-apotheke.com/, https://www.otto.de/
92 Vgl. Heinemann 2017, S. 154.
93 https://shop.mein-heilbronn.de/ und https://atalanda.com/wuppertal
94 Arend 2018, Wunderlich 2018.
95 Vgl. Puschmann 2018.
96 www.rentarentner.de und www.rentarentner.ch
97 Vgl. Görtz 2010, S. 1.
98 Handelsverband Deutschland (HDE) 2018, S. 28 f.
99 Vgl. Heinemann 2017, S. 106 ff.
100 RFID = radio-frequency identification. RFID-Chips sind Funketiketten, mit deren Hilfe sich Waren automatisch berührungslos identifizieren und lokalisieren lassen.
101 Vgl. z. B. Wilhelm 2018.
102 Vgl. „Groupe Casino eröffnet kassenlosen Store in Paris"; Meldung in stores + shops vom 24.10.2018; im Internet unter https://www.stores-shops.de/konzept/groupe-casino-eroeffnet-kassenlosen-store-in-paris/
103 Vgl. https://www.audi-city.com/berlin/audi-city-entdecken/
104 Vgl. https://www.ikea.com/ms/de_DE/this-is-ikea/ikea-highlights/Virtual-reality/index.html
105 Vgl. Bitcom 2017.

106 Basis ist eine Umfrage unter 1000 Kundinnen und Kunden durch die Digitalagentur hmmh, vgl. eine Kurzfassung im Netz unter https://www.plan-net.com/files/serviceplan.com/06_Press/Press-Releases/2018/2018-10-11%20-%20hmmh%20Studie%20Moebel/2018-10-11_PM_hmmh_Studie_Moebel.pdf
107 Vgl. Heise 2017).
108 Vgl. Bitkom 2017.
109 Handelsverband Deutschland (HDE) 2018, S. 20.
110 „Mehr Händler nutzen digitale Chancen"; Meldung im Handelsjournal vom 20.09.2018; im Internet unter https://handelsjournal.de/2018/09/20/agenda/mirkohackmann/mehr-haendler-nutzen-digitale-chancen/
111 Handelsverband Deutschland (HDE) 2018, S. 17.
112 Zit. n. Chwallek 2018, S. 15.
113 Vgl. Handelsverband Deutschland (HDE) 2018, S. 5.
114 Z. B. Erfolgsgeschichten wie „Dieser Bauer berauscht Amazon-Kunden mit Eierlikör" (2017) oder nützliche Tipps wie „6 ausgewählte Tools für Amazon Händler" (2018) oder „Diese 3 Säulen helfen Amazon-Händlern an die Spitze" (2018).
115 Eine Erklärung zu „Augmented Reality" finden sie ebenfalls im Abschnitt „Digital-in-Store-Services" weiter oben
116 Die Serviceerläuterungen in Klammern fassen längere Darstellungen bei Rudolph/Nagengast 2018, S. 46-67 zusammen.
117 Vgl. PWC 2018, S. 3 und Ayden Retail Report 2018, S. 15.
118 Vgl. Schader 2017.
119 Vgl. Kühn 2018.
120 Vgl. Hösch 2018.

III. Der Handel im Jahre 2030 – Eine Prognose (S. 145)

1 Quelle: https://de.statista.com/themen/596/e-books/ (Erfasst wurden das 1. bis 3. Quartal 2018.)
2 Woensel Kooy 2019, S. 30 f.
3 Danzer 2017.
4 Quelle: https://www.giga.de/webapps/amazon-prime/news/amazon-lueftet-das-geheimnis-um-die-anzahl-der-prime-abonnenten/
5 Zit. n. QVC Handel LLC & Co. KG (Hrsg.) 2016, S. 27.
6 Vgl. z. B. https://chic-by-choice.com/de und https://mudjeans.eu/wie-eine-jeans-leasen-funktioniert/?lang=de
7 Vgl. http://www.spiegel.de/netzwelt/gadgets/amazon-kauft-tuerklingel-hersteller-ring-a-1195754.html
8 Vgl. Kolf 2018.
9 Quellen: https://www.best-practice-business.de/automaten-start-ups/, wikipedia „Reclam-Verlag" und http://www.fischmagazin.de/newsartikel-seriennummer-1326-China+Lebende+Krebse+aus+dem+Automaten.htm
10 Vgl. http://www.derautomat.com
11 Vgl. https://www.youtube.com/watch?v=jWdcaPoTjek
12 QVC Handel LLC & Co. KG (Hrsg.) 2016, S. 37 f.
13 Vgl. ebd., S. 36 und https://www.horizont.net/tech/nachrichten/dash-button-gericht-verbietet-amazons-wlan-bestellknoepfe-172167
14 Vgl. https://www.ekoplaza.nl/pagina/over-ekoplaza-de-biologische-supermarkt-van-nederland
15 Vgl. https://www.twinster.eu
16 Vgl. Brecht 2019.
17 Vgl. Löffler 2016.
18 NFC = „Near Field Communication" zum kontaktlosen Austausch von Daten.
19 Vgl. https://www.goodbag.io/ und https://markta.at

20 Vgl. Kurz 2017.
21 QVC Handel LLC & Co. KG (Hrsg.) 2016, S. 34.
22 Vgl. Wollenburg 2018.
23 Vgl. Knellwolf 2018.

IV. Alles Nachhaltig oder was? (Seite 159)

1 Zukunftsfähiges Wirtschaften I, ao. Univ.Prof. Dr. Karl-Michael Brunner, Institut für Soziologie und empirische Sozialforschung, Wirtschaftsuniversität Wien.
2 https://de.wikipedia.org/wiki/Earth_Overshoot_Day
3 Global Footprint Network National Footprint Accounts 2017.
4 https://de.wikipedia.org/wiki/Earth_Overshoot_Day#Österreich
5 Global Footprint Network National Footprint Accounts 2017
6 https://www.nachhaltigkeitsrat.de
7 https://de.statista.com/statistik/daten/studie/378016/umfrage/umfrage-zu-den-haeufigsten-gruenden-fuer-warenkorbabbrueche-beim-online-kauf/
8 Stern, Nr. 24 vom 06.06.2019, Seite 58
9 https://www.handelsblatt.com/politik/deutschland/europaeische-union-eu-digital-steuer-braechte-deutschland-hunderte-millionen-euro/22629292.html (04.08.2019)
10 zitiert nach https://www.tagesschau.de/inland/deutsche-plastikmuell-101.html (04.08.2019)
11 https://www.codecheck.info/news/Die-besten-Onlineshops-ohne-Plastik-290207 (04.08.2019)
12 Vom Selbstversuch zum plastikfreien Leben. https://www.plastikfreier.com
13 https://www.tagesanzeiger.ch/wirtschaft/zalandoeffekt-laesst-exportzahlen-durch-die-decke-gehen/story/28715654 Erstellt 22.09.2015, 15.12 Uhr
14 Die neue Südtiroler Tageszeitung, 26.07.2019, Seite 9
15 Stern, Nr. 24 vom 06.06.2019, Seite 54 ff
16 Ebd., Seite 56
17 Ebd., Seite 60
18 K-Tipp Nr. 1 2019, Seite 6 ff, Fünf Stunden für das Kleingedruckte
19 Ebd., Seite 7
20 K-Tipp Nr. 1 2019, Seite 3, Schnäppchen, die keine sind
21 https://www.all-in.de/kempten/c-lokales/lass-den-klick-in-deiner-stadt-eine-initiative-zur-foerderung-des-einzelhandels-im-allgaeu_a1772808
22 https://www.ifhkoeln.de/blog/details/nachhaltigkeit-im-online-handel-was-sagt-der-kunde/ Nachhaltigkeit im Online-Handel – Was sagt der Kunde? Autorin: Dr. Eva Stüber |10.11.2015
23 www.fortix.io
24 In Anlehnung an die Checkliste „Nachhaltiges Wirtschaften“ , Forum Umweltbildung: https://www.umweltbildung.at/cms/praxisdb/dateien/731_phdat_1.pdf, 10.08.2019, 19.45 Uhr

Workshops auf höchste

Die Hard-Facts

- **Ideal geeignet für Gruppenseminare mit 8 bis 12 Personen**

- **RAUM-Ausstattung:**
  - ▷ Mobiler Klein-Beamer
  - ▷ Apple TV
  - ▷ Curved- Flat-TV
  - ▷ W-Lan
  - ▷ Flip Chart und Magnetwand
  - ▷ Moderatorenkoffer
  - ▷ Drohnen-Kamera
  - ▷ Bluetooth Anbindung an Drucker und Lautsprecher
  - ▷ 3D-Drucker auf Wunsch verfügbar
  - ▷ Heiß und Kalt-Getränke ab Flugzeugtrolly
  - ▷ Seminarunterlagen und
  - ▷ Fernsicht bis zum Bodensee inklusive

- **Location:** Bazora 38, A-6820 Frastanz, Österreich (1036 m über dem Meeresspiegel)

- **Kontakt:** +43 (0) 699 18 14 37 77
  verwaltung@seminarraum-bazora.at
  seminarraum-bazora.at

Literaturverzeichnis

Ackermann, Kurt/Furchheim, Pia: „Emotionen und deren Bedeutung für das Marketing – Eine Einführung“; in: Rüeger, Brian P. et al. (Hrsg.): Emotionalisierung im digitalen Marketing. Erfolgreiche Methoden für die Marketingpraxis. Stuttgart: Schäffer-Poeschel 2018, S. 13 ff.

Amann, Melanie: „Hollister: Dieser Klamottenladen ist völlig anders“; in: Frankfurter Allgemeine Zeitung vom 05.04.2010; im Internet unter https://www.faz.net/aktuell/wirtschaft/unternehmen/hollister-dieser-klamottenladen-ist-voellig-anders-1964999.html

Adyen Retail Report 2018: Wie deutsche Verbraucher heute shoppen, was sie davon abhält und wo sich für Händler großes Potential ergibt; Download im Internet unter https://www.adyen.com/de_DE/landing/online/de/retail%20report

Adyen Retail Report Europa: Wie europäische Verbraucher shoppen und was Händler tun können, um in der sich wandelnden Welt des Handels erfolgreich zu sein (2018); Download im Internet unter https://www.adyen.com/de_DE/landing/online/de/retail-report-europa

Arend, Christoph: „Local Commerce – viel Lärm um nichts?“ (12.03.2018); im Internet unter https://jacor.de/local-commerce-viel-laerm-um-nichts/

Balzter, Sebastian: „Kaufen! Sie! Jetzt! Schnell!“; in: Frankfurter Allgemeine Sonntagszeitung“ vom 13.01.2019, S. 31.

Barth-Gillhaus, Eva: „Es menschelt wieder im Handel“ (o. J.); im Internet unter https://www.trendwelten.eu/themen-trends.html?topic_id=209

Bergmann, Jens: „Mihai Nadin im Interview: ‚Wer viel misst, misst Mist‘“; in: Brand eins 12/2015; im Internet unter https://www.brandeins.de/magazine/brand-eins-wirtschaftsmagazin/2015/geschwindigkeit/wer-viel-misst-misst-mist

Bitkom: „E-Commerce: Der Handel digitalisiert sich nur langsam“; Pressemitteilung vom 21.06.2017; im Internet unter https://www.bitkom.org/Presse/Presseinformation/Der-Handel-digitalisiert-sich-nur-langsam.html

Boller, Daniel/Schulte-Mattler, Alexander, Schneider, Jessica: Customer Profiling. Die Vermessung des Konsumenten. Forschungsreihe der Schweizerischen Gesellschaft für Marketing GfM 04/2018.

Brecht, Katharina: „Diese acht Trendberufe sind zukunftssicher“; in: Horizont vom 04.01.2019; im Internet unter https://www.horizont.net/marketing/charts/analyse-von-gehalt.de-diese-acht-trendberufe-sind-zukunftsicher-171995

Budras, Corinna: „Renaissance der Reisebüros“; in: Frankfurter Allgemeine Zeitung vom 19.06.2017; im Internet unter http://www.faz.net/aktuell/finanzen/meine-finanzen/geld-ausgeben/reisebueros-sterben-trotz-online-buchung-nicht-aus-15065729-p2.html

Chwallek, Andreas: „Einkaufserlebnis: Große Welle im kleinen Kosmos“ (Interview mit Thomas Ganter und Mark Rauschen, Geschäftsführer von Lengermann & Trieschmann); in: Der Handel 09/2018, S. 14 ff.

Danzer, Andreas: „Erster Flatrate-Supermarkt der Welt in Wien“; in: Der Standard vom 04.10.2017; im Internet unter https://derstandard.at/2000065319296/Erster-Flatrate-Supermarkt-der-Welt-in-Wien

Demandowsky, Maximilan von: „Data-Mining: Firmen sagen Ehescheidung voraus“; in: Die Zeit vom 09.06.2010; im Internet unter https://www.zeit.de/digital/internet/2010-06/data-mining-ehescheidung

Dierig, Carsten: „Einzelhandel: Deutschlands Innenstädte drohen zu veröden“, in: Die Welt vom 05.06.2017; im Internet unter https://www.welt.de/wirtschaft/article165248634/Deutschlands-Innenstaedte-drohen-zu-veroeden.html

Frick, Wolfgang: Patient Marke: Kunstfehler im Marke-ting. Wie Sie schmerzhafte Fehler vermeiden und Ihre Marke fit bleibt. Freiburg/München: Haufe, 3. Aufl. 2016.

Frick, Wolfgang: Die neue Lust am Entscheiden. Wie Sie mit dem täglichen Überangebot an Möglichkeiten besser zurechtkommen. München, 2016.

Frick, Wolfgang/Suvada, Adrienne: „Best Practice – SPAR“; in: Rüeger, Brian P. et al. (Hrsg.): Emotionalisierung im digitalen Marketing. Erfolgreiche Methoden für die Marketingpraxis. Stuttgart: Schäffer-Poeschel 2018, S. 167 ff.

Fries, Trutz/Bruns, Stephan: Amazon Marketplace: Das Handbuch für Hersteller und Händler. Bonn: Rheinwerk Verlag, 2. aktualis. und erweit. Auflage 2019.

Gassmann, Michael: „Der Kampf der kleinen Händler gegen die Online-Macht“; in: Die Welt vom 21.12.2015; im Internet unter https://www.welt.de/wirtschaft/article150175175/Der-Kampf-der-kleinen-Haendler-gegen-die-Online-Macht.html

Goebel, Jacqueline: „Paketdienste: Das gebrochene Versprechen“; in: Wirtschaftswoche Nr. 50 vom 01.12.2017, S. 18 ff.

Görtz, Christian: Mehr Umsatz durch Marketing-Kooperationen. Die günstigste und schnellste Strategie, um neue Kunden zu gewinnen. Offenbach: Gabal 2010.

Grötsch, Christian: „Fashion Best Practice: Die perfekte Jeans in 5 Minuten“ (13.02.2013); im Internet unter https://www.handelskraft.de/2013/02/fashion-best-practice-die-perfekte-jeans-in-5-minuten-bei-hointer/

Gültekin, Sabine: „Ich mache mich für mein Dorf stark“ (aus der Serie „Fläche > Jungunternehmer“); in: Lebensmittel Zeitung direkt 09/2018, S. 11 f.

Handel heute: „Feels like home“; Heft 04/2018, S. 43.

Handelsverband Deutschland (HDE): Handel digital. Online-Monitor 2018. Berlin 2018; Download im Internet unter https://www.einzelhandel.de/index.php?option=com_attachments&task=download&id=9449

Heine, Dana/Hofer, Joachim/Kapalschinski, Christoph/Kolf, Florian/Weishaupt, Georg: „E-Commerce: So mächtig ist Amazon in Deutschland“; in: Handelsblatt vom 06.11.2018; im Internet unter https://www.handelsblatt.com/unternehmen/handel-konsumgueter/e-commerce-so-maechtig-ist-amazon-in-deutschland/23578310.html

Heinemann, Gerrit: Die Neuerfindung des stationären Einzelhandels. Kundenzentralität und ultimative Usability für Stadt und Handel der Zukunft. Wiesbaden: Springer Gabler 2017.

Heise, Johanna: „8 Tipps, um bei Google besser gefunden zu werden“; in: Heise regioconcept vom 28.08.2017; im Internet unter https://www.heise-regioconcept.de/google/bei-google-gefunden-werden-8-tipps

Hielscher, Henryk: „Big Data: Rasterfahndung in Deutschlands Warenkörben“; in: Wirtschaftswoche Nr. 52 vom 15.12.2017, S. 28 f.

Hirn, Wolfgang: „Gekauft“; in: S-Magazin März 2018, S. 17 f.

Hochreutener, Thomas: „Aktuelle Entwicklungen und Trends im Schweizer Detailhandel“ (GfK), PPT-Präsentation auf der 7. GfK Handelstagung 2018.
Hösch, Andreas: „Individuell am Land“; in: Lebensmittel Zeitung direkt 09/2018, S. 26.
Hösch, Andreas: „Mitarbeiterin des Monats: Ute Petzold“; in: Lebensmittel Zeitung direkt 09/2018, S. 28.
ibi research: „ibi-Mystery-Shopping-Studie 2018 – Die Realität des deutschen E-Commerce. Ergebnisse aus 125 Testkäufen in deutschen Online-Shops“ 2018; Download im Internet unter https://www.ecommerce-leitfaden.de/studien/item/ibi-mystery-shopping-studie-2018-die-realitaet-des-deutschen-e-commerce
IFH Köln: „Kundenorientierung: Mitarbeiter sind entscheidender Erfolgsfaktor für Unternehmen“, Meldung vom 06.03.2017; im Internet unter https://www.ifhkoeln.de/pressemitteilungen/details/kundenorientierung-mitarbeiter-sind-entscheidender-erfolgsfaktor-fuer-unternehmen/
Iyengar, Sheena/Lepper, Mark: „When choice is demotivating: Can one desire too much of a good thing?”; in: Journal of Personality and Social Psychology 79 (2000), S. 995 ff.
Jonas, Uschi: “Bei Rewe und dm im Regal: Die Geschichte dieser Produkte sollte jeder kennen. Share will soziales Engagement zum Mainstream machen”; in: Huffington Post vom 25.07.2018; im Internet unter https://www.huffingtonpost.de/entry/bei-rewe-und-dm-im-regal-die-geschichte-dieser-produkte-sollte-jeder-kennen_de_5b509da2e4b0fd5c73c2ef8e
Kals, Ursula: „Kritik erlaubt: Glückwunsch zum Fehler des Monats“; in: Frankfurter Allgemeine Zeitung vom 15.04.2017; im Internet unter https://www.faz.net/aktuell/beruf-chance/beruf/schindlerhof-hotel-mit-einem-ungewoehnlichen-geschaeftsmodell-14960559.html?printPagedArticle=true#pageIndex_0
Kläsgen, Michael: „Sonntagsverkauf: Offen für alles“; in: Süddeutsche Zeitung vom 29.05.2017; im Internet unter https://www.sueddeutsche.de/wirtschaft/sonntagsverkauf-offen-fuer-alles-1.3525501
Knellwolf, Bruno: „Analyse durch Kameras: So shoppen wir in Zukunft“; in: Tagblatt vom 29.11.2018; im Internet unter https://www.tagblatt.ch/leben/wie-wir-in-zukunft-shoppen-ld.1074112
Kolbrück, Olaf/Sanz Grossón, Ulrike: “Amazon: Innovationen, Strategien und Best Cases rund um den Onlineriesen”. Whitepaper von e-tailment. Das Digital Commerce Magazin von Der Handel. Frankfurt am Main: dfv 2018; Download im Internet https://etailment.de/news/stories/whitepaper-amazon-21046
Kolf, Florian: „Edeka will direkt in den Kühlschrank liefern“; in: Handelsblatt vom 05.02.2018; im Internet unter https://www.handelsblatt.com
KPMG Konsumentenstudie 2015: Der Kunde der Zukunft – Einkaufen heute und morgen; Download im Internet unter https://assets.kpmg.com/content/dam/kpmg/pdf/2015/04/konsumentenstudie-2015.pdf
Kroker, Michael: „E-Commerce in Deutschland: Amazon vor Otto & Zalando, 31 Milliarden Euro Gesamtumsatz“; in: http://blog.wiwo.de vom 12.09.2018.
Kühn, Iki: „Naturgut – der E-Food-Pionier“; in: Der Handel 09/2018, S. 30 ff.
Kurz, Kathrin: „Klarer Trend zu Losgröße 1“; in: Produktion vom 21.11.2017; im Internet unter https://www.produktion.de/nachrichten/unternehmen-maerkte/klarer-trend-zu-losgroesse-1-323.html

Lamprecht, Stephan: „Wie Sie die ersten 100 Tage als Händler auf Amazon meistern"; in: etailment vom 26.01.2018; im Internet unter https://etailment.de/news/stories/Wie-sie-die-ersten-100-Tage-als-Haendler-auf-Amazon-meistern-4143#

Löffler, Antonia: „Handel: Der Mythos vom alten Kunden"; in: Die Presse vom 21.10.2016; im Internet unter https://diepresse.com/home/wirtschaft/economist/5106240/Handel_Der-Mythos-vom-alten-Kunden

Machner, Moritz: „Community, Commitment und Einzelhandel?"; im Internet unter https://42he.com/de/blog/2012-10-community-commitment-und-einzelhandel

Mikunda, Christian: Marketing spüren: Willkommen am Dritten Ort. München: Redline Verlag, 4. aktualisierte und überarbeitete Neuauflage 2016.

Mikunda, Christian: Hypnoästhetik. Die ultimative Verführung in Marketing, Handel und Architektur. Berlin: Econ Verlag 2018.

Minkmar, Nils: „Ist das in Ordnung? Wie Ladenbesitzer sich vor ihren Kunden schützen"; in: S-Magazin 03/2018, S. 37.

Naumann, Marcus: „Community Center statt Ladenfläche"; im Internet unter https://www.zukunftsinstitut.de/artikel/handel/community-center-statt-ladenflaeche-marcus-naumann/ (o. J.)

Pakalski, Ingo „Amazon Go: Bis 2021 sollen 3000 kassenlose Supermärkte eröffnen" (20.09.2018); im Internet unter https://www.golem.de/news/amazon-go-bis-2021-sollen-3-000-kassenlose-supermaerkte-eroeffnen-1809-136661.html

Prengel, Sebastian: „Mit Preisen überhäuft: Dieser Supermarkt ist einfach super"; Bild vom 19.03.2018; im Internet unter https://www.bild.de/regional/stuttgart/supermaerkte/bester-supermarkt-55136264.bild.html

PwC: „Store 4.0: Zukunft des stationären Handels" (Nov. 2015); im Internet unter https://www.pwc-wissen.de/pwc/de/shop/publikationen/Store+40+Zukunft+des+stationaeren+Handels/?card=15956

PwC: „Kunden begeistern – vom Einkauf zum Erlebnis" (Nov. 2018); im Internet unter https://www.pwc.de/de/handel-und-konsumguter/studie-retail-customer-experience.pdf

Puschmann, Carsten: „Lokale Marktplätze: Raketen oder Rohrkrepierer?" (18.06.2018); in: Absatzwirtschaft vom 18.06.2018; im Internet unter http://www.absatzwirtschaft.de/lokale-marktplaetze-raketen-oder-rohrkrepierer-134581/

QVC Handel LLC & Co. KG (Hrsg.): Zukunftsstudie Handel 2036: Wie kauft Deutschland übermorgen ein? (Wissenschaftliche Leitung Prof. Peter Wippermann, Trendbüro, und Jens Krüger, TNS Infratest) (Okt. 2016); im Internet unter http://trendbuero.com/wp-content/uploads/2016/10/QVC_Zukunftsstudie-Handel-2036.pdf

Ramge, Thomas: „Wie groß ist Big Data?"; in: Brand eins 07/2016, im Internet unter www.brandeins.de

Reink, Michael/HDE: Trends im Einzelhandel (2017); Download im Internet unter https://www.handelsverband-nrw.de/wp-content/uploads/sites/3/2016/12/Trends-im-Einzelhandel-Michael-Reink-HDE.pdf

Roisch, Lars: „POS – Sein Beitrag für die Kaufentscheidung?" (07.12.2017); im Internet unter https://www.stein-agency.com/news/pos-sein-beitrag-fuer-die-kaufentscheidung/

Roland Berger Strategy Consultants: „Reinventing Retail. Die stationäre Antwort auf Online" (März 2015); im Internet unter https://www.rolandberger.com/de/Publikations/Reinventing-Retail.html

Rudolph, Thomas/Nagengast, Liane: Chancen der Digitalisierung für den Schweizer Detailhandel. Ergebnisse aus Experteninterviews, einer Benchmarking-Studie & einer repräsentativen Konsumentenbefragung. Universität St. Gallen/Swiss Retail Federation 2018.

Salden, Simone/Schaefer, Antonia/Zand, Bernhard: „Der Kunde als Gott"; in: Der Spiegel Nr. 50 vom 09.12.2018, S. 12 ff. (= Titelgeschichte „Das gelieferte Fest. Wie der Onlinehandel unser Leben revolutioniert")

Sax, David: Die Rache des Analogen. Warum wir uns nach realen Dingen sehnen. Salzburg/Wien: Residenz Verlag, 2. Aufl. 2017.

Schader, Peer: „Wie dm und Real die Bedürfnisse von Bestellabholern missverstehen"; in: Supermarktblog vom 14.08.2017; im Internet unter https://www.supermarktblog.com/2017/08/14/wie-dm-und-real-die-bedurfnisse-von-bestellabholern-missversehen/

Simko, Angelika: „Die Top-Shoppingkiller im Einzelhandel"; in: stores + shops vom 05.04.2018; im Internet unter https://www.stores-shops.de/marketing/detail/Controller/Article/die-top-shoppingkiller-im-einzelhandel.html

Stein, Sven: „Wie Daten unser Leben vorhersagbar machen"; in: Bild vom 23.03.2013; im Internet unter https://www.bild.de/digital/multimedia/multimedia/big-data-wie-daten-unser-leben-vorhersehbar-machen-29622134.bild.html

Wahl, Karin: Gebrauchsanweisung Visual Merchandising. Warenpräsentation im Modehandel. Band 1: Schaufenster. Frankfurt: Deutscher Fachverlag (dfv) 2014 (a).

Wahl, Karin: Gebrauchsanweisung Visual Merchandising. Warenpräsentation im Modehandel. Band 2: Verkaufsfläche. Frankfurt: Deutscher Fachverlag (dfv) 2014 (b).

Wahl, Karin: Gebrauchsanweisung Visual Merchandising. Warenpräsentation im Modehandel. Band 3: Warenpräsentation im Fachhandel. Frankfurt: Deutscher Fachverlag (dfv) 2018.

Wala, Hermann: Meine Marke. Was Unternehmen authentisch, unverwechselbar und langfristig erfolgreich macht. München: Redline Verlag, 8. Aufl. 2016.

Wilhelm, Sybille: „Die Studie zeigt, wie sich der stationäre Handel in die Tasche lügt"; in: etailment vom 14.11.2018; im Internet unter https://etailment.de/news/stories/Kundenerlebnis-Stationaerer-Handel-am-Kunden-vorbei-21799

Woensel Kooy, Peter van: „In 20 Sekunden" und „Neuer Standard"; in: Lebensmittel Zeitung Journal, Ausgabe 2 vom 11.01.2019, S. 30 f.

Wollenburg, Johannes: „Kaufsignal am POS: Jetzt auch aus der Palette"; in: Handel heute 05/2018 (Oktober/November), S. 43.

Wunderlich, Karin: „Lokale Marktplätze: Steigt vom toten Pferd!" (07.02.2018); im Internet unter https://zukunftdeseinkaufens.de/lokale-marktplaetze-steigt-vom-toten-pferd/

Young, Terry: „Sechs Shifts: Wie Wahrheit, Vertrauen und die Zukunft des Handels sich verändern". Vortrag auf dem 68. International Retail Summit 2018 des GDI Gottlieb Duttweiler Institute Zürich.

Danksagung

Eine Danksagung ist von allen Inhalten eines Buches das Schwierigste – ist die Gefahr, jemanden zu vergessen, doch sehr groß. Wenn ich aber zurückdenke an meine erste Sequenz als Autor – ich diktiere den Großteil meiner Ideen und Bücher im Auto – am 18. November 2010, sind es immer die gleichen Weggefährten, welche mich motiviert und unterstützt haben:

Ganz speziellen Dank meiner Frau Barbara für Verständnis und Rückhalt. Trotz Kreuzbandriss hat sie das Buch noch final gelesen und stand mit nützlichen Tipps zur Seite. Unseren Kindern Hannah, Felix, Julia und Konstantin gilt auch ein Dank – haben Sie doch „unbewusst" durch ihr Einkaufs- und Online-Verhalten die Themen geschaffen. Hannah hat als Studentin der WU in Wien noch dem Kapitel „Handel 2030" besondere Aufmerksamkeit gewidmet und mich unterstützt in der Beantwortung der Frage: Wie kauft die heutige Jugend in elf Jahren ein?

Den größten Dank schulde ich aber einem Menschen, der auch mein drittes Buch unterstützt hat, als ob es sein eigenes wäre. Er fällt nach wie vor und immer mehr unter die Rubrik der unbezahlbaren Freunde. Wie es sich für einen Gentleman gehört, wirkte er im Hintergrund und möchte namentlich nicht erwähnt werden.

Ein großes Dankeschön auch an Bianca Labitzke von Frankfurter Allgemeine Buch für die unkomplizierte und zügige Realisierung dieses Projektes. Last but not least möchte ich mich bei Dr. Petra Begemann bedanken, die als Schreibcoach und Sparringspartnerin dafür gesorgt hat, dass aus Workshops und unzähligen Ideen so ein „wissenschaftlich recherchiertes" Buch entstanden ist. Meinem Freund Silvio vom Atelier Raos Design (www.raos.at) noch Dank und Anerkennung für seine Illustrationen zum Thema, wie immer treffend auf den Punkt gebracht. Wer neugierig ist, findet sie hier: www.onlineistschlagbar.com. Leider konnten sie in diesem Buch nicht mehr berücksichtigt werden.

Gabi Konzett und Karlheinz Kindler haben kurz vor Drucklegung das Manuskript noch auf den letzten Feinschliff gelesen – und das über Ostern. Danke euch dafür recht herzlich.

Über den Autor

Dr. Wolfgang Frick, 1966 als jüngstes von neun Kindern in Vorarlberg geboren, ist Vorstand Marketing und Sortimentsmanagement der SPAR-Handels AG in der Schweiz. Damit ist er in führender Position tagtäglich mit dem Wandel im Handel konfrontiert. Der erfahrene Manager ist zugleich erfolgreicher Buchautor und gefragter Redner. Auf der Bühne vereint er den Charme eines Österreichers, die Präzision eines Schweizer Taschenmessers und die unverblümte Direktheit eines Deutschen.
Frick studierte in Innsbruck Betriebswirtschaft, in Salzburg Publizistik und Kommunikationswissenschaften und promovierte 1996 mit dem Dissertationsthema „Corporate Design als Identitätsstrategie – über die Relevanz der Deckungsgleichheit zwischen Selbst- und Fremdbild". Der Autor blickt auf über 30 Berufs- und Studienjahre zurück und listet in seiner „Markensammlung" bereits über 30 nationale und internationale Marken. Neben einem intensiven Berufsleben engagiert er sich seit 1986 ehrenamtlich und fachlich als Vizepräsident des Marketing-Clubs Vorarlberg und als Leiter des Expertenteams „Integrated Marketing Commitee" des Schweizer Werbe- und Auftraggeberverbandes wie auch sozial als Gründungspräsident des ersten gemischten Lions Clubs in Vorarlberg, LC Silvretta. Im März 2013 ist sein erstes und viel beachtetes Buch „Patient Marke: Kunstfehler im Marke-ting" erschienen, inzwischen in der 3. Auflage erhältlich und von Managementbuch.de mit dem Siegel „Empfehlung" ausgezeichnet. 2016 folgte das zweite Buch: „Die neue Lust am Entscheiden. Wie sie mit dem täglichen Überangebot an Möglichkeiten besser zurechtkommen".

Wolfgang Frick lebt in Österreich und arbeitet in der Schweiz. Er ist verheiratet und Vater von vier Kindern. Mehr unter *www.lust-am-entscheiden.eu*, *https://wolfgang-frick.medianewsroom.net/de/* sowie *www.onlineistschlagbar.com*